馬克思主義在美國

AMERICAN MARXISM

紅色思想如何滲透全美學校、媒體、科技公司和綠色新政

馬克・萊文 Mark Levin
梅醴安 譯

目次

導讀

美國民主燈塔的基座是如何被蛀空的

何清漣（旅美經濟學者）

要瞭解今天的美國，馬克．萊文（Mark Levin）的《馬克思主義在美國》（*American Marxism*）是本不可錯過的好書。它不僅為處於焦慮之中的美國人提供了政治解碼，還為世界那些執著地認為美國憲政具備良好糾錯機制的人抹去遮眼雲翳。

美國憲政舊瓶裝了左派「進步主義」新酒

所謂「糾錯機制」的理論表述就是「鐘擺效應」：美國從來不缺左右勢力，政治一直在左右之間搖擺，但在憲政約束之下兩黨制下的政治競逐，總能讓美國政治最後回歸中位。也因此，這類人無視美國正在發生的一切，堅持認為美國依舊是世界這片茫茫大海中那座指示方向的民主燈塔。他們不明白，民主黨政府的美國價值觀，早已是LGBTQI＋CRT＋氣候變化─綠色能源＋取消文化（Cancel Culture）＋大麻（吸毒），這是美國進步人士的標準配備，《馬克思主義在美國》的章節標題，列舉了上述被賦予宗教般不可顛覆之神聖地位的各種政治主張。這些主張悉數被美國民主黨裝入「進步主義」筐籃中，列為治國理政方針，誰要不同意或有異議，本書第六章標題言及的言論審查，以及美國左派發動的群眾運動——取消文化將會「光顧」異議者，輕則被社交媒體銷號，重則會有「革命群眾」寫信到其任職機構要求「取消」（解雇、停課），或者逼迫書店、亞馬遜將其著作下架。

馬克·萊文成書之時，拜登政府還未將上述左派價值觀列為向全球推廣的美國價值觀。二〇二二年四月，拜登政府發布其任職以來第一份公開的美國政府報告，誇耀本屆政府為在全球推動男女同性戀、雙性戀、跨性別者、酷兒及間性人等人士（LGBTQI+）的人權所作的工作。美國國務卿布林肯（Antony Blinken）於四月二十八日宣布：「我們敦促所有政府與我們一起採取行動，支援LGBTQI+人權捍衛者不懈和崇高的工作。」這條推文由美國駐華使領館 US Mission CN @USA_China_Talk譯成中文，透過官方推特廣為宣傳。[1]

如果關心美國，並且對美國在二〇一一年阿拉伯之春期間及以前美國對外推行「顏色革命」的歷史熟悉，就會瞭解那時美國政府歷年的工作報告談對外使命均是推廣民主憲政及三權分立制度，按自身的模樣改造世界。這一使命經歷過歐巴馬第二任期的模糊化與川普政府放棄推行顏色革命的努力之後，拜登政府領導的美國名號依舊是美利堅合眾國，但向外推廣的價值觀是美國極左偏愛的價值觀，與美國此前的民主憲政並無多少關係。這些年美國究竟發生了什麼？馬克·萊文的《美國的馬克思主義》一書就是解讀美國現實的一把合適的鑰匙。

馬克·萊文直言不諱地指出美國的馬克思主義者由哪些人構成：「由於大多數美國人公開仇視馬

克思主義這個名稱，因此在美國，許多馬克思主義者以下列的稱呼來偽裝自己：進步主義者、民主社會主義者、社會行動主義者（social activists）、社區行動主義者等。他們在各種新造的組織性或認同性的名稱下運作，例如「黑命貴」（BLM, Black Lives Matter）、「安提法」〔Antifa，是「反法西斯主義」（anti-fascist）的縮寫〕……而且他們聲稱他們追求『經濟正義』、『環境正義』、『種族平等』、『性別平等』等。他們發明『批判性種族理論』（Critical Race Theory）之類的新理論，及各種措辭和術語。這些理論、措辭和術語和馬克思主義的建構有關，或者被放入此建構中。」

我將歐巴馬以來由民主黨、美國教育系統、左派媒體主導的「社會改造」稱之為「顏色革命」，在二〇一八年就寫過〈美國民主黨的國內「顏色革命」〉一文，指出民主黨籌謀多年的「顏色革命」包含兩個層面：一是指思想的社會—共產主義化（紅色），二是指膚色，美國社會已經成功地讓有色人種成為主流。

體制內新長征：左派佔領教育的持續集體行動

美國的「顏色革命」得以完成，有賴於左派在美國養成了一支數量龐大的左派「大軍」，這是美國大學多年來批量培養的制式產品。簡括而言，美國民主黨的「顏色革命」肇始於新左派——「一九六八年人」進行體制內長征（The long march through the institutions）。透過體制內長征，新左派逐漸佔據西方國家的大學講台，在美國教育界發動了一場沒有硝煙的共產革命。歐巴馬的政治導師艾倫·艾爾斯等人，就是這場沒有硝煙的共產革命的中堅人物。

一九六八年人的革命運動在美國名為「反越戰」，在巴黎號稱「紅五月」，在日本則為「赤軍」。這代人受毛澤東與文革的影響很深，其中的佼佼者意識到要改變西方資本主義制度需要從教育起步，與資本主義爭奪未來。運動在各國失敗後，不少人進入了大學、研究所，開始了他們自稱的「體制內新長征」。

「體制內新長征」的真實涵義是「透過權力機構進行長征」，這是由德國的共產主義學生活動家魯迪・杜奇克（Rudi Dutschke）在一九六七年左右創造的口號，描述了他確立革命條件的戰略：透過滲透教育學術機構顛覆社會科學專業。這位杜奇克看來熟知毛澤東關於長征的那段話：「講到長征，請問有什麼意義呢？我們說，長征是歷史紀錄上的第一次，長征是宣言書，長征是宣傳隊，長征是播種機。長征是宣言書。它向全世界宣告，紅軍是英雄好漢，帝國主義者和他們的走狗蔣介石等輩則是完全無用的。長征宣告了帝國主義和蔣介石圍追堵截的破產。長征又是播種機。它散布了許多種子在十一個省內，發芽、長葉、開花、結果，將來是會有收穫的。總而言之，長征是以我們勝利、敵人失敗的結果而告結束。」

因此，從這段話裡得到啟發，杜奇克說，要改變世界就是要「穿過體制內的長征」，街頭上的「長征」是華麗炫目的，會創造出英雄，吸引公眾的目光與掌聲；但是體制內部的「長征」卻是尋常無奇的，在很多時候，是在滿足了我們物質需求，人倫義理，親密關係之後，才能推動這個社會前進一小步。這是一條比較困難，但也比較踏實的道路，要結合職業與志業，在參與世界的過程中，同時也帶來世界的改變。

二十世紀六〇年代的街頭革命失敗以後，很多「一九六八年人」進入學院，取得學位後成為學者、教授、官員、記者等，進入社會主流。他們在腳跟未穩之時，都刻意隱藏自身與馬克思主義的關係，這與桑德斯在從政初期，隱瞞自己的社會主義者身分出自同樣的理由。他們用滲透的方式侵蝕到維繫社會道德的重要機構之內，包括教會、政府、教育機構、立法和司法機關、藝術團體、新聞媒體以及不同的民間團體。一旦站穩腳跟，掌握了話語權並且能夠介入學校及各機構的人事安排之後，這個馬克思主義族群就具有了自我生長繁殖的能力，並成功地將保守派逐漸擠出教育系統。其中最重要的一環，就是壟斷教科書和人文學術研究，包括聘用教職人員的決定權。

新左派此舉極富政治遠見，馬克．萊文引用了亞倫‧布隆姆（Allan Bloom）在《封閉美國的思想》（*The Closing of the American Mind*）中的一段話說明教育對型塑人類思想的重要性：「每一種教育制度都有一個它想達成、並蘊含在課程中的道德目標。它想要製造某種人類。這種意圖多多少少明確可知……即使閱讀、寫作和算術這類中性學科，在它對於接受教育者的遠見中，也扮演著某種角色……。民主黨的教育……想要並且需要製造一群支援民主黨政權的男女」。我將這個過程稱為「構造選民基礎」。構造選民基礎猶如建羅馬城一樣艱辛，美國左派積經年累月之功，成功滲入美國大學、研究機構並最後取得絕對主導地位的結果。

根據二〇〇七年一份名為「美國教授的社會政治觀」的研究，在被調查的一千四百一十七名大學全職教員中，認為自己是自由派的有百分之四十四點一，溫和派居百分之四十六點一，保守派僅占百分之九點二。其中社區大學教員中保守派比例稍高（百分之十九），自由派略少（百分之三十七點一）；而文理學院教員中自由派則高達百分之六十一，保守派僅占百分之三點九。這份調查還指出，臨近退休的教員比新入職的左傾更嚴重。在五十至六十四歲這一年齡段中，自稱左派活動家的占百分之十七點二。這份調查還指出，大學教員大都支持同性戀、墮胎權。[2]

二〇〇七年以後的研究也證實了美國四年制大學教授的左傾趨勢。二〇一六年發表於《經濟日誌觀察》上一份研究調查了四十所美國著名大學歷史和社會科學系教授的選民登記情況。發現在七千兩百四十三位教授中，民主黨有三千六百二十三人，共和黨人是三百一十四人，比例為十一點五比一。被調查的五個系中，歷史系不平衡最甚，比例高達三十三點五比一。這與一九六八年的一項調查形成了鮮明對比。該研究結果是，歷史學科教授中，民主黨與共和黨的比例為二點七比一。[3]

皮尤研究中心二〇一六年的一項研究發現，在受過研究生教育的人群中，百分之三十一持自由派觀點，百分之二十三的人傾向自由派，只有百分之十的人持有保守派觀點，百分之十七的人傾向保守派。研究發現，自一九九四年以來，受過研究生教育的人群中持「自由派」（後改稱「進步主義」）立場的人士所占份額大幅增加。[4]

新左派中堅人物、美國社會學家、政治作家、小說家和文化評論家陶德・艾倫・吉特林（Todd Alan Gitlin）這樣總結自己所屬的「一九六八年人」的成就：「我這一代新左派——隨著（越南）戰爭的繼續而成長的一代——放棄了愛國主義的稱號，卻沒有多少失落感。左派所能做的就是發掘正義的傳統，並在大學裡培養它們。……我們輸了政治，但贏得了教科書。」

左派的社會基礎已經養就，萬事俱備，只欠東風，美國左派終於等來了集所有的「政治正確」於一身的歐巴馬，並將他成功地送進了白宮，從而完成了美國左派對本國的顏色革命。

「黑色馬克思」歐巴馬改變了美國

有「黑色馬克思」之稱的歐巴馬執政八年，美國發生了非常深刻的變化：透過大規模移民改造了選民結構、司法系統嚴重政黨化、選舉政治第三世界化，最重要的是，他在第二任期的最後兩、三年內，讓自己的親信進入了美國的幾大主流媒體與Twitter、Facebook，穩妥掌握了話語權。[5]還讓美國出現了一些以前未有的「新生事物」，正如ACT For America @ACTforAmerica 在二〇二二年五月一日推文中所說：

歐巴馬之前，世界沒有ISIS。（Before Obama, there was no ISIS.）

歐巴馬之前，美國沒有「黑命貴」。（Before Obama, there was no BLM.）

歐巴馬之前，世界沒有「安提法」。（Before Obama, there was no ANTIFA.）

歐巴馬之前，美國沒有針對員警的戰爭。（Before Obama, there was no war on police.）

歐巴馬之前，美國遠不像今天這樣分裂！（Before Barack Hussein Obama, this country wasn't as divided as today!）

歐巴馬為美國的顏色革命做了充分的人力資源準備：

一、一代信仰社會主義且仇恨資本主義的千禧青年

二〇一六大選當中，信仰社會主義的桑德斯贏得了大量青年學生的狂熱支持，美國社會將此稱之為「左翼民粹」，與川普代表的「右翼民粹」一道成為美國的兩道政治景觀，並被西方媒體概括為「美國反全球化狂潮」的兩支代表力量。右翼民粹的主體被左派媒體描繪成因為全球化而賣不出谷麥的農民、低薪藍領、退休者……總之是一輩子沒出過美國國門、又蠢又窮的低等階層。左翼民粹的主體是千禧一代青年，多在大學求學。美國「共產主義受難者基金會」委託國際市場調查公司Yougov作了一項調查，主題是「美國人對社會主義的態度」，約兩千多人接受了調查。調查發現，美國三十五歲以下的年輕人中，有百分之五十三的人對現行的經濟體制不滿，認為這個體制對他們不利，「社會主義」可行。百分之四十五的年輕人更願意投票選舉一位「社會主義者」來擔任他們的總統——這是歐巴馬任總統之前沒有過的現象。

二、日益尖銳的種族矛盾

歐巴馬深謀遠慮，他留下的政治遺產當中，其中最重要的一項就是透過大規模引進非洲穆斯林人口及拉丁裔人口，為民主黨構建了長達幾十年的票倉。據美國美國國土安全部二〇一六年六月十七日公布的資料，歐巴馬當政的二〇〇九至二〇一四年，美國共接收來自以穆斯林為主要人口國家的難民人數為八十三點二萬。從二〇一五年開始，歐巴馬大批接收敘利亞難民，穆斯林難民數量可能超過一百萬。[6]以二〇一六年為例，六月十二日奧蘭多槍擊案、同一時段內紐約、紐澤西多起爆炸案都是穆

斯林移民所為，九月份明尼蘇達州殺傷多人案的兇手，就是來自歐巴馬祖籍肯亞的穆斯林移民。歐巴馬政治發跡之地芝加哥，早已又重回罪惡之城，一年之內發生三千多起黑人之間的槍戰。

隨著外來移民的增加及少數族裔尤其是拉丁裔的高生育率，美國人口結構發生變化。美國人口普查局的資料顯示，二〇〇八年，白人人口比例占人口總數百分之六十六；二〇一九年，降至百分之六十點一。截至二〇一九年七月，千禧一代（一九八四-一九九五年出生），Z世代等年輕一代的總人數為一點六六億，占全國人口的百分之五十點七，大於三十六歲以上的一點六二億美國人，其中近一半被確定為有色種族或少數民族，據此推算，二〇四〇年白人人口將低於全美人口總數的一半。二〇二〇年十二月十一日，在拜登與賀錦麗和黑人民權運動領袖召開Zoom會議上，拜登稱「這個國家註定要完蛋，註定要完蛋。不僅是因為非裔美國人，而是因為到二〇四〇年，歐裔白人將成為少數族裔。你們聽到嗎？你們這些人都得開始更多地跟西裔共事，他們所占比例將超過你們所有人。」[7]

除了鼓勵非法移民合法化之外，民主黨和一些社會團體出於自己的政治利益，還會有意宣傳種族之間的矛盾，透過少數族裔的憤怒來贏得他們的廉價選票。這種情況讓美國這一大熔爐被沙拉盆取代：人們意識到：「美國不是大熔爐，只是個沙拉盆」（America is not a melting pot but a salad bowl）。

歐巴馬留下的是一個嚴重分裂的美國社會。

歐巴馬：美國馬克思主義培訓的精品

與其說歐巴馬是美國發生顏色革命的原因，不如說是美國顏色革命悄然進行多年的結果，二〇二〇年五月下旬，「黑命貴」活動伴隨著打砸搶在美國遍地開花，民主黨眾議院議長南茜等大佬帶頭在國會大廳向「黑命貴」下跪，一直處於半地下狀態的「黑命貴」組織負責人終於在公共媒體上不斷亮相，闡明這個組織信奉什麼，要在現實生活中索取什麼。二〇二〇年六月二十三日，「黑命貴」的聯合創始人之一派翠絲・卡勒斯（Patrisse Cullors）女士在《現在即時新聞》上發表講話，承認該組織成員是訓練有素的馬克思主義者，他們的議程比為非裔美國人伸張正義要簡單得多。就是要讓川普不參加大選，在十一月之前下台。等拜登上台後向他施壓，要求其制定政策，改變警務和刑事定罪的關係。[8]

卡洛斯女士接受過十年培訓的「勞工／社區戰略中心」（the Labor/Community Strategy Center）由美國國內恐怖分子艾瑞克・曼恩（Eric Mann）辦的接受過十年培訓，曼恩與「地下氣象人」這個恐怖組織的關係，讓少數敏感的美國人立刻想起歐巴馬與「黑命貴」之間有個共同的連絡人，地下氣象人的創辦者比爾・艾爾斯（Bill Ayers）。在二〇〇八年總統大選前四十多天前的九月二十三日，《華爾街日報》曾刊發〈歐巴馬和艾爾斯將激進主義推向學校〉[9]一文，提到撰寫了兩本自傳的歐巴馬刻意隱藏的一段與艾爾斯有關的歷史：從一九九五年到一九九九年，兩人合作密切。CAC檔案中的檔清楚地表明，艾爾斯和歐巴馬是CAC的合夥人，也是歐巴馬的政治領路人，一九九五年，歐巴馬首次參加伊利諾州參議院競選是在艾爾斯家中舉行的一次聚會上。但在二〇一八年總統大選中，由於艾爾斯的激進政治色彩與過去的紀錄，歐巴馬刻意淡化與艾爾斯的關係，將其稱為「住在我家附近的一個人」。

艾爾斯何許人也？這裡有必要介紹「地下氣象人」這個組織及其社會網路。維琪百科相關辭條這樣介紹威廉・查理斯・艾爾斯（William Charles Ayers）：生於一九四四年十二月二十六日），美國基礎教育理論家，退休前是芝加哥伊利諾大學教育學院的教授，曾獲傑出教育教授和高級大學學者的稱號。在一九六〇年代，艾爾斯曾是「地下氣象人」組織的創建者與領導人，該組織反對美國捲入越南戰爭，是一個自稱為共產主義的革命團體，旨在推翻帝國主義，終結美國帝國。為反對美國參與越南戰爭，地下氣象人在一九六〇年代和一九七〇年代發起了轟炸公共建築（包括殺死員警、在獻給員警傷亡的雕像中植入炸彈、以及一系列轟炸五角大樓、三藩市警察局等公共建築的活動）的運動。[10]

但艾爾斯人生最大的成功，不是作為「一九六八年人」的這些業績，而是兩大成就：一是作為「體制內新長征」的一員，成功地進入了美國的大學，成為教育家。他經常在演講與教學中談到「美國帝國的終結」，建立新世界，以及「我們在整個世界中應扮演的角色」，並在大學生培養左派激進分子。他的活動觸角延伸至美國社會，利用自己的社會網路開辦了各種培養左派社會運動人才的基地組織；二是做了一回造王者，將歐巴馬成功推向總統寶座，深刻地改變了美國政治及社會結構。

美國究竟是否馬克思主義化了？

最後，回到馬克．萊文這本書的主題：「美國的馬克思主義」。美國民主黨的各種政治主張都帶有馬克思主義的胎記，馬克．萊文絕非危言聳聽：

一、美國民主黨建構的身分政治，源於馬克思主義的「階級壓迫論」，其共同點是要尋找或製造一個受害者群體。原教旨馬克思主義強調階級鬥爭學說，將人按經濟、政治地位劃分為階級，將人類社會的基本矛盾定義為剝削階級（剝奪者）與被剝削階級（被剝奪者）之間不可調和的矛盾。統治者、富人屬於剝削階級，是施害者；其餘從事體力勞動的產業工人、農民、手工業者屬於被剝奪者，是受害者。喚醒被剝奪者的受害意識，消滅剝奪者，就是馬克思稱之為「剝奪剝奪者」的無產階級革命，階級鬥爭的最高形式。

美國左派及其政治代表民主黨建構推廣的CRT理論，用種族壓迫代替了原教旨馬克思主義的階級壓迫，在講述歷史上黑奴受壓迫歷史時，將歷史上白人的道德負債成功地置換成現實負債，讓所有與美國有關或無關的白人產生負罪感，最極端的主張是讓聯邦政府為每個黑人支付巨額賠償金，並給予黑人各種法律特權，包括對各種打砸搶偷盜活動免除刑責。

這種身分政治，不僅讓美國其他族裔受害，從長遠來看，還害了黑人與美國社會。不少黑人以為自己享有法律特權，肆無忌憚地犯罪；民主黨管理的城市如黑人居民較多的紐約、三藩市等成為犯罪城市，日漸衰落。

二、馬克思的暴力革命（馬克思名之為武器的批判），主張用武裝力量砸碎舊世界，創造新天地。《共產黨宣言》最後一個經典段落是：「他們（指無產階級）的目的只有用暴力推翻全部現存的社會制度才能達到。讓統治階級在共產主義革命面前發抖吧。無產者在這個革命中失去的只是鎖鏈。他們獲得的將是整個世界。」

美國民主黨支持的「黑命貴」與「安提法」最喜歡使用暴力行動，將此稱為政治訴求。二〇二〇年六月二十四日，美國「黑命貴」大紐約地區的領導人霍克・紐瑟姆（Hawk Newsome）在福斯電視台（FOX）採訪他的節目中公開說，「耶穌基督是歷史上最著名的黑人激進革命家」，「我只是想透過一切必要手段實現黑人解放和黑人主權」，如果美國「不給我們想要的東西，那麼我們將毀掉這個體系」，幾句話就將馬克思主義熱中篡改歷史、塑造受害者被壓迫意識、為達目的不擇手段的特質表達得非常清楚。[11]在二〇二〇年五月二十六日至八月二十二日期間，全美共發生超過一萬零六百餘起示威活動，其中有七千七百五十場與「黑命貴」運動有關。在這七千七百五十場抗議活動中，在全國近兩百二十個地點中，發生了近五百七十起暴力示威活動，占總數百分之七。[12]六月二十七日，一大群「黑命貴」高喊「吃大戶」（Eat The Rich!），「取消資本主義」（Abolish Capitalism Now!），衝擊洛杉磯富人區比佛利山莊（Beverly Hills）。[13]「黑命貴」的革命中心紐約進入了「血腥六月」。在六月的前三周內，紐約市槍擊案數量發生一百二十五起，攀升至二十五年來的頂峰。各種搶劫、殺人刑事案件急遽上升。[14]

三、馬克思強調政府控制一切資源的公有制，痛批私有財產神聖不可侵犯。美國左派努力消解私有財產不可侵犯的資本主義法則，拜登的民主黨政府更是努力建構政府對經濟的強控制。

從二〇二〇年五月以來開始的「黑命貴」示威活動，發生了很多掠奪行為，不僅美國主流媒體積極掩蓋美化這種行為，還出了一位為「黑命貴」搶劫正名的女作家維姬・歐斯特威爾（Vicky Osterweil），這位居住在費城的女作家，應時出版了《捍衛戰利品：不文明的暴亂歷史》（*In Defense Of Looting,' In Defense of Looting: A Riotous History of Uncivil Action*）這本書，美國左派媒體NPR（公共電視台）、《紐約客》、《大西洋月刊》等都熱情推廣介紹。這位女作家認為搶劫是實現社會真正持久變革的有力工具，其論點概括起來包括以下幾方面：（一）在動盪或騷亂期間大規模沒收財產，大規模入店行竊的行為，是反抗者正在採取的一種強有力的策略，目的是質疑「法治」的正義性以及不平等社會中財產和財富的分配。（二）掠奪只是反抗者的一種戰術。它往往是對企業，商業空間或政府大樓的攻擊，將那些本應進行商品化和控制的東西免費共用。（三）搶劫的好處是：它可以使人們立即免費獲得他們所需要的東西，而不必依靠工作或工資。作為一種政治行動方式，這是搶劫的最基本的戰術力量。（四）搶劫攻擊了物品的分配方式與財產觀念：為了使某人的頭頂有屋頂或有一張飯票，他們必須為老闆工作，這種有工作才能獲取生活費用，是社會不公正的表現。而且，以這種方式組織世界的原因顯然是為了資本所有者的利益。搶劫打擊了這種財產關係的核心，並證明沒有員警也沒有政府的壓迫，我們可以免費獲得一切。[15]

無獨有偶，一個叫做「校園改革」的組織在調查人們對搶劫的看法。組織成員先到芝加哥採訪黑人，被採訪者都認為到商場拿點東西是正當的，是對社會正義的追求。校園改革接著前往DC喬治華盛頓大學，詢問大學生對掠奪和騷亂的看法。不幸的是，大學生說騷亂、掠奪有「正當理由」，因為「當權者偷了更多東西」，搶劫只是無權者的表達方式。[16]沒有任何主流媒體對上述觀點稍加批判。

四、馬克思主義痛恨人類社會自然形成的秩序，主張改造自然，恩格斯更是認為，家庭是私有制的產物，在未來社會必然消亡。毛澤東那引發餓死三千多萬人的大躍進，就是戰天鬥地、改造自然，提前進入共產主義的社會實驗。美國民主黨-左派的氣候變化理論（原來是變暖，發現容易證偽改說「氣候變化」）及其對策綠色能源；主張透過變性改造天然性別，甚至主張男人可以懷孕，就是改造自然的實踐，而且比毛澤東那「讓高山低頭，叫河水讓路」更進一步。

馬克思主義信徒從來不缺改造世界、毀滅世界的決心與行動能力。與蘇聯為首的共產主義1.0版不同，那是發生於資本主義世界之外的共產革命。民主黨上台，美國共產革命捲土重來，動物農莊故事重演，而這發生於資本主義的心臟美國，對人類真是莫大諷刺。推根溯源，絞死資本主義的繩索是美國教育體系與媒體多年努力製造而成。黑人保守派學者湯瑪斯·索維爾（Thomas Sowell）對自己本族存在的問題的看法極有穿透力，他看到美國教育體系多年努力養成一代又一代左派學生且日益極左化的結果，對美國面臨共產革命的災難了然於心，兩千年七月十三日，年逾九十的索維爾在馬克·萊文福斯（Fox）電視台的對話節目中說：「我們的國家是不是已經到了沒有回頭路可走的時候了（point of no return）了？我只希望有生之年不要看到野蠻人燒毀羅馬城的那一幕。」[17]

第一章　大軍壓境

一場針對美國獨立革命而來的反革命正在如火如荼地展開，我們無法不理會，或忽視它，因為它正在吞噬我們的社會和文化，繞著我們的日常生活打轉，並且無所不在地入侵我們的政治、學校、媒體和娛樂界。先前，它多半只是一種不相關的、邊緣性的地下運動，而現在，它已大軍壓境，並且到處都是。此刻，你和你的孩子、孫子都深陷其中，而這場運動極可能摧毀這個有史以來最偉大的國家，也摧毀我們的自由、家庭和安全。當然，這場反革命和美國獨立革命的最大差異，就在於前者試圖摧毀美國社會，強制施行專制統治，而後者則試圖保護美國社會，並建立代議制政府。

我所說的這場反革命或運動，就是馬克思主義。我先前寫了兩本書——《美國烏托邦》（*Ameritopia*）和《重新發現美國主義，以及進步主義的專制》（*Rediscovering Americanism and the Tyranny of Progressivism*）。在這兩本書裡，我詳細討論了馬克思主義，我也經常在我的廣播和電視節目中，談論這個主題。有關馬克思主義的書不計其數，我無意在既有的諸多著作中，添加另一本長篇論著，況且就本書的重點和局限而言，這樣做是不可行的。雖然如此，我們必須討論並面對一個問題：馬克思主義的核心教導如何應用在美國的社會和文化，以及如何適應美國的社會及文化（此即我所說的「美國的馬克思主義」）。我們必須討論並面對這個問題，以免顯現於現代的馬克思主義，將我們壓得喘不過氣。而且別搞錯，現況十分嚴峻。

由於大多數美國人公開仇視馬克思主義這個名稱，因此在美國，許多馬克斯主義者以下列的稱呼來偽裝自己：進步主義者（progressives）、民主社會主義者（Democratic Socialists）、社會行動主義者（social activists）、社區行動主義者（community activists）等。他們在各種新造的組織性或認同性的名稱下運作，例如「黑命貴」（Black Lives Matter, BLM）、「安提法」（Antifa）、「四人幫」（The Squad）[i]。而且他們聲稱他們追求「經濟正義」、「環境正義」、「種族平等」、「性別平等」等。他們發明「批判性種族理論」（Critical Race Theory）之類的新理論，以及各種措辭和術語。這些理論、措辭和術語和馬克思主義的建構有關，或者被放入此建構中。除此之外，他們宣稱「優勢文化」（dominant culture）和資本主義制度既不公義，又不公平，充滿了種族主義和性別歧視，意味著殖民主義和帝國主義，包括唯物主義的內涵，而且對環境極具破壞性。當然，他們的目的，就是以一千種理由和一千種方式，來拆毀、撕裂這個國家，從而讓大眾意志消沉、士氣低落，並且摧毀公民對國家制度、傳統和習俗的信心，製造接二連三的災難，從內部削弱國家，最終則摧毀我們所認識的美國共和主義和資本主義。

然而，毫無疑問地，這場反革命的各路領導人，對於自己的身分愈來愈直言不諱，愈來愈明目張膽。這包括各派公開的馬克思主義教授和行動主義者，而他們背後的支持者，是一個僵屍般的「覺醒文化」（woke）追隨者的核心團體。不管他們的稱號和自我標榜是什麼，他們的信念、聲明和政策的基本特徵，都展現了馬克思主義的核心教條。此外，他們占據我們的學院、大學、新聞編輯室、社交媒體、會議室和娛樂圈，而他們的思想在民主黨、橢圓形辦公室和國會大廳裡十分引人注目。在那些多半知情以及深信不疑的人當中，在新聞報導、電影、電視節目和廣告、出版業、運動，以及全美公立學校的教師訓練及教室課程中，他們的影響明顯可見，清楚可感。他們使用政治宣傳和思想灌輸的策略，要求服從和順從，藉由摧毀名聲和事業的「取消文化」（cancel culture）這類的壓制手段，讓對立的聲音沉默；他們審查並禁止社交媒體上那些主要是愛國者的觀點，以及反對的觀點，甚至也審查並禁止了前總統川普的言論；他們攻擊高等教育的學術自由和知識交流。的確，他們瞄準一切文化層面，例如歷史紀念物（林肯、華盛頓、廢奴主義者弗雷德瑞克・道格拉斯（Frederick Douglas），以及第五十四麻州黑人聯邦軍團等的紀念館等）。他們也瞄準馬克吐溫、莎士比亞、蛋頭先生（Mr. Potato Head）、蘇斯博士（Dr. Seuss）、迪士尼卡通——一切。某些代名詞被禁，並以不倫不類的字詞取而代之，以免冒犯五十八種性別認同法。過去的社交媒體貼文被拿出來審查一番，以便找出先前對今日馬克思主義霸權不夠忠誠的跡象。新聞業和社論版都清除了非信徒的毒素。

然而，不論歷史或今日的經驗都顯示，馬克思主義及其假想的「工人天堂」造成了數千萬人喪命，以及十多億人陷入貧窮、被奴役的命運。的確，馬克思幾乎在各方面都錯了。工業革命造成了世界歷史上獨一無二的龐大中產階級，而不是一群只想推翻資本主義制度的憤怒無產階級革命分子。儘

i 譯註：指四位民主黨眾議員亞歷山卓・歐加修—寇蒂茲（英語：Alexandria Ocasio-Cortez，簡稱AOC）、伊蘭・歐瑪（Ilhan Omar）、拉希達・特萊布（Rashida Tlaib）和雅仁娜・普瑞斯利（Ayanna Pressley）。

管民主黨政客和他們的代理人提出馬克思主義階級鬥爭的說法，相較於其他經濟制度，資本主義已經靠著技術上和其他方面的發展，為更多各行各業的人，創造無法想像、空前未有的財富。

馬克思堅稱，唯有勞工才能創造價值，這種說法同樣不正確。如果如他所說，那麼第三世界將不再是第三世界，而是一個繁榮興盛的世界。較長的工作日並不能確保財富的創造或成長。當然，勞工是經濟價值和生產中一個極其重要的部分，然而若無資本投資、企業家精神，以及合理的冒險、明智的管理等，企業會倒閉——的確有許多企業倒閉了。任何一位商界人士都會告訴你，經營一種成功的企業必須做出許多決定。此外，並非所有的勞工都一樣——在勞動人口和某些企業中，都有不同的專業、背景和處理技巧，這一切使得談論「無產階級」顯得十分荒謬。

此外，光是勞工無法決定一件產品或一項服務的價值。顯然，勞工對產品和服務的價值做出貢獻。然而，消費者扮演了主要的角色，他們創造了需求，而公司和勞工則依需求來供應。換句話說，資本主義符合「大眾」（the masses）的慾望和需要。此外，利潤並未如馬克思所說，造成勞工的剝削。相反地，利潤可以增加工資、福利、安全感，以及工作機會。

美國早期經濟上的成功，同樣並非建立在帝國主義或殖民主義之上。有人錯誤地指控美國從其他國家掠奪某些資源，然而這些資源本身，並沒有為那些國家製造財富，即使它們是那些資源的儲存庫。美國源自自由和資本主義的技能及獨創力，就是社會及經濟的發展和進步的來源。

那麼，馬克思主義究竟有什麼魅力？美國的馬克思主義改造了烏托邦主義（utopianism）的語言和吸引力。我在我的書《美國烏托邦》裡曾詳述這件事。這是一種「專制，但它偽裝成令人嚮往、可行，甚至天堂般的治理意識型態。烏托邦的建構……不計其數，因為人類的心智能夠製造無盡的幻想。但它們有著共同的主題。這些幻想以偉大的社會計畫或實驗的形式出現，而這些計畫或實驗的不切實際或不可行，大規模或小規模地導致個人被制服。」[1]的確，拜登總統和民主黨推動的經濟和文化計畫，為這種運作中的意識型態和行為提供了大量的例子。這包含大量的赤字支出、充公賦稅（confiscatory taxation）、各種大小事物的規定（充滿馬克思主義階級鬥爭的政治宣傳），以及大量宣稱終結許多歷史和文化不公義的行政命令。

同樣彰顯這種意識型態和行為的，還包括他們藉由各種憲法外的計謀和其他途徑，要求對國家政體實施絕對的一黨性控制，因為馬克思主義不會容忍思想或政黨上的競爭。以下所列，就是他們在這方面所做的努力：改變投票系統，確保民主黨能夠連續數十年控制這個國家，並以消滅共和黨和政治上的競爭為目的；嘗試去除參議院的阻撓議事規則，好讓各種法令能夠不經有效審議或挑戰，就在國家強制實行；威脅以理念相同、宣導自己所追隨的思想體系的人（ideologues）[i]，來「塞滿」最高法院，從而破壞分權和司法獨立；計劃增加民主黨在參議院的席次，以確保民主黨控制參議院；使用數百億美元的納稅人的錢，來資助並強化民主黨總部的核心部分（例如工會和政治行動主義者）；幫助大量的非法移民，其目標之一就是改變美國的人口統計資料，最終則大幅度增加支持民主黨的鐵票。這些行動和計謀，就是一種專制、亟欲奪權的意識型態運動的證據。這種運動拒絕政治上和傳統上的

i 譯註：指大法官。

禮節，企圖永遠擊垮反對力量，並成為唯一的政治力量和統治力量。

後者就是針對作為總統候選人和總統的川普以及他那數千萬支持者所發動的執著、持續不斷的戰爭的真正動機。民主黨和它在媒體、學術界及官僚巨獸的代理人結盟，共謀貶損、癱瘓川普的總統身分，並摧毀他本人。而他們的做法，就是以詆謗、陰謀論、刑事偵查、國會審查、罷免和政變嘗試，來攻擊他，這是這個國家前所未見的。這種堅持不懈、一致、凶惡的全面攻擊的目標，不只是這位前總統，還包括他的追隨者和選民。他們的目的就是擊垮政敵，打擊他們的士氣，掃除通往權力和統治的障礙。的確，民主黨繼續緊咬著已經成為普通公民的川普。他們已經藉由當選的民主黨官員的職位（包括偏袒民主黨、咄咄逼人的曼哈頓地方檢察官的職位），來取得川普的稅單。

將民主黨的政治對手非法化和邊緣化的進一步證據，就是拜登以魯莽的種族性語言，控告喬治亞州的共和黨人制定吉姆．克勞法（Jim Crow Law）[i]，以制止黑人公民投票。這是一個可鄙的謊言，其目的就是惹怒少數族群，讓他們反對共和黨。雖然就民主黨支持奴隸制和種族隔離的歷史背景而言，或者就拜登早期以參議員身分直言不諱而積極地反對種族融合而言，把種族變成武器對於民主黨並不是什麼新鮮事，然而，目睹民主黨荒謬地故技重施，作為一種政治工具，著實令人震驚。

二〇一九年夏天和二〇二〇年春天，連續數月，許多城市暴發了搶劫、縱火，甚至謀殺的激烈暴動，而安提法和黑命貴在其中扮演了醒目的組織性角色。在這些暴動期間，民主黨領導人多半照本宣科地重複這些無政府主義或馬克思主義團體及暴動者的辭令和聲明，包括廣泛地譴責執法人員為「全面性的種族主義者」。而且他們不只不願去譴責暴力，也令人不敢置信地宣稱那些暴動分子「多半是和平的」，或者他們要求停止資助警察（後來轉為大砍他們的預算）是合理的。事實上，在二〇二〇年的夏天，一位黑命貴的共同創建者宣稱，他們的目標之一，就是「立即讓川普下台」。[2] 民主黨控制的城市以這個團體為他們的街道命名，許多拜登的競選幕僚，捐錢給一個支付保釋金，讓被逮捕並入獄的暴動分子獲得釋放的基金。[3] 顯然民主黨和拜登的競選團隊看出，他們和這些暴動分子在政治利益和目標上，存在著部分重疊和相互增效的作用。

民主黨試圖藉著下列的途徑讓自己獲得權力：破壞憲法的防火牆；如果不能除掉規則、傳統和習俗，就避開它們；採用馬克思的階級鬥爭語言；與某些公開的馬克思主義團體及意識型態目標結盟。此外，民主黨正在使用政府部門來追求政治的授權和目標。事實上，民主黨的利益先於國家的利益，對黨忠誠比對國家忠心更重要。這些特徵就是它和世界各地其他的專制政黨及共產黨的共同點。

某些人特別容易被馬克思主義所吸引，並且積極支持馬克思主義。這些人基於以下幾個因素，認為馬克思主義所構建的壓迫者和受壓迫者之間的階級鬥爭，十分具有吸引力。第一，其實人們想要屬於某個團體，包括族群、種族、宗教和經濟團體。人們在依附這些團體時，找到了身分認同、共同性、目標，甚至自我價值。的確，我相信這是馬克思的典型手段中最有力的一種，因為他利用了這種直覺上的人性吸引力和心理上的情感吸引力，來創造熱情、甚至狂熱的信徒，以及革命分子。這是美國的馬克思主義及民主黨的另一個特色。

i 譯註：即種族隔離法。

這個說明引導我進入我的第二點。在這個階級鬥爭的建構之內，馬克思主義的信徒和未來的追隨者，被鼓勵將自己和他們認同的團體視為受壓迫者，即受害者。他們的壓迫者就存在於現存的社會、文化和經濟制度中，他們必須將自己和其他同行者，從這些壓迫者當中解放出來，而這些同行者，就是認同這個團體或者同樣屬於這個團體的受害者。這就是馬克思主義強調階級歧視而不強調個人主義的主要原因。除非個人認同一個團體，一個受壓迫者和受害者的團體，否則個人會被非人化，什麼都不是。而組成反對團體或不服從團體的個人，將集體被非人化、被譴責，並且被當成可恨的敵人。同樣地，這也是美國的馬克思主義和民主黨的一個特色。

當然，對於那些滿腹牢騷、不抱幻想、忿忿不平和心存不滿的人而言，這種說法尤其充滿誘惑力。對他們而言，個人的自由和資本主義，暴露了他們自己的缺點和弱點，暴露了他們很難或者無法正常地生活在一個開放的社會。馬克思主義提供了一個理論上和制度上的架構，在這個架構下，他們可以將自己的局限和弱點，投射在「制度」和他們的「壓迫者」上，而不是為自己真正或可以察覺的困境負起責任。同樣地，如我在我的書《美國烏托邦》所說：「對於烏托邦式的轉變所抱持的虛假希望和應許，以及對於和他們只有嘗試性的關係或甚至無關的現存社會的批評，吸引著這些人。改善這些不滿者的命運和烏托邦的目標連接在一起。」[4]這類人當中，有許多容易被操縱，尤其是被蠱惑人心的政客和政治宣傳者所操縱，而且容易被革命帶來的轉變所誘惑。

重要的是，不管你認同受壓迫者或受害者階級，或者屬於這個階級，都是一件自我決定和自我實現的事。換句話說，不存在不能變通的法則。此外，這些人和他們的團體，也可以界定並指出對他們而言，什麼是他們的壓迫者，以及誰是他們的壓迫者。最後，馬克思和他現代的代理人，將他們的憤怒導向現存的社會和文化。這個社會和文化必須被推翻，生命才會有意義，才能在一個新造的平等主義天堂裡重新開始。

因此，現存社會中的成功者、滿足者和快樂者受到了折磨，成為攻擊的目標，因為他們不是屬於壓迫者，就是屬於壓迫者團體，因此必然支持並維護現狀。此外，那些認可現存社會，或者拒絕支持或默許受壓迫者的目標和要求的人，也容易受制於有害及毀滅性的壓力和行為。你不是追求解放和改變的正義革命的一分子，就是外人。因此，被說成是受壓迫者的人，變成了真正的壓迫者，並且在社會和文化中，行使可觀的權力，儘管他們沒什麼吸引力，而且人數較少。當他們對於控制和革命的慾望增加，必須經常得到滿足時，他們就變得更加好鬥、苛求，甚至充滿暴力。

這種情況也解釋了（但只部分解釋了）社團主義者（corporatists）、職業運動員、電視台、藝術家、演員、作家和記者的膽怯。面對這樣的騷動時，他們屈服於壓力，試圖藉著各種形式的姑息政策和投降協定，來避開暴民的注意。在某些情況下，他們將自己改頭換面，甚至開腸剖肚，從裡到外徹底改變。至於其他人，他們的會議室、管理部門和勞動力，都支持革命，並且「準備投入革命」，因為在他們會議室、管理部門和勞動力裡，有被灌輸這類意識型態的大學生，尤其是常春藤名校的大學生，有教師工會的成員，或者愈來愈激進化的民主黨黨員——其實他們自己就是民主黨的黨員、同情者，或者（以及）支持者。當然，許多社團主義者索性捨棄資本主義，選擇中央集權制，以及政府和經濟的集中化，並且支持黑命貴這類的團體，和各種激進的目標，作為討好政治和官僚獨裁者（如果不是和他們合作）的手段，以摧毀他們的競爭對手，並改善他們的財務狀況。

泰德．麥克阿里斯特（Ted McAllister）是佩珀代因大學（Pepperdine University）的公共政策教授，他極具說服力地證明，今日的統治階級或精英鄙視我們的國家。在二〇二一年的一篇題為〈壞精英不變的下場〉（"Thus Always to Bad Elites"）的文章裡，他寫道：

今日，就本質、目標、抱負、風格和行使權力的方式而言，我們的精英和美國在一九八〇年代的精英迥然不同。這個時代一個最深刻的事實，就是美國有一群壞精英，一群虛假的精英，他們的技能、價值觀、目標、品味和知識類型，對於這個國家傳承的文化和多元化人民充滿了敵意。這群崛起於上一代或上二代的新精英，只對維護自己的權力有興趣。他們缺乏歷史知識和遠見，而他們以轉化和改變的力量，來取代或交換這種知識和遠見。這群精英陶醉於新興科技可能帶來的權力，並受到各種唯有孤立的全球主義者眼光才能賦予吸引力的異象的啟發，思考著在文化上展開創造性的毀滅。

作為他們想像中的精英管理鬥爭中的贏家，他們看不到一個傳承下來的世界，有什麼東西值得為了自己的成功而保存下來。這些新精英的權力發展的一些異樣特徵，使得他們就像揮動大筆，在全球這張大畫布作畫的青少年畫家。在他們依照自己的慾望重造一切的過程中，沒有任何經驗或歷史上的壓艙物將他們壓下來，讓他們放緩腳步。對於他們而言，精簡而高效率的流線化力量（streamlining power）是創造的關鍵，而他們的嶄新創造所遭遇的那些惱人的障礙，其實不是專制的抑制物，而是局限，是在他們猛然衝向改變的過程中，遭遇的不必要的摩擦力。

例如這些新精英已經看不到言論自由的好處了，因為對他們而言，言論自由不過是奔向目標的過程中，遭遇的磨擦力或阻力。消滅仇恨言論是他們的目標，是無可指責的好處，而這個目標和好處，正是言論自由的開放態度所要制止的。半個世代之內，數百年來的成就遭到摧毀了，而專制的操縱杆準備就緒了。5

事實上，這是我們對當代精英所能做出的最好的評語了。

不幸地，太多人在一種信念中尋求虛假的安慰：美國絕不可能出現以馬克思主義為基礎或方向的革命。他們所目睹的，不過是自由主義運動週期的另一次運動，這些運動有助於美國社會和文化的發展，因此值得我們給與贊許和消極性的支持。

集體而言，這些就是馬克思主義者倚賴的「有用的美國白癡」，也就是對於不祥的專制陰影，持輕忽態度或不感興趣的個人和組織。更糟的是，他們參與了自己和國家的滅亡。

許多人覺得，馬克思主義總會偷偷摸摸地出現。他們個人尚未受到威脅，至少暫時尚未受到它的騷擾，或者尚未受到它的影響。還有些人只顧忙碌地過日子，不明白正在發生的事，或者將這些威脅視為難以歸類、遙遠或短暫的事件。另外還有些人不敢相信，他們的國家會屈服於馬克思主義的影響，或者會屈服於馬克思主義的專制。

本書的目的，就是要喚醒數百萬熱愛國家、自由和家庭的美國愛國者，讓他們看清一個事實：馬克思主義正在全國迅速擴展影響力。我們的國家正在發生的事，並非一時的流行，或短暫的事件。美國的馬克思主義確實存在；此時此刻它就在這兒，而且確實地滲透到全國各地。它為數眾多的混合、但經常緊密相連的運動，正在積極地摧毀我們的社會和文化，推翻我們所認識的國家。許多集體組成這項運動的個人和團體，都是大多數美國人不熟知的，或者以一些大多數美國人沒有察覺的方式運作。因此，本書的目的，就是讓你認識這些運動的代表性範例（也許有些運動較為人熟知，有些較陌生），並為你提供它們的著述、思想和活動的具體實例，讓你能夠認識它們，並得知它們的消息。當然，我在整本書裡提供了評論和分析。我也針對可能用來遏止國家沉淪和扭轉局勢的策略性行動，提出一些看法。雖然這是我目前為止最長的一本書，但是關於這個主題，還有許多部分有待探討，因此，我可能會寫第二本書。

過去幾年，美國的馬克思主義，已經朝著制定目標往前邁進一大步。若要擊敗它（這是必須的，雖然這是一項艱巨而複雜的任務），首先我們就必須承認它的存在，並依照它的本質賦予它正確的名稱。我們必須明白情況緊急，先前溫和、分歧、好爭論，但都相信美國值得捍衛的那些社會、文化及政治的派別和力量，必須為了擊敗馬克思主義，而立即組成一個團結的愛國陣線，並且為了這個目標而結合在一起。我們必須迎接挑戰，和我們的開國元勳那樣，他們面對大英帝國，地球上最強大的力量，並且將它擊敗。無可否認地，在許多方面，今日的威脅更加地錯綜複雜，因為這個威脅占據了我們大多數的機構，並且從內部威脅我們，使得交戰變得十分困難而複雜。雖然如此，我堅信如果我們失敗了，我們將永遠失去我們所認識的美國。

我的書《自由與專制》（*Liberty and Tyranny*）在十二年前出版，在這本書的結尾，我提到了雷根總統影響重大而充滿先見之明的看法，而現在，我們尤其必須聆聽他的看法，因為情況比以往更加緊急了：「自由總是不到一代的時間就消失，我們沒有在血液裡，將它傳給我們的子女。我們必須為自由而戰，必須保衛自由，必須將它傳下去，讓他們為自由而戰，讓他們保衛自由，否則有一天，我們會在遲暮之年告訴我們的子孫，曾經自由的美國是什麼樣子。」[6]

美國的愛國者，團結起來！

第二章　培育暴民

大約十年前，即安提法被廣泛認識以及黑命貴成立之前，我在我的著作《美國烏托邦》裡，以烏托邦主義為架構討論了群眾運動。對於許多人而言，不管是以馬克思主義、法西斯主義，或其他專制國家主義（autocratic statism）的形式出現，烏托邦主義都充滿了吸引力，因為基本上，這些思想得意洋洋地宣稱，倘使現存的社會和文化徹底改變，或者完全被棄，倘使個人為了目標放棄更多自由、自由意志和安全，他們可望擁有一個天堂般的未來，而他們個人的生命也可能趨於完善。這就是群眾運動的本質。

我進一步解釋，群眾運動試圖以兩種方式吞噬個人：消滅他們的身分和獨特性，從而讓他們和「群眾」（the messes）無法區分，但也為他們指定一種建立在種族、年紀、收入等之上的團體認同，以劃定階級區分。「如此一來，（煽動家和政治宣傳家）就可以談論作為整體的『人民』的福祉，同時又分化他們，藉此驅趕他們朝某一方向衝鋒陷陣，作為擊垮現存社會或統治新社會的必要手段。」[1]

究竟是誰被這類群眾運動所吸引？我在書中又提到：「容易接受這種運動的人，就是社會上那些不抱幻想、忿忿不平、心存不滿和適應不良的人，他們不願或無法為他們真實或可以覺知的處境負起責任，反而怪罪環境、『制度』，和其他。對於烏托邦式的轉變所抱持的虛假希望和應許，以及對於和他們只有嘗試性的關係或甚至無關的現存社會的批評，吸引著這些人。改善這些不滿者的命運和烏托邦的目標連接在一起。此外，詆毀和貶低成功者以及事業有成者，變成他們的基本戰略。不管你做出多好、多有價值的貢獻，你不該比別人好。藉著利用人的脆弱、挫敗、嫉妒和不公平，那些在其他情況下不快樂、漫無目標的不滿者，就生出一種意義感和自我價值感。」[2]

再者，在群眾運動中，「個人作為一個人是無足輕重的。只有當他們在一個無關緊要的部分組合而成的聚合體中，作為一個無關緊要的部分，他們才有用處。他們是勞工，是群眾的一部分，如此而已。他們的存在是一種沒有靈魂的存在，絕對的服從就是最高的價值。畢竟唯有一群懶人才能建造一座通往天堂的彩虹。」[3]

大約一個世紀前，法國哲學家和散文家朱利安・班達（Julien Benda）觀察到，懷著相同的政治仇恨的個人往往形成群眾運動。他寫道：「現在，由於通訊的進步，更由於群眾精神，懷著相同的政治仇恨的人，顯然形成了一個緊密而充滿激情的群體，其中的每一個人都認為，自己和無數其他人建立了連結，而就在一個世紀前，這類人彼此之間較無連結，他們以『分散』的方式懷著仇恨。……我們可以說，這些凝聚力有進一步發展的傾向，因為組成團體的意志，是現代世界最深切的特徵之一。即使在我們最意想不到的領域（例如思想領域），現代世界也充斥著愈來愈多的聯盟、『工會』和『團體』。不用說，當個人感覺自己挨近數以千計其他懷著相同激情的人，個人就更加地激情。……當個人覺得自己屬於某一個組織，個人就賦予這個組織一種神秘的性格，並且對它產生宗教性的崇拜，而這樣做只是將自己的激情奉為神明，並且大大地提高了激情的強度。」[4]

班達也認為，這類的運動往往像邪教。「剛才所描述的凝聚力，可以稱為表面的凝聚力，但它也包含一種本質的凝聚力。因為讓那些懷著相同政治熱情的人形成一個更緊密、更激情的團體的因素，也讓那些人形成一種更同質、更激情的團體，而在這個團體裡，個人的感覺方式消失了，每一個人的熱情都逐漸地相互感染。」[5]

今日，安提法運動的參與者，顯然是無法區別的「戰士」，他們一律身著黑衣，戴面罩。無人知曉他們的身分和名字。他們被灌輸馬克思主義及無政府主義的意識型態；他們接受暴力訓練，並且據說是在宣揚「一種思想」。顯然這不只是宣揚一種思想；這是憤怒的狂熱者所投入的一種危險而凶暴的運動。[6]

黑命貴也是一種馬克思主義和無政府主義的運動。然而，它自稱是一種黑人力量，或者黑人解放運動，但事實上，它的目標絕不只是種族性的目標，而是擴展成馬克思主義者經常要求的摧毀現存社會。[7]

當然，與所有的群眾運動一樣，這些運動無法容忍競爭或敵對的觀念或聲音，或者無法在競爭或敵對的觀念或聲音中存活。他們要求群體思想，要求順服。我們甚至已目睹這種正統信仰擴展到我們的整個文化，許多膽敢發表相反意見或不同看法的人，或者質疑或指責黑命貴任務的人，都被解雇，受到羞辱，被查禁，受威脅，或者被辱罵。在今日社會，這種對於個人主義和不服從主義的攻擊無所不在，而且已經有了一個現代名稱——「取消文化」（cancel culture）。雖然如此，這不是新鮮事，只是更加普遍、公開和激烈而已。

同樣地，大約十年前，我談到這些群眾運動「無法容忍差異、獨特和辯論等，因為若要完成他們的目標，他們只能有一個獨一的焦點，不能容許競爭性的聲音或目標，讓社會的公義長征緩慢下來，或者受到阻撓。（他們倚賴）欺騙、政治宣傳、信賴、威脅，和暴力。當他們變得更具侵略性，當他們的行動的毒瘤帶來更多疼痛，而目標似乎更加遙遙無期，只要言論自由和公民異議的管道被切斷，他們就會煽動暴力。暴力變成個人的主要手段，以及政府的主要回應。最後，唯一的解決之道，就是政府的終結。」[8]

因此，群眾運動大大地倚賴思想灌輸和洗腦。激發和驅動群眾運動的，是「那些火熱的知識分子或『專家』，他們的專業就是發展並傳播烏托邦的幻想。……（他們）不會因為計畫不切實際或者產生惡果而受到影響，因為他們很少擔任公職。相反地，他們試圖影響那些擔任公職的人。他們制定法律，卻無人向他們問責。」[9]

這些「專家」來自何處？我們會明白，他們主要來自學院和大學那些領終身俸的教授。他們的思想和情感的效忠對象，多半（至少有一大部分）是盧梭（Jean-Jacques Rousseau）、黑格爾（Georg Wilhelm Friedrich Hegel）以及理所當然的馬克思的意識型態指南。

盧梭、黑格爾和馬克思都以自己的方式，說明個人必須屈服於一種共同意志，或更大的利益，或建立在激進平等主義的更大目標——即「集體」。當然，就如邏輯、理性和經驗所證明的，這是極權主義的目標和政權的基石。根據這些哲學家，當政府變得愈來愈獨裁和專制，並且只要可行便控制言論、行動，甚至思想，政府便能延續並慶賀一種大眾的意志和解放，或者以人民為導向的意志和解放。

為了進一步瞭解安提法、黑命貴和類似的反美運動的哲學基礎，我們必須在這個背景下，簡短地討論盧梭、黑格爾和馬克斯。盧梭解釋：「我認為人類當中有兩種不平等。我稱第一種為本質和物質上的不平等，因為這是建立在本質上，並且存在於年齡、健康、力氣和心智或靈魂性質的差異上。另一種不平等可以稱為道德或政治上的不平等，因為這種不平等取決於傳統，並且建立在人的贊同上，或至少由人的贊同來認可。第二種不平等存在於某些人以別人為代價享有的不同特權，例如這些人比別人富有、受尊重、有權力，甚至讓別人來服從他們。」[10]

盧梭進一步說：「如果我們留意（統治制度歷史的）不平等的發展，我們會發現，第一階段是制定法律和財產權，第二階段是設立地方行政官（magistracy），第三即最後階段是合法權力轉變成強制權力。因此，在第一階段，富人和窮人的存在狀況受到認可；在第二階段，強者和弱者的存在狀況受到認可；在第三階段，主人和奴隸的存在狀況受到認可，而這個階段代表終極的不平等，以及其他階段最終通往的局限，直到新的革命徹底擊垮政府，或者讓政府更加接近合法的制度。」[11]

然而，盧梭並沒有告訴我們，我們如何知道「合法的制度」何時已經超越理論建構而被建立了。對於黑格爾而言，個人藉由政府獲得自我實現——獲得自由、幸福、成就感。但這裡的政府不是指任何政府。政府隨著時間的推移發展和變化，最終變成一個完全發展的政府，或者達成「最終目標」。在這樣的政府，個人變成一個普遍化、集體性的整體的一部分，最終目標之前的一切都不重要了。為了自我實現以及更大的集體利益，個人再度屈服於政府。

在這個階段，「作為一個完整化的事實，政府是一個倫理性的整體，以及自由的實現。它是自由之所以應該實現的理由的絕對目標。政府就是一種精神，這精神存在於這世界，並在這世界自覺地實現自己……。唯有當政府存在於意識中，明白自己是一種存在體，它才是政府。思考自由時，我們不可偏離個體性或個人的自我意識，但必須遠離自我意識的本質。不管人是否察覺，自我意識的本質會以一種獨立的力量自我實現，在這種力量中，特定的人不過意味著階段。政府是上帝在世上的行進的表現；它的基礎或根據也是理性自我實現的力量。」[12]

然而，黑格爾並沒有告訴我們，我們如何知道我們已經達到理論建構以外的「最終目標」。

馬克思強調歷史唯物主義。他寫道：「誕生自封建社會廢墟的現代中產階級社會，尚未擺脫階級的對立。社會整體愈來愈加分裂成兩個敵對的大陣營，兩個直接面對面的大階級：中產階級，以及無產階級……。」[13]

馬克思認為，「（無產階級）不只是中產階級和中產階級政府的奴隸，也時時刻刻被機器和工頭奴役，尤其是被中產階級生產者奴役。」[14]結果，除非無產階級投入馬克思指示的革命，否則他們毫無前途和希望可言。馬克思的革命是他們唯一的出路。

倘使無產階級想要消滅經濟階級，並讓社會轉變成一個平等主義的天堂，他們就必須讓現在徹底脫離過去。首先，他們必須推翻現存的政權，必須摧毀資本主義，以實施中央集權的無產階級政府取而代之。而一旦社會和文化脫離了過去，政府就會衰落，接下來就會出現一種無組織的烏托邦政府，由人民藉由集體賦予權力。馬克思宣稱：「當然，一開始，除非藉著以下手段，否則這樣的情況不會發生：以專制手段侵害財產權，以及中產階級的生產條件；採取一些就經濟而言顯然不合適、站不住腳的措施，但是這些措施在運動過程中超越自己，使舊有的社會秩序必須進一步受到侵害，並且因為成為一種徹底革新生產模式的方式，而變得無可避免。」[15]

同樣地，馬克思堅稱，透過認同無產階級革命，以及人民集體意志下完善的生存狀態，個人找到了自我實現和救贖，而人民的集體意志，是從政府徹底衰落之前的警察國家中，以某種方式發展出來的。

然而，馬克思並沒有告訴我們，我們如何知道我們已經超越一種理論建構，到達了「勞工的天堂」。

對於為了這些意識型態而奮鬥的人而言，這些意識型態的不切實際和不可行，顯然具有一種奇特的吸引力。此外，一旦革命成功地消滅現狀和現存的政府，每一種意識型態所應許的天堂，並沒有走出中央集權化的警察國家的階段。在這種警察國家裡，個人的確是可以犧牲的，而「群眾」被迫去為管理政府的政黨或個人的目的服務。中國、北韓、委內瑞拉和古巴等，就是這種政府的例證。

七十年前，艾力克・霍弗（Eric Hoffer）以群眾運動的本質為題，寫了一本經典著作：《真正的信徒》（*True Believer*）。霍弗解釋，群眾運動的參與者，是思想大有問題的大有問題的個人。他說：「群眾運動之所以吸引並牢牢抓住一群追隨者，不是因為群眾運動可以滿足上進的慾望，而是因為這種運動可以滿足捨己的熱情。那些認為自己的生命無可救藥地被糟蹋的人，無法在上進的過程中，找到一個有價值的目標。……他們認為，自我的利益是被汙染而邪惡的東西，是不乾淨、不吉利的。對於他們而言，任何在自我的幫助下進行的事，一開始就不順遂了。凡是以自我為根源和動機的東西，都不是好東西，都談不上崇高。」[16]

除此之外，大多數的群眾運動都是憤怒而陰沉的運動，對於適應社會、快樂和成功的個人充滿了敵意。同樣地，這種現象在安提法、黑命貴和其他運動中十分明顯。霍弗評論：「群眾運動不只將現在描繪成可鄙和可悲，也刻意地讓現在變成這個樣子。它塑造了一種陰沉、艱困、壓抑和沉悶的個人生存模式。它譴責歡樂和舒適，頌揚嚴酷的生活。它視日常樂趣為瑣屑，甚至可恥，並將追求個人幸福描述成不道德。……大多數群眾運動所宣揚的禁慾主義理想的主要目標，就是培養對於現在的蔑視……。」[17]

的確，當他們摧毀當下社會，包括（若非尤其是）和我們的社會一樣的自由、人道、寬容和良善的社會，他們找到了一種精神病患者的愉悅感和興奮感。霍弗寫道：「聆聽這些失意者譴責現在和現在的一切作為時，令人吃驚的是，他們做這件事時得到了極大的樂趣。這種樂趣不可能僅僅出自發洩不滿。……當這些失意者細說這個時代無可救藥的卑鄙和邪惡時，他們的失敗感和孤立感緩和了……。因此，他們藉著貶低現在得到一種模糊的平等感。」[18]

「目標」本身變成一個人存在的理由。霍弗指出：「群眾運動用來使人厭惡現在的……手段，在失意者裡面引發了共鳴。克服自己的慾望所需的自我節制，讓他們產生力量的幻覺。在控制自己的過程中，他們覺得他們控制了世界……。」[19]這讓人覺得，這些失意者從群眾運動使用的手段中，與他們從群眾運動追求的目標中，得到同等（若非更多）的滿足……。」[20]

這一點也解釋了為什麼這類革命的「目標」永遠遙遙無期。甚至當革命者得到權力了，革命持續著，因為目標沒有盡頭——由於人和社會無法趨於完美，目標終究無法達成。然而，真正的信徒對於革命的慾望永遠無法獲得滿足。

雖然如此，霍弗指出一個羅素、黑格爾和馬克思都贊同的看法：「（激進者）對於人性趨於完美的無盡可能性懷著火熱的信心。他們相信，靠著改變人的環境，靠著改善建造靈魂的技術，他們可以打造一個嶄新而前所未有的社會……。」[21]

當然，洗腦和對於目標的崇拜，是群眾運動的命脈。例如，如果有人提出統計證據，說明執法人員並非是全面性的種族主義者，「真正的信徒總能夠『遮住眼睛和耳朵』，不去觀看或聆聽那些不值得看、不值得聽的事實，而這種能力就是他們那無與倫比的堅毅和忠誠的來源。危險無法驚嚇他們，阻撓無法打擊他們，矛盾也無法使他們困惑，因為他們否認這些狀況的存在……。正是因為真正的信徒堅信他們的教義絕對正確，他們才能對周圍世界的不確定、意外和不愉快的事實無動於衷……。」[22]「顯然地……為了讓教義有效，他們不能瞭解教義，而是要相信教義……。忠實的追隨者總是被鼓勵用他們的心，而不是用他們的大腦，來追求絕對的真理。」[23]

因此，霍弗所描述的，是狂熱分子和盲信。「（狂熱分子）的火熱忠誠，就是他們的盲目效忠和虛偽信仰的本質，而且他們在這一切當中，看到了所有德行和力量的來源。儘管他們堅定的奉獻精神，只是為了讓自己拚命地堅持下去，但他們往往將自己視為他們所追求的神聖目標的支持者和捍衛者……。」[24]

當狂熱分子面對事實、統計數據、歷史、經驗、道德標準、信仰等，他們完全不當成一回事。他們已經找到了自己的天職，不會受到攔阻。同樣地，「目標」大於一切。

霍弗如此解釋：「你無法藉著訴諸狂熱分子的理性或道德觀念，讓他們停止追求目標。他們懼怕妥協，你無法讓他們去修正他們的神聖目標的確定性和正當性……。他們的火熱忠誠，比他們追求的目標的品質更重要。」[25]他繼續寫道：「活著而沒有火熱的奉獻精神，就是隨波逐流，就是被遺棄。他們在寬容中看到軟弱、輕浮和無知的跡象。他們渴望伴隨著完全的降服，伴隨著全心全意抓住一個信條和目標，而來的深刻信心。重要的不是目標的內涵，而是完全的奉獻，以及與會眾的交流。」[26]

狂熱分子來自各行各業與各種背景。例如億萬富翁索羅斯（George Soros）投入大量金錢，資助激進的目標和團體[27]；科林．卡波尼克（Colin Kaepernick）、雷霸龍．詹姆斯（Lebron James）和其他職業運動員，總是大聲詆毀和貶低美國社會；許多學院和大學的教授，是修正主義的美國歷史及激進反美意識型態的提供者；來自中產階級和富裕家庭的大學生，是愈來愈激進的公民社會的反對者。而且當然，許多社群已經因為種族、經濟、教育和其他方面的區別及不平等，而變得更加偏激。

與班達一樣，霍弗認為，狂熱分子和群眾運動將注意力，集中在一種強烈（若非執著）的仇恨上。他解釋：「激烈的仇恨賦予空虛的生命意義和目標。因此，那些因為生命的漫無目的而深受困擾的人，不只藉著委身於一個神聖的目標，也藉著懷抱一種強烈的不滿，來尋找新的滿足。在這兩方面，群眾運動都為他們提供了無盡的機會。」[28]的確，和一種目標連結後，這種危險的仇恨可能在社會和人性上，造成災難性的結果。這會導致尋找代罪羔羊、分裂、暴力，嚴重時更是會導致種族淨化。更廣泛地說，這種仇恨想要同時中傷、貶低、敗壞現狀和公民社會，最終則是推翻現狀和公民社會，例如推翻美國的建國史實（即第四章討論的「一六一九計畫」），或者推翻憲法、資本主義、執法單位等。

霍弗如此描述為群眾運動之興起，而建立的基礎工作的模型：「（一）質疑通行的信條和制度，並讓人民停止對它們忠誠；（二）間接地讓那些沒有信仰就活不下去的人，產生一種對於信仰的渴望，如此一來，聽到有人宣傳新的信仰時，幻滅的群眾便會熱烈地回應；（三）提供新信仰的教義和口號；（四）破壞沒有信仰也活得下去的「較強者」的信念，如此，當新的狂熱出現時，他們就無法抗拒。」[29]

最後，倘使這類的群眾運動成功了，結果將是極權主義。漢娜・鄂蘭（Hannah Arendt）在她的著作《極權主義的起源》（*The Origins of Totalitarianism*）裡，談到這些群眾運動是暴力和專制的基礎。「邪惡和犯罪吸引暴民心態不是什麼新鮮事。的確，暴民總是以這類讚美來迎接暴力行為：『也許卑鄙，但很聰明。』在極權主義的成功中，一個令人不安的要素，就是它的追隨者的確是無私的……。」[30]

事實上，群眾運動是藉由各種競爭的策略性手段，來建造革命並推翻政府的先驅（就眼前的情況而言，這個政府就是我們的共和國）。但是，如先前所描述，這種反革命和社會的轉變有一種共同性和基本方法——宣揚所有革命者和「社會行動主義者」都會被吸入的「集體」的重要性。

大多數人都不知道，這種被學者輕率地稱為「社會運動理論」的主題，在全美各地的學院和大學被教授廣泛地分析、辯論、教導，和宣揚。此外，革命和群眾運動往往被浪漫化，被賦予魅力，變成對於一個壓迫性、不公平、不公義、充滿種族歧視和不道德的社會，所採取的一些正當而無可指責的回應。當然，這件事關係重大，因為大學的教育以及藉由正式教科書和學術論文進行的交流（經常以思想灌輸和洗腦的形式出現），大大影響了那些滲透並吞沒學生及文化和社會的思想，也影響了彰顯於美國街道、公司會議室、政治和新聞編輯部的思想。因此，我們有必要簡短地討論這種教學法的一些實例。

一九九二年出版的《社會運動理論的新領域》（*Frontiers in Social Movement Theory*）是一本這類的論文集，其作者是為數眾多的社會行動主義者兼學者，其中大多數是大學教授。我們將會看出，基本上這些學者根據盧梭、黑格爾和馬克思的基本意識型態論述，來建立他們有關社會激進主義甚至革命的論點和主張，並且多半採用班達、霍弗以及我所描述的群眾運動的特徵和公式。

這本書的前言概述了它最高的前提：「我們希望本書能夠闡明有關一個重要主題的一些基本問題，因為就如路易士·科索（Lewis Coser）提醒我們的……，『社會運動是廢除或至少削弱政治及社會支配的結構的手段。』他也證明許多參與社會運動者，都做了極大的犧牲，因為『支撐他們的，不是提高目前的滿足，而是一種長期的眼光，而一種堅定的信念支撐著這種眼光：未來將出現一個體現公義和人人平等的社會，而不是目前這種剝削以及否定人性尊嚴的社會。』」[31]

波士頓學院的威廉·甘孫（William A. Gamson）教授，是這些論文的作者之一，他大致和盧梭一樣，強調集體認同（the collective identity）的重要性。他在論文中寫道：「對於參與者而言，參與社會運動經常涉及個人認同的擴大，並且為他們帶來自我的滿足感和實現感。例如，參與民權運動、婦女運動以及新左派（New Left）運動，經常是一種轉變性的經驗，對於許多參與者日後的自我界定十分重要。」[32]「建構集體認同是『新』社會運動最主要的任務。」[33]

對於運動的成功而言，群體認同是必要的，是至關重要的。甘孫說：「當人們將自己的命運和一個群體的命運綁在一起，群體受威脅時，他們就覺得個人受威脅。在團結和集體認同的作用下，個人利益和團體利益之間的區別變模糊了，這類功利主義模型的運作前提受到破壞了。」[34]

甘孫堅稱，一種運動若要有效地動員，個人以什麼身分來看自己，它就必須以什麼身分被個人認知，並且必須變成這個身分。「在文化層面上，集體認同是一種概念，但若要動員群眾，個人必須讓集體認同成為他們的個人認同的一部分。團結的重點就是：個人以什麼方式，將自己以及他們掌控的資源，交付給某種集體行動者，即組織，或支持的關係網。採用一種集體行動架構，意味著將一種文化體制的產品（一種共同的世界觀），併入個人的政治意識。藉由面對面衝突中的動員行動，個人層面和社會文化層面連接在一起。」[35]

當時任教於亞利桑那大學的黛博拉．弗里曼（Debra Friedman）助理教授和道格．麥克亞當（Doug McAdam）教授直言不諱地宣稱：「社會運動組織的集體認同，是用來宣告一種身分的簡稱，這種身分是指一套態度、承諾和行為規則，是採用這種集體認同的人可能贊同的。」[36]他們接著說：「這也指個人宣告他們和其他人建立連結和關係。擁有一種集體認同，就是圍繞著一種寶貴的新身分重新建構個人的自我。」[37]

因此基本上，個人被重構、重造，被訓練和設定成一種在運動當中，和目標糾結在一起的忠實社會行動主義者或革命者。弗里曼和麥克亞當寫道：「在社會運動中，集體認同是指個人藉由參與運動的活動，而獲得的身分或地位。個人行動最有力的動力之一，就是渴望藉由行為確定一種受到重視的身分。就運動而言，這樣做的機會可以被視為一種選擇性的激勵，而加入行動主義者關係網的人，比沒有加入的人，更容易獲得這種激勵。加入這些關係網使得個人更可能重視行動主義者的身分，並且選擇按照這種身分行動。」[38]

除了集體認同，個人必須經由反覆訓練接受運動的集體信仰。荷蘭自由大學（Free University）的伯特・克蘭德曼斯（Bert Klandermans）教授說：「集體信仰以及集體信仰的形成和轉變的方式，是抗議的社會結構的核心；沒入各種組織領域中的人際關係網，就是這種建造意義的過程的管道。在公共論述中，在共識的動員中，在集體行動事件期間的意識形成的過程中，集體信仰不斷被建造和重建。由於集體信仰是在人與人之間的互動中形成和轉變的，因此，除非個人在自己的人際圈裡具有影響力，否則改變個人想法的嘗試，無法十分有效地改變集體信仰。透過人與人之間的互動，進來的資訊經過處理，被固定在現存的集體信仰中。唯有當行動者能夠引導這種互動，讓他們的訊息固定在現存的信仰中，他們才能夠改變集體信仰。因此，每一位行動者在某些團體或範疇，都比他們在其他團體或範疇，更能輕易地動員共識。」[39]

階級意識（class consciousness）——包括階級及群體認同——是將個人吸收到集體（即群眾運動和革命）的另一種途徑。西北大學的艾爾頓・莫里斯（Aldon D. Morris）教授聲稱：「使用各種方法和概念架構進行的經驗性研究已經說明，階級意識已經在各種社會和歷史時期發展開來，並且影響了重要的革命和社會運動。的確，階級意識已經成為社會變革和歷史變革的重要決定因素之一。」[40]

莫里斯的看法大大地反映了馬克思的教導，因為他看到社會和文化，瓦解成經常處於競爭和衝突狀態的階級。他寫道：「階級意識之所以重要，正是因為它影響階級衝突的本質，並有助於決定未來將被建立、並影響階級衝突結果的社會結構的種類，例如工會、政黨和勞工聯會。」[41]

因此，群體感到被主宰和壓制，是因為它們留意到社會及文化的結構性和歷史性的偏見和不公，以及它們的政治影響力如何受到影響。莫里斯宣稱：「群體的利益之所以變得最重要，就是因為在這種利益的累積和捍衛之外，統治體系毫無意義。準確指認哪些群體在這種體系中受益，是一項複雜的工作，因為通常有幾個群體受益，雖然受益程度不同。因此，重要的就是建立統治體系內，不同等級的群體享有的相對性特權級別，並且說明這種相對的特權級別如何影響它們的政治意識。這樣做時，學者的注意力，直接地被導向社會內的長期分裂，以及促成某些群體成為統治者的統治體系固有的結構性先決條件（暴力威脅、政體會員身分，以及工作控制權之類的經濟資源等）。同樣地，他們的注意力也集中在受壓迫群體有效和持續抗議所必備的結構性先決條件（通訊網、正式及非正式的社會組織、領導地位的取得，以及財力等）。」[42]

由於社會上的統治群體對受壓迫的群體施加種種不義、充滿偏見和不平等的惡行，受壓迫的群體必須覺醒，認識自己的低下地位，並培養政治的警覺心，然後針對現存社會進行抗議，甚至革命。莫里斯說：「我的方式是將關注導向文化和政治意識。我也在重大社會分裂和統治體系的背景內分析這種意識……。統治的群體和受壓迫的群體都有存在已久的政治意識的傳統。霸權意識（hegemonic consciousness）一直存在著，但由於它能夠成功地偽裝成一般性的觀點，並同時保護統治群體的利益，因此經常不被認知。但是，充滿成熟的對抗意識的有效社會抗議，讓挑戰的團體能夠剝除霸權意識的普遍性外衣，揭露它的根本特徵。這正是現代民權運動在南方的成就，它迫使美國在世界舞台上，公開決定是否要繼續被公然的白人至上意識型態所引導。」[43]

受壓迫者必須被鼓勵起來加入抗議，甚至加入革命。莫里斯解釋：「對抗意識經常潛伏於受壓迫群體的機構、生活方式和文化內。這類群體的成員通常並非沒有基本的集體認同、不公義的體制，和其他促成個人和集體的社會抗議的類似因素。」[44]

莫里斯堅稱，對抗性的抗議和革命的種子已經存在於受壓迫的社群內，使得新而更有效的集體行動主義的形式能夠出現。「文化現象並非僅僅可以縮減成組織及結構動力。的確，各種對抗意識的形式之所以十分重要，正是因為它們能夠在最不利的結構條件下生存。在許多方面，受壓迫的社群在最受壓迫的時期，孕育出對抗思想，從而為促成集體行動更有利的結構條件的出現，創造社會和文化上的空間……。」[45]

此外，人們可以從成功的「備戰性」（combat-ready）對抗抗議的經驗中，即從那些有助於擴展並支撐行動主義的經驗中，學習許多。這是指抗議運動老手的經驗。莫里斯寫道：「備戰性的對抗意識，可能對集體行動的結構性決定因素，產生獨立的影響。一旦一次成功的抗議出現了……，集體行動就會在兩方面受到影響：它讓那些直接參與的行動主義者明白抗議如何發生，以及為什麼會成功；

它也吸引了其他非參與者，他們想要吸收這些教訓，以便將這種模式移植到其他場所，從而提高集體行動的氣勢。因此，藉著進一步打造先前潛伏於歷史性對抗意識的觀點，兩方的行動者都變成了運動的文化工作者，使得他們在當代的舞台上扮演關係重大的角色。如此一來，這些觀點就變成如何展開並支撐社會抗議的界定思想。」[46]

最終，這些支持群眾運動的集體認同、集體信仰和階級意識的論點，有意或無意地有了一種馬克思主義的構想，並且不只為和平抗議，也為暴力行動、暴動和革命，奠定基礎，而我們已經在我們的城鎮，看到安提法、黑命貴和其他激進團體之類的組織，進行這樣的暴力行動、暴動和革命了。事實上，他們嘗試針對社會的瓦解、民間機構的破壞，以及不折不扣的叛亂，提供專家或學者的觀點，作為外飾。

法蘭西斯・福克斯・皮文（Frances Fox Piven）教授和已故的理查・克洛華（Richard A. Cloward）教授的著述，不常談論社會運動理論，倒是經常廣泛而公開地支持激進暴動。比起許多學者，他們更加直接而詳盡地說明如何使用行動主義，來分裂社會，製造危機，摧毀制度，激發暴動，以此作為改變社會的正當而必要的手段。由於他們的著述甚豐，由於他們對激進甚至暴力的革命策略產生廣泛的影響，我們有必要針對他們提供更深入的解說。

一九六六年，這兩位教授在極左的《國家雜誌》（*the Nation*）發表了一篇被激進的行動主義者認為極具開創性的論文。這篇論文的標題是〈窮人的重量：結束貧窮的策略〉（"The Weight of the Poor: A Strategy to End Poverty"），其關注的焦點是種族和貧窮。在這篇論文裡，他們直言不諱地說明他們的意

圖：「我們的目的就是宣揚一種策略，為民權組織、激進的反貧窮團體和窮人的結合提供基礎。倘使這項策略實施了，就會出現政治危機，而這種危機可能導致制定法律，以保證窮人的年收入，因而結束貧窮。」[47]

這兩位教授以以下論點作為依據：福利是一種權利，領到福利金者所領的，少於他們有權得到的，而那些想要縮減福利救濟名冊的人，是在攻擊窮人和少數族群的福利。他們堅稱，應該有更多人進入福利制度，或者大批湧入福利制度，而在這個制度內的人，應該要求他們有權得到更多的津貼。這會製造一場重大的社會危機。皮文和克洛華寫道：「人民在公共福利計畫中有權得到的津貼，和他們實際得到的津貼之間，存在著巨大的差距。當一個社會完全地、自以為是地傾向於讓人民脫離福利救濟名冊，這種差距不會被承認……。這種差距不是出自官僚政治缺乏效率的一個意外事件，而是一種受到指責就會導致重大金融和政治危機的福利制度的組成特徵。這種指責的力量以及我們提出的策略，是將窮人編入福利救濟名冊的一個重大的驅動力。」[48]

皮文和克洛華也認為，在過去某些時期，民主黨是使得經濟危機能夠導致激進改變的政體，而人民必須再度以民主黨為目標，為了這樣的目地有效地劫持它。此外，改革也制定了，以建造並強化一個新的民主黨聯盟。「真正推動不景氣時期的立法改革的，不是藉由正規選舉過程而運用的組織性利益，而是廣泛的經濟危機。這種經濟危機促成了以區域為基礎、並且構成舊有國家政黨根基的聯盟的瓦解。在一九三二年的陣線重組中，一個主要以都市勞工階級團體為基礎的新民主黨聯盟形成了。一旦大權在握，全國性民主黨領導人提出並實施新政（the New Deal）的經濟改革。雖然這些措施是在回應經濟危機的緊急性，但他們頒布的措施類型，是為了鞏固並穩定新的民主黨聯盟而設計的。」[49]

對於皮文和克洛華而言，革命至少部分地和激進化的黑人社群綁在一起，這些社群影響民主黨，並且和民主黨綁在一起。「面對這樣的危機時，城市的政治領導人，可能因為一種將他們和年紀較大的選民群連結的黨政機關，而變得癱瘓，雖然這些選民群的陣容正在縮小。然而，全國性的民主黨領導人留意到城市的黑人選票的重要性，在全國性的競爭中尤其是如此，因為在這些競爭中，其他城市團體的忠誠度正在減弱。的確，許多「大社會」（the Great Society）的立法改革，都可以被視為為了強化逐增的貧民區選民對全國性民主黨行政機構的忠誠，而做出的努力，不管這種努力是多麼薄弱。」[50]

的確，今日黑人社群都是一面倒地忠於民主黨。而類似的策略也被用於西班牙和亞洲社群。一九六八年，皮文和克洛華也討論了〈運動和異議政治學〉（"Movements and Dissensus Politics"）。他們明確地說明「煽動暴動」和「暴動」，是正當而必要的群眾運動行動。他們宣稱：「窮人獲勝主要是在他們動員起來，進行顛覆性抗議的時候，而一個明顯的原因，就是他們缺乏資源，無法以傳統方式發揮影響力，例如形成組織、請願、遊說、影響媒體，以及收買政客。所謂顛覆性抗議，是指以下這類行動：煽動暴動、暴動、靜坐示威、其他形式的非暴力反抗、一窩蜂去要求救濟金、集體抗租、閃電式罷工（wildcat strikes），或阻撓生產線的生產。」[51]

這些抗議的目標，就是迫使體制或者他們所說的「政權」變弱，使其容易屈服於運動的要求。「群眾顛覆性活動的出現和成功，和選舉政治息息相關……。當一個政權不穩固時……比較可能積極地以廉價方式爭取支持，並且可能發出一些顯示它容易屈服於底層要求的訴求。」[52]

皮文和克洛華寫道：「社會運動靠著衝突成功。相反地，選舉政治要求共識和聯盟的策略。運動之所以影響選舉政治，主要是因為它們提出的問題，以及它們引發的衝突，擴大了選民團體之間的裂痕。我們稱此為『異議政治學』，這是為了讓它有別於靠著吸收追隨者和建立聯盟，或者靠著所謂的『共識』政治學，而建立選舉影響力的一般過程……。除非經濟和社會情況已經在破壞既定的選舉忠誠和聯盟，否則運動不可能產生太大的衝擊。然而，除非在經濟和社會的不穩定時期，否則追求改變的重大運動也不可能出現。」[53]

如果這種情況顯得十分熟悉，那是因為這種情況的確十分熟悉。當安提法、黑命貴和其他馬克思主義兼無政府主義團體利用新冠病毒帶來的最初的經濟瓦解，以及喬治·佛洛伊德（George Floyd）之死，而展開行動，這種策略也廣泛地出現在美國的街道和政治圈。這些團體和其他團體在下列事件中扮演了重要的角色：經常（但並非單單）在城市內的貧民區煽動激烈暴動，和執法人員激烈對抗，破壞公共紀念物，以聯邦法院和白宮為攻擊目標，占據部分城市，攻擊並威脅餐廳和其他公共場所的公民。

皮文和克洛華也在民主黨的轉變中看到機會。「社會經驗和固定的政黨體制產生的選舉政治之間，存在著裂痕，而這種裂痕可能為陣線重組鋪路。選舉產生的不滿跡象，甚至可能激發主要政黨的操作者在競選訴求中，做出一些辭令上的改變。」[54]的確，這種轉變發生在上一次的選舉中，當時民主黨領導人不願批評那些激烈、革命性的運動，並且經常貶低控制這些運動的努力。此外，如皮文和克洛華所期盼的，民主黨之內，愈來愈多人擁護這些運動和它們的目標，這一點部分反映在民主黨的辭令和政策上的激進化。這樣的例子包括拜登和桑德斯（Bernie Sanders）在大選中發表的一百一十頁的「團結計畫」（Unity），[55]以及一大堆的行政命令和立法創制權。此外，顯然當選的民主黨議員也愈來愈激進化，這包括眾議員歐加修—寇蒂茲（Alexandria Ocasio-Cortez）、歐瑪（Ilhan Omar）、普瑞斯利（Ayanna Pressley），以及特萊布（Rashida Tlaib）組成的「四人幫」（the Squad）。但是對於皮文和克洛華而言，這一切都還不夠，而且步調必須加快。

這兩位教授認為，群眾運動的進展將永遠過於緩慢，因為美國的制度很難被塑造成一股真正的革命力量。雖然如此，總是有機會以體制對抗體制，從內部和外部製造騷亂，並帶來革命性改變的壓力。「然而整體而言，政治領導人仍然膽怯而保守，想要以一般的象徵性目標和模糊的應許，來縮短潛在的差距，藉此壓制陣線重組的可能性。在這些令人困惑的情況下，不滿的選民可能變得和缺乏政黨操縱的選民一樣地分裂而缺乏效率——據說所有缺乏政黨操縱的選民都是如此。」[56]

社會行動主義者必須預備拋棄政黨，作為對政黨施壓的另一種途經。這兩位教授宣稱：「人民必須被動員來支持政黨，以及政黨提出的問題和候選人；同樣地，人民也必須被動員來拋棄政黨，以及政黨提出的問題和候選人。社會運動經常就是不滿情緒的動員者……當社會運動動員選舉的不滿情緒時，社會運動尤其……具有政治上的效力。」[57]

雖然如此，這兩位教授宣稱，政黨體制是有問題的，因為即使輸掉選舉的政黨，也還有一些力量，可以減弱革命的進展，或者讓革命的進展緩慢下來。「美國的政府體制四分五裂，這意味著反對黨經常持續控制著政府機關的某些部分。因此，政府機關就被一種需要所束縛：以促進共識來團結多數派。」[58]如此一來，以持續的騷亂來製造改變的壓力，是有必要的。

皮文和克洛華寫道，由於政黨尋求共識，團體之間，總是存在著分裂和不和的問題，而這正是社會行動主義者應該去利用的。「若要瞭解社會運動如何促進選舉動亂和陣線重組，我們就必須關注社會運動有哪些獨特的動力，使得它們能夠做到政黨政客做不到的事……。[59]即使不是特別顛覆性的社會運動，也能做到政黨領導人以及在兩黨體制中競選職務的人不會去做的事：社會運動能夠提出極具分裂性的問題。事實上，社會運動靠著提出分裂性問題所帶來的戲劇性、緊急性和團結，而壯大。如果對於一個嘗試建立多數派聯盟的政黨的策略而言，衝突是致命的，那麼衝突就是社會運動的成長所需的。[60]因此，如我們今日所見，許多建立在種族、性別、收入不平等和環境正義之上的運動紛紛出現了。

同樣地，據說當經濟狀況惡化，連帶造成社會狀況惡化，政治體制的轉變時機就成熟了。「當選舉制度本身顯示，新的潛在衝突出現了，往往就是社會運動出現的時候。選舉政治中，出現了愈來愈多選民不穩定的跡象，而這些跡象，通常可以追溯到造成新的不滿、或激發新目標的經濟或社會生活的改變。選民不穩定的證據，可能促使政黨領導人去做他們經常會做的事，即嘗試將他們的聯盟團結起來。只不過現在，他們會使用更廣泛的辭令，承認選民經常被忽略的不滿，並且說明他們剛剛訂立的目標，或許也為這些目標打氣。即使是危害多數派地位的脫黨的威脅，也可能促使選務領導人做出宣告，讓那些有助於運動成長的改變和可行之道，變成一種趨勢。」[61]

的確，新冠病毒大流行、經濟、學校和社交活動的關閉，以及對社會造成的集體性經濟及心理的影響，創造了一種可供利用的成熟環境。而此一利用發生在具有廣泛立法和行政作用的權力廳堂，也發生在組織性暴力變成家常便飯的街道。

製造衝突和爭鬥後，運動必須控制敘述方式。皮文和克洛華解釋：「政客不是唯一的溝通者。運動製造的衝突，往往賦予運動不容小覷的溝通力。這不是一件小事。一般而言，政治的溝通是由政治領導人及大眾媒體所主導，這兩者一起界定了政治世界的界限，包括明白哪些問題應該正確地被視為政治問題，以及存在著哪些可行的糾正方法⋯⋯。我們很難質疑掌握權力者壟斷公共和政治溝通，至少在沒有出現運動時是如此。[62] 運動至少可以短期地打破這種壟斷。運動發動抗議遊行和集會，罷工和靜坐抗議，以及戲劇性的對抗（有時是激烈對抗）。在這類的策略性行動中，用來表達集體憤怒的激動辭令和戲劇性表述，將社會事實的新定義，或者新團體的社會事實的定義，投射到公共論述中。這些定義不只改變了人們如何理解什麼是真實的，也改變了人們理解什麼是可能的，什麼是公正的。結果，在其他情況下被吸收或消失的不滿，就變成了政治問題。」[63]

舉例來說，黑命貴極為成功地控制了敘述方式。與警方的暴力對抗經常被媒體描述成「多半是和平的抗議」。[64] 搶劫幾乎全被忽略，當然也被容忍。驅動敘述方式和製造新分裂，是擴展和進一步授權革命運動的關鍵要素。皮文和克洛華寫道：「運動提出新的問題，而當新的問題成為政治舞台的焦點，政治力的平衡就以兩種方式改變了。第一，藉著提出新的問題，或者明確說明潛在的問題，運動讓其他情況下可能了無生氣的團體活絡起來。第二，新的問題可能製造新的分裂，並對競爭勢力之間的平衡，造成深遠的影響。分裂是參與選舉的政客想要避免的，但是分裂是瞭解運動對選舉政治的影響的關鍵，尤其是瞭解為什麼運動有時會獲勝的關鍵。」[65]

此外，倘使自己的政治生命危在旦夕，迄今溫和或不情願的政客，可能被迫容納並接受激進的運動。這兩位教授解釋：「當不情願的政治領導人認為，讓步是一種避開可能的不滿的方式，或者阻止已經發生的脫黨潮流的方式，或者當他們認為，讓步可以擴大或鞏固分裂一方的支持，藉此重建已經分裂的聯盟，那麼運動就會迫使不情願的政治領導人做出讓步。」[66]

最近，皮文回到極左刊物《國家雜誌》，特別將目標放在「阻止川普」上——她，當然還有絕大多數的學術界人士，都討厭川普。在二〇一七年皮文的一篇題為〈在一切事物的齒輪中撒沙〉（"Throw Sand in the Gears of Everything"）的文章，她說：「運動變成一股力量時，讓這種情況發生的，是有效運用一種特殊力量，這種力量源自一個事實：憤怒、憤慨的民眾，有時有能力反抗那些通常能夠確保他們的合作和沉默的規則。運動能夠動員民眾去拒絕，去違抗，甚至去罷工。換句話說，行動中的民眾，參與運動的民眾，能夠將沙子撒入需要他們合作的體制的齒輪，破壞它們。由此可見，運動需要人群，但也需要一種策略，來測定人群的反抗以及接下來的動亂，將對決策者的權威造成什麼影響。」[67]「……藉著阻撓或破壞政權的政策創制權，反抗運動能夠製造或加深精英和選舉的分裂。」[68]

同樣地，這是組成並鼓動一群激烈的暴民，去製造社會的裂縫，攻擊種族和經濟的區別，破壞公民生活和社會聯盟。換句話說，就是使用憲法保障的自由，來攻擊憲法想要保護的東西。皮文斷定，有著左派市長的大城市，尤其已經準備迎接動亂了。的確，情況的發展正如皮文所鼓勵的，安提法和黑命貴的追隨者製造暴動，而治理這些城市的左派民主黨市長，對這一切多半採取寬容的態度。皮文宣稱：「這種大規模的拒絕行動可能造成廣泛的反響，因為社交生活倚賴錯綜複雜的合作制度，而我們的治理機制也是如此。或許由於美國政府有著著名的全國性分權制度，以及分散化的聯邦結構，因此美國政府特別容易受到集體反抗的影響……。大多數人口所居住的大城市沒有被（右翼）攫取。中間派和左派的市長掌管紐約、洛杉磯、波士頓、西雅圖和舊金山這些城市。這個事實可能變成培養都市反抗運動的溫床。」[69]

最近，這位年長的革命者堅稱，必須立即針對川普及其支持者採取群眾運動，彷彿她自己正在帶領一次反抗他們的運動：「反抗運動十分艱難：這些運動必須針對看似可怕的優勢，動員集體反抗行動，而且可能激發嚴厲的報復。此外，這些運動經常在暗中進行，不知道它們所面對的政權的弱點，也不知道這個政權的同盟當中的緊張狀態。這一點說明了我們自己的處境：我們不太瞭解川普邀請到美國政府的這些團體及個人之間的潛在裂痕……。但我們的確明白，如果我們容許川普政府往前邁進而沒有受到群眾的反抗，那麼這個政府會帶來什麼樣的政治危機。」[70]

已故哲學家和教授亞倫．布隆姆（Allan Bloom）在一九八七年出版了他的著作——《封閉美國的思想》（*The Closing of the American Mind*）。在這本書裡，他彷彿在對皮文和數百位和她想法一致的大學教授革命者說話：「每一個教育制度都有一個它想達成、並蘊含在課程中的道德目標。它想要製造某種人類。這種意圖多多少少明確可知，也多多少少是一種反思的結果。然而，即使閱讀、寫作和算術這類中性的學科，在它對於接受教育者的遠見中，也扮演著某種角色……。民主黨的教育……想要並且需要製造一群支持民主黨政權的男女。」[71]布隆姆警告：「我們有一個讓教育植根的文化，但我們開始破壞這種文化。美國建國的理想主義被詮釋成神話，有自私動機，以及充滿種族主義，因此應該被遺棄。如此一來，我們的文化被貶低價值。」[72]「無人相信古老的書籍蘊含真理，或者曾經能夠蘊含真理……。傳統已經變成多餘。」[73]

的確，美國的學院和大學的教職人員，已經將教室變成針對美國社會而來的抵抗、反抗和革命的繁殖地，變成馬克思主義或類似馬克思主義的思想灌輸及政治宣傳的接收器。學術自由首先是為那些激進的教授而存在的，而思想競爭多半是一個有關高等教育曾經為何以及應該為何的老舊而別緻的概念。然而，馬克思主義不是關於言論自由和辯論，而是關於支配、壓制、思想灌輸、一致，以及順從。現存的社會和文化，以及在其中成功的知識界、精神界和經濟界人士，和捍衛這個社會及文化的人士，都必須受到譴責和詆毀。對現狀幻滅是關鍵。馬克思主義提出一種「新信仰」（如果你願意這麼說的話），這種信仰應許人們擁有一個更美好的新社會，而為了這樣的社會，必須向未來的世代灌輸一種熱情（如果不是執念）——儘管這種熱情帶來了大量的死亡、奴役，和貧窮。

第三章　「仇恨美國」公司

一八〇〇年代晚期和一九〇〇年代初期的進步主義知識分子，為今日學術界、社會和文化接受馬克思主義的意識型態，以及被這種意識型態灌輸，奠下了基礎。這些知識分子清楚表明，他們仇視資本主義，以及共和立憲制（the constitutional-republican system），這兩者建立了制止各種專制的障礙，包括暴民或中央集權化的獨裁政治所產生的專制，當然也包括大家後來所認識的進步主義。他們明白，一般民眾不會輕易接受他們這些異類的目標。因此，他們展開一項漫長的運動，透過公立學校和高等教育機構，來教育——說得更正確些，重新教育——學生及學生支持者這類未來的激進分子及革命軍隊，並且對他們進行思想灌輸。

與今日的進步主義知識分子一樣，早期的進步主義知識分子支持馬克思主義意識型態，甚至全心接受這種意識型態的核心主題。他們多多少少都採用盧梭的方法：在教育界進行思想灌輸——教師一方面堅稱，學生應該自由地去學習他們感興趣、或者能夠激發他們事物，但一方面卻巧妙操縱學生去對什麼事物感興趣，以及被什麼事物激發。因為公共教育的最終目標，就是將個人的意志納入普遍意志中。因此，進步主義者經常以一種平緩、莊重的語氣，替「較大利益」或「社群的最大利益」這些意義或背景下的個人需求及慾望發聲。

最近，或者在三十多年前，《紐約時報》的教育作家菲莉西蒂・貝靈格（Felicity Barringer）寫了一篇探討馬克思主義如何影響美國的學院和大學的報導——〈馬克思主義在美國大學校園成為主流〉（"The Mainstreaming of Marxism in U.S. Colleges"）（一九八九年十月二十九日）。在這篇幾乎已被遺忘的文章裡，她揭露：「當卡爾・馬克思在共產國家的意識型態繼承人，正使勁地改變他的政治遺產，他在美國校園的知識界繼承人，卻幾乎已經從自以為是、被圍攻的外人，變成融入學術界的圈內人。對於一度被視為充滿顛覆性的階級鬥爭的學生而言，這件事可以被視為一個成功的故事。然而有些學者說，當馬克思主義者適應環境了，他們和這位十九世紀德國哲學家的關聯，卻已經分裂成一種鬆散地結合在一起、沒有多少共同點的理論集。過去十年，雖然西方經濟的發達，使得馬克思主義被許多人視為不適當，但是，新的競爭性激進理論出現了，對馬克思主義者提出挑戰。」[1]

因此，馬克思主義的「美國化」的改造曾經發生過。這種改造使用馬克思的核心教導，並且將它們放在美國制度的環境中，為要有效地推翻制度——政府、經濟、社會和文化制度。的確，這篇報導繼續說：「加州大學爾灣（Irvine）分校的歷史教授強納森・維納（Johnathan M. Wiener）說：『馬克思主義和女性主義，馬克思主義和解構，馬克思主義和種族——這就是令人振奮的辯論的所在。』」[2]的確，在一九八九年，即這篇文章發表的時候，我將在下一章討論的一種激進、邊緣性的意識型態——批判理論（Critical Theory）——的種子，以及藉著讓文化變成武器來攻擊文化自己，使得現存社會分裂的現象，開始在美國各地發展開來，但並沒有真正引起大眾的注意。

事實上，貝靈格無意中暴露了批判性種族理論（Critical Race Theory）和其他馬克思主義改造而成的美國主義的核心教條：在「一六一九計畫」（the 1619 Project）這類的方案中，攻擊美國的歷史、制度、文化、傳統，或者攻擊「優勢白人文化」。而發動攻擊者，包括貝靈格自己的雇主和出版商《紐約時報》。她寫道：「解構主義者不認為，我們可以瞭解過去的經驗，因為任何結論的證據，都來自人的觀察，而這些觀察多半出現在文本（text）中。解構主義者堅稱，文本不過是人所說的故事，而說故事的人忽略他們認為不重要的事物，這樣的忽略使得歷史記載無法成為事實的可靠證據。」[3] 因此，針對歷史的傳統教導而發動的戰爭，開始像癌細胞般在學術界擴散。

在美國的大學和學院，教授們可以毫無限制地使用馬克思主義作為教義工具，而他們也確實這麼做。貝靈格解釋：「現在，多樣性變成曾經是大一統的馬克思主義的識別標誌。在匹茲堡大學教英文的史碧娃克（Gayatri Spivak）教授，自稱是一位馬克思主義女性主義者。加州大學戴維斯分校的經濟學教授洛伊默（John Roemer），設計了以市場為導向的馬克思主義經濟學。威斯康辛大學的社會學教授艾瑞克·歐林·萊特（Erik Olin Wright），稱自己為一位解析型的馬克思主義者（analytic Marxist），試圖從馬克思宏偉的理論中，分解出它們的組成要素。」[4]

雖然貝靈格揭露的一切都相當準確，而且今日，馬克思主義的各種應用的結果，已經彰顯在現代美國，但是「自以為是」的馬克思主義者仍然存在，而他們的人數正在校園和社會、文化及政府當中，持續增長。

此外，早期的進步主義者明白，他們必須將他們教育上的行動主義制度化，而方式包括透過領終身俸、組成工會的教師團，控制教育的行政部門以及教室。這些志趣相同的教師以充滿意識型態（「社會行動主義」）的課程為裝備，進入各階層的教育機構，並且經常選擇自己的繼承者，而他們也受到保護，可以避開檢查和競爭。因為這些和其他因素，他們堅決反對標準化的測驗、建立在績效上的教師評定，以及學校的選擇和其他。畢竟他們的目標，就是拔除以傳統的、進步主義之前的方針為導向的教育方式，並掃除障礙，迎接以進步主義或馬克思主義為導向、建立在意識型態的教義性教育方式。

同樣值得提醒的一件事，就是早期的進步主義者，就像他們現代的後代，是盧梭、黑格爾和馬克思知識上的子孫。他們和這三位哲學家一樣抱持著一個最高觀點：個人必須降服於更大的社群。赫伯特・克羅利（Herbert Croly, 1869-1930）是一位主要的進步主義策劃者，也是「新共和」（the New Republic）的創立者。他在一九〇九年的著作《美國生活的應許》（*The Promise of American Life*）中解釋：「倘使美國人計劃建造的更美好的未來，不是一個在某些基本方面，能夠將他們從過去解放出來的思想，那麼這個未來就毫無價值。美國歷史包含許多值得驕傲和慶賀的事，也包含許多令人遺憾和蒙羞的事……。（美國人）必須預備犧牲那種傳統遠見，甚至犧牲美國實現那種遠見的傳統方式。」[5]因此，克羅利譴責美國的過去，並且堅稱，美國人不只要拒絕這個過去，也要學習拒絕這個過去。換句話說，就如馬克思所鼓吹的，如果個人和社會想要進步，人民就必須譴責並拋棄自己的歷史。當然，現在這種態度已經在整個學術界扎根，並且擴散到我們的一大部分文化。

克羅利繼續說：「對美國的個體性（individuality）造成最大傷害的，就是我們現存國家制度的經濟個人主義。只要美國人忘了或拒絕系統性地為國家利益，來管理財富分配，那麼美國人在政治、科學和藝術上的個人成就，都將繼續部分地處於貧乏狀態……。美國人一直將個人的自由，和無限而普遍地享受所有可得的經濟機會聯想在一起。然而更正確的說法是，普遍享受實際不受限制的經濟機會，正是導致個人束縛的狀況……。」[6]

當然，這是盧梭、黑格爾和馬克思的核心主題——個人必須犧牲自己的獨立、自由意志，以及對於更大利益的追求，如此，個人不只可以得到更大的滿足和自我實現，整個社群也會受益。在美國，資本主義和憲政維護（constitutionalism），就是抵擋馬克思主義和進步主義的堡壘，因此必須受到質疑，最終並且必須廢除。與馬克思主義者一樣，對於進步主義者而言，經濟權力和政治權力應該由同一批人掌握，即由管理政府的那些相對上的少數人掌握。

然而，許多基礎工作必須完成，才能讓廣大民眾默許或接受這種異類的轉變，因為在這種轉變中，哲學家國王（the philosopher kings）[i]和有智慧的策劃者拆解了社會，然後重造社會。解決之道就是：向那些從小養成敬重、尊崇傳統、習俗、信仰和愛國主義的理想的「群眾」，進行思想灌輸，讓他們放棄據說是過時的信仰，接受一個有規劃的集體烏托邦的應許。改變民眾，讓他們接受——最終支持——一種專制政府，這種政府據說比他們更能管理他們的生活。這一點使得改變並奪取文化機構和治理機構，成為必要的手段。

i 譯註：出自柏拉圖《理想國》。

克羅利寫道：「我們很難說，數百萬人當中那些教育程度低的大多數人，比起那些認為科學有真正意義的數千人，更難被教育。這不過是社會剝奪了他們受教育的機會。社會的這種疏忽也許有充分的理由，但只要這種疏忽存在，它本身就必須被視為專家不受歡迎的好理由。讓（進步主義）普及化的最佳方式，讓民眾能夠將受過高等教育的官員當成代表的最佳方式，就是讓高等教育普及化。除非一個專家政府能夠代表一群受過高等教育的選民，否則這種政府就無法具有充分的代表性。」[7]

這一點部分解釋了為什麼民主黨想要推動人人都能免費上大學的政策，或者取消學生貸款的政策，以鼓勵更多人上大學。民主黨的目的，不是為了讓更多學生接受古典文科教育，或科學、科技、工程及數學教育，而是進行一項克羅利所鼓勵的計畫——盡可能向更多年輕人進行思想灌輸，讓這些人支持他們的激進教義。

此外，雖然自四年制大學畢業的年輕人大幅度增加了（一九四〇年不到百分之六）[8]，然而今日，大約只有三分之一的成年人口真正自四年制大學畢業。[9]所以，在更早階段開始進行思想灌輸過程是有必要的。因此，在公立小學和中學，出現了愈來愈多充滿意識型態的課程作業和教科書。這一點也說明了為什麼針對學術自由和校園言論自由而發動的戰爭出現了，那些教導美國主義、以美國主義為寫作主題、讚揚美國主義的人，或者只是質疑或不順服以馬克思主義為中心的正統思想的人，都受到了威脅，甚至遭遇暴力攻擊。

在徹底將傳統教育目標改變成社會行動主義運動這件事上，比克羅利更多產、更突出的約翰·杜威（John Dewey, 1859-1952），也在今日的整個教育界發揮明顯可見的影響力。杜威承認並贊同馬克思主義對進步主義運動的影響，以及兩者的關係：「（馬克思）提出的問題——經濟結構和政治結構的關係——是一個持續活躍地存在的問題。的確，這個問題構成了當下政治問題的唯一基礎……。我們一定會遇到某種社會主義，你愛怎麼稱呼它，就怎麼稱呼它，也不管當它實現時，你會如何稱呼它。現在，經濟決定論（economic determinism）是一個事實，不是一種理論。但是，選擇一種盲目、混亂和沒有規劃的決定論，一種出自為了金錢收益（pecuniary profit）而經營的企業的決定論，有別於選擇一種有社會規劃、井然有序的發展的決定論。這是公共的社會主義以及資本主義式的社會主義之間的差異和選擇。」[10]

然而，當個人可以自由追求自己的目標和夢想時，「經濟決定論」並不存在。「經濟鬥爭」是一個不正確的標籤，被用來描述賣力工作、競爭、自由意志，和生命的教訓——或者自由意志的行使、個人動機、個人需要和慾望的滿足、機會的創造和追求、個人的責任和究責等。這意味著每一個人的渴望和複雜性。在這個背景下，個人的自由和資本主義息息相關。因此，個人若要接受並服從少數人以多數人的名義提出的要求，資本主義就必須被詆毀，或者被徹底摧毀。因此，杜威要求一種公共的、由上而下的、政府管理的「社會主義」，而不是一種緩慢滲透到資本主義經濟的雜亂的社會主義。

當然，資本主義是一種自發性的商業形式，出自個人自願地進入經濟關係。這不是政府的管理制度強加給人民的計劃性經濟制度。對於杜威和其他人，這就是問題所在。唯有強加給人民，權力、社會工程和偉大的計畫等，才能「運作」，而這樣做就必須篡奪美國的目標的基礎。憲政維護和資本主義，限制了中央集權的獨裁主義的角色或可能性，並且反過來授權給公民社會架構內的個人。這兩者本身，和馬克思主義及馬克思主義的後代——即進步主義——完全不相容。進步主義希望社會的發展和未來狀態，能夠儘量不受限制。政黨控制政府，政府控制社會。哲學或政治的多樣性沒有多少存在的空間。

最近，這種狀況顯明在以下的事件：民主黨高層威脅要摧毀司法的獨立，以宣揚進步主義的理論家來塞滿法院；以出自民主黨大本營的額外黨員，來擴大參議院的民主黨陣容，藉此讓民主黨在參議院永遠成為多數黨；廢除參議院的阻撓議事規則（filibuster rule），以便在沒有有效辯論或挑戰的情況下，強迫施行影響深遠的進步主義法令；將選舉制度國有化，以確保民主黨永遠控制以選舉選出的政府職位。這些政策將使得來自美國較保守的共和黨地區的數千萬公民，被奪走治理國家的機會，被迫和治理國家的機會分離，以及被邊緣化，無法參與國家的治理。共和主義（republicanism）以及代議政府將形同死去。

這種情況的進一步證據，就是一大堆扼殺市場、反資本主義的計畫，這些計畫出自民主黨推行的那些無窮無盡以政府為中心的社會主義類型的方案，而這些方案有一個新造的名稱：綠色新政（the Green New Deal），以及針對「人造氣候變遷」而發動的戰爭（我將在本書後面討論這個主題）。這些計畫影響深遠，將導致私有財產權的原理徹底被摧毀——同樣是以更大的利益和更廣大的社群為名義被摧毀。

此外，自從聯邦所得稅法在一百多年前——即美國進步主義誕生時——被制定，民主黨的一個主要目標，就是重新分配財富，而其方法就是針對勞工、收入和財富課重稅，這是馬克思主義者之類的階級鬥爭政治宣傳所支持的。不幸地，今日一大部分的人口都同意這種做法。的確，在新冠病毒大流行的掩護下，民主黨大幅度擴大福利國家（welfare state）的規模和影響範圍，不只發放數兆美元來加強它的政治和意識型態基礎，也誘使更多人去領政府津貼和轉撥款項（transfer payment）。

在許多方面，教育上的轉變，已經導致了早期進步主義知識分子所追求的社會轉變。杜威曾譴責他那時候的教育制度，主張將它轉換成一種進步主義思想的工廠。雖然他嘗試將自己的意圖描繪成訓練學生如何思考，如同蘇格拉底，但事實上，他的目標卻正好相反：讓孩童接受思想灌輸，如盧梭所期望的，或者如馬克思所要求的。這種情況也類似柏拉圖版的烏托邦社會《理想國》，而這種社會不過是一種有組織的專制形式。杜威寫道：「學生們學習象徵，卻不明白它們的意義。他們獲得一組技術性的資訊，卻無法追蹤這些資訊和他們熟悉的物體及操作的關聯——他們往往只獲得一種獨特的字彙。這讓人理所當然以為，以完美的形式呈現題材，提供了一條通往學習的堂皇道路。再自然不過的一件事，不就是認為，從能者的探索停止的地方開始，不成熟者就可以節省時間和精力，並免於犯下不必要的錯誤？結果就清清楚楚寫在教育史上。當學生開始學習科學，他們的教科書題材，按照專家的順序被規劃成各種主題。技術性的概念和其定義一開始就被介紹給學生。法律也在極早的階段就被介紹給學生，並且頂多只提供有關法律如何制定的一些指示。學生們學習一種『科學』，而不是學習處理日常經驗的熟悉事物的科學方式。高階學生的方法主導著大學的教導；大學的方式被轉移到中學，依此往下推，但忽略了讓主題更容易學習的事物……。」[11]

因此，杜威和馬克思一樣，認為美國的年輕人應該透過公共教育，從現存的道德觀、價值觀、信仰系統、傳統、習俗等之類的事物中，被解放出來，並準備接受另一種程式設計（programming）。而且有何不可？教室提供了數百萬孩童組成的被俘虜的聽眾，成為以馬克思主義為導向的思想灌輸的完美環境。和他的知識界同輩一樣，杜威將這件事描述成應用「科學」和「理性」。杜威寫道：「由於實驗科學的不存在所導致的狀況的影響，在過去所有主導性的哲學中，經驗和理性以及真正合理的事物都是對立的。經驗性的知識，意味著許多過去的例子累積的知識，而這些例子未經理智的洞察力找出其中的原理……。科學就是變成合理的經驗。因此，科學的效力就是改變人們對於經驗的本質以及經驗固有的可能性的想法……。科學的目標，就是將經驗從純粹個人且完全直接的一切事物當中，解放出來；科學的目標，就是將它和其他經驗的題材之間的一切共同處分離出來，由於這些共同處是共有的，因此可以儲存下來，供日後之用……。從科學的觀點來看，這種題材是偶然的，而廣泛共有的特徵是本質性的……。當我們將一個觀念從它產生的特定背景中解放出來，並且給與它更廣泛的參照，任何個人的經驗的結果，就可以由任何人來處理。因此，就哲學而言，最終科學就成為普遍的社會發展的元件。」[12]

換句話說，杜威打算為了一種偽裝成科學和理性的意識型態，而棄絕現存和既存的事物。當然，進步主義者的傲慢和馬克思主義者的傲慢一樣，是無止盡的，我們可望從我們未來的統治者那兒看到這一點。儘管如此，我們必須說明，重視傳統、信仰和習俗的人，並不排斥科學或理性，但也不會去崇拜科學或理性。他們已經學習並經歷到永恆真理的價值，以及過往的智慧的價值，包括來自古人的真理和智慧的價值，而這些價值反映了獨立宣言簡明陳述的美國建國的基礎。

與盧梭一樣，杜威所構建的教育方式，既要開啟學生的心智，也堅稱學生必須服從。或者更正確地說，開啟學生的心智，讓他們願意接受思想灌輸和順服。杜威宣稱：「基本的結論是：學校必須在一個大大超越當前的程度上，被建造成一種重要的社會機構……。對於社群的福祉的興趣，是一種知性和實際的興趣，也是情感上的興趣。這種興趣意味著想要認識任何促進社會秩序和進步的事物，以及任何有助於執行這些原則的事物。這種興趣是最終的倫理習性，所有特殊的學校習性都必須和這種倫理習性有關。」[13]

毫不意外地，杜威是蘇聯以及蘇聯「教育制度」一個早期的粉絲——這種教育制度其實就是大規模的政治宣傳行動，在這種宣傳中，服從和順服被曲解成一種新的團結。杜威訪問這個共產政權，並於一九二八年十二月在《新共和》（*the New Republic*）中寫道：「在俄國的『過渡』狀態中（當然，這共產政權總是處於『過渡狀態』），正在發生的心理及道德上的改變有了重大的意義。雖然最後，這種轉變應該成為一種經濟及政治改變的手段，但是目前，情況恰恰相反。這種想法就等於說，廣義而言——就機構對於性情和態度的影響而言——一切機構的意義都是教育性的。它們的作用就是創造習慣，讓人們輕而易舉地以合作和集體的態度行動，就如現在，在資本主義國家，人們輕而易舉地以『個人主義』的態度行動一樣。」[14]

所以，這就是美國進步主義運動的創建者之一，他宣揚「科學和理性」，讚揚共產獨裁者史達林的殘暴政權對俄國人民施加強迫性的洗腦。而且不要忘記，在學術界、媒體和其他地方，杜威仍然是進步主義思想的中心人物。

杜威接下來說：「同樣的想法界定了較狹隘的教育機構（學校）的重要性和目的。這些教育機構代表為了達到其他機構以分散和迂迴的方式發展出來的效果，而做出的直接而集中的努力。在目前階段，學校就是『革命的意識型態臂膀』。因此，學校的活動以最不尋常的方式，在行政和組織上，在目標和精神上，和所有其他社會機構及利益接合在一起。」[15]

啊，又是「革命」！目標同樣是控制學校和課程，控制教師和教室，而最後就是控制人民的大腦和心。這不就是我們今日在美國所面臨的教育狀況？就如我們稍後會明白的，這也是我們今日所面臨的文化的激進化——讓教育和媒體宣傳，充滿以馬克思主義為基礎的激進意識型態〔例如批判理論（Critical Theory）〕，使得文化變得激進化。

杜威寫道：「在過渡性政權期間，學校不能倚靠較廣大的教育，來全心全意創造出必要的集體及合作心態。農民的傳統習俗和制度、他們的小片土地、他們的三田制農場經營方式（three-system farming），以及家庭和教會的影響，都自動地讓他們裡面生出一種個人主義的意識型態。儘管城市的勞工更傾向於集體主義，他們的社會環境，卻在許多方面與此背道而馳。因此，學校的偉大任務，就是對抗並改變那些仍然十分強烈的家庭及社區傾向——即使在一個名義上的集體主義政權，這種傾向仍然十分強烈。」[16]

在此，杜威極其直言不諱地宣告，公立學校應該成為什麼樣子，而事實上，這正是現在的公立學校變成的樣子。「必要的集體及合作心態」？馬克思會以他的進步主義徒子徒孫為榮。的確，令人吃驚的，是杜威明確指出，農民構成了集體性烏托邦的障礙。在一九三二年，即杜威的文章發表後四年，史達林以烏克蘭人——尤其是農民——為目標，藉著大規模而殘酷的饑餓運動，來消滅他們，因為他們不願把他們的「小片土地」交給共黨政權，也不願屈服於史達林的集體主義目標。結果，數百萬人喪失生命。的確，《紐約時報》，美國最具影響力的報紙之一，為了保護俄國革命背後宣告的觀念和假設的原則（包括解放人民，促進平等，以及建立公義），竟然成為史達林早期政權的傳單，協助掩蓋它對於烏克蘭人進行的種族滅絕和各種暴行。[17]

同樣地，這是再清楚不過了，現代進步主義運動的意識型態基礎，是從馬克思主義的子宮裡孕育出來的。這種關聯是毫無爭論餘地的。當然，被實施和被強加的馬克思主義的一切化身，無須在每一方面都一模一樣；事實上，它們之間存在著差異。但是美國的進步主義者，都有著清清楚楚的相同的核心信仰，而且顯然也發表了相同的論點。隨之而來的，是長達數十年文化界和政府的進步主義的思想灌輸和操縱，而這個過程已經造成了傷害。連續數代的學生，不是去學習擁護美國的建國和理想，並頌揚自由的公民社會，而是被教導去鄙視自己的國家，鄙視它的歷史和創建，並且被鼓勵去譴責這個國家。

許多父母將孩子送到政府指定的學校，或者後來自發地幫助孩子完成高等教育，希望他們畢業後，能夠在社會得到更好的工作機會。這些父母經常驚恐萬分地看到孩子的轉變。他們拋棄家裡耳濡目染的信念，轉而去接受他們在思想灌輸下，去相信的東西——即他們成為第三方思想灌輸努力和意識型態運動的一部分時，去相信的東西。

當進步主義對於教育、文化和社會的控制開始扎根，在一九四八年，芝加哥大學教授理查・韋弗（Richard M. Weaver）在他的著作《思想帶來後果》（*Ideas Have Consequences*）裡提出警告，教育和公民社會正在瓦解。他寫道：「當然，我們有正當理由如此評論我們的世代：如果你在尋找象徵我們的愚蠢的紀念碑，只需看看四周。」[18]他譴責他正確地看到的情況：拋棄往昔的真理和信仰，以及隨之而來的無法想像的不人道。韋弗解釋：「在這個世代，我們看到了城市被抹滅，古老的信仰遭受打擊。我們大有理由以《馬太福音》的話問一個問題：我們是否面對『大災難，從世界的起頭直到如今，沒有這樣的災難』[i]。多年來，我們帶著一種傲慢的信心前進：人類已經獲得獨立地位了，古老的約束變得不必要了。現在，在二十世紀的前半段，在現代的發展進入高峰時期，我們目睹前所未有的仇恨和暴力的暴發；我們看到整個國家因戰爭而變荒涼，被它們的征服者變成流放地（penal camp）；我們發現，一半的人類將另一半的人類當成罪犯，到處可見集體精神錯亂的症狀。最不祥的，就是出現了分歧的價值觀基礎，致使我們這個星球，被許多存在著各種不同理解的世界所嘲笑。這些瓦解的跡象引發恐懼，恐懼導致單方面孤注一擲的求生努力，而這些努力只會促進這個過程。」[19]

韋弗解釋：「宗教開始有了一種模稜兩可的尊嚴，而我們必須面對一個問題：在一個理性主義和科學的世界，宗教是否能夠繼續存留？」「一種異常的『人性化』宗教誕生了。」[20]的確，現在用來界定人類的，是他們的環境，尤其是唯物主義——即馬克思主義背後的基本原理，也被稱為唯物史觀（material historicism）。「唯物主義……隱約出現在地平線上，因為它隱含在已經建構的一切中。因此，我們不久就必須以人的環境來解釋人……。如果人類拖曳著超自然的榮耀雲彩進入這個世紀，那麼現在就必須以一種讓實證主義者滿意的方式，來解釋人類。」[21]這裡的實證主義者，是指那些排斥世代傳承的永恆真理和經驗的知識分子，他們擁抱所謂的專家和他們的「行政國」（administrative state）[ii]的社會工程學，這種工程學宣稱要使用數據、科學和經驗主義，來分析、管理和控制社會。

韋弗也提到達爾文和他的進化論。他寫道：「在人類起源這個重大問題的判定，已經傾向於支持科學唯物論後，在適者生存中產生的生物必然性（biological necessity）就被提出來，作為近因（*causa causans*）。當人類被認為完全由環境壓力塑造出來的，我們就有必要將相同的因果關係論，擴展到他們的制度。十九世紀的社會哲學家，發現達爾文大力支持他們的一個論點：人類的行動總是出於經濟誘因。就是這些哲學家廢除了意志的自由。因此，歷史的偉大盛會可以簡化成個人和階級在經濟上的努力，而複雜的預測被建構在經濟衝突和解答的理論上。按照上帝的形象受造的人類，一齣偉大戲劇的主角（其靈魂在這齣戲劇中處於危險關頭），被尋找並消耗財富的動物取而代之。」[22]

換句話說，人類存在的複雜性和本質，完全被簡化成一種過分單純、有瑕疵的經濟理論。在這種理論中，個人不過是一種單向度的動物，單單專注於物質的消耗。

韋弗寫道：「最後，心理行為主義（psychological behaviorism）出現了，它不只否定意志的自由，

i 譯註：《馬太福音》二十四章二十一節。

ii 譯註：「行政國」出自德懷特・瓦爾多（Dwight Waldo）一九四八年同名的公共行政學經典著作，這個名稱在此前已經廣泛在社會上被使用。

甚至否定直覺這種基本的指示方式。」現在的情況就是「推理的歸謬法（reduction to absurdity），它始於人類興高采烈地向超然存在的概念道別之時。除了『無底深淵』（abysmality），沒有正確的詞語可以描述人類現在的處境。人類陷入黑暗的深淵，無法藉助任何方法脫離困境……。當他們被問題圍繞，他們以臨時策略（*ad hoc* policies）來面對，卻因而加深了困惑。」[23]

當然，這種情形再度導向教育的主題。宗教被拋開了，以教育取而代之，而如韋弗所觀察的，教育「據稱可以發揮相同的功效。教育和宗教的分離，是現代主義最引以為傲的成就之一，而這不過是知識和形而上學分離的延伸。自宗教分離出來的教育，可以提供他們想要的思想灌輸。我們納入了……課堂的教育，因為這類制度化的教導，都是在國家的假定上進行的。然而，最能完成他們的目標的教育，是全體公民透過資訊和娛樂的管道，日復一日接受的系統性思想灌輸。」[24]韋弗大概不明白，他是多麼正確；他也大概不明白，將近八十年後，這種情況會變得多麼糟。

這讓我們想到一九五〇年代後期至一九七〇年代初期。在這段期間，美國大學校園出現了新左派運動（the New Left movement），其先驅多半是今日的馬克思主義者。新左派團體最突出的團體之一，是民主社會學生組織（Students for a Democratic Society，簡稱為SDS）。這個組織創立於一九五九年，並於一九六二年發表它的政治宣言——〈休倫港聲明〉（The Port Huron Statement）。這份聲明是一篇陳腔濫調的、雜亂無章的通俗心理分析論述，它譴責資本主義，並支持馬克思主義類型的革命。新左派「通常避開傳統的政治組織形式，採用群眾抗議、直接行動以及非暴力反抗的策略」。[25]這個運動大大受到德國出生的馬克思主義者赫伯・馬庫色（Herbert Marcus）的影響。可想而知，馬庫色是一位激烈的反資本主義者。此外，不出所料，馬庫色曾任教於數所美國大學，包括哥倫比亞、哈佛和布蘭迪斯（Brandeis）大學。他是一位多產的作家，他一九六四年的著作《單向度的人》（*One-Dimensional Man*）有廣大的讀者群，尤其包括新左派讀者群。這本書的成功，讓這位相對不為人知的大學教授，轉變成正在急速發展的學生反戰運動的先知和創立者。[26]我們稍後會看到，他的影響力擴展到新左派以外的現代批判理論運動，這種運動積極地試圖破壞美國社會和文化，最終則想要取代美國社會和文化。因此，我們必須仔細研究他的著述。

與大多數馬克思主義教授一樣，馬庫色並不滿足於思想灌輸。他極力主張行動主義，即具體的革命。馬庫色針對美國缺乏馬克思主義暴動提出的解釋不斷地改變。他一度相信「群眾」會帶領這種暴動。後來他堅稱，資本主義社會的富裕，使得這種革命不可能發生。因此他宣稱，革命會出自那些和被剝奪權利者合作的知識分子。然而，隨著學生運動的出現，他更加傾向於相信一種大眾的革命運動。[27]無論如何，和馬克思一樣，馬庫色斷言，若無發展完全的革命，就無法除去資本主義和優勢文化的禍害。

馬庫色在書中說，不論在心理上或經濟上，資本主義制度或「工業機器」都無所不在，甚至會吞沒並拉攏勞工階級和勞工運動。馬庫色宣稱：「由於當代工業社會的技術基礎的組織方式，這個社會往往會變成一個極權主義社會。因為『極權主義』不只是社會上一種恐怖主義的政治協作（terroristic political coordination），也是一種非恐怖主義的經濟和技術協作，由既得利益者藉由操縱需求來運作。因此，它杜絕了針對全體的有效反對的出現。導致極權主義的，不只是一種特殊的政府統治或政黨統治的形式，也包括一種特殊的生產和分配的制度，這種制度可以和政黨、報紙、『抗衡力量』（countervailing power）等的『多元化』和睦共處。」[28]

馬庫色宣稱，的確，資本主義的控制力非常強大，致使政府使用它來管理和控制社會。他寫道：「今日，政治力藉著它對於機器製作法的控制力，和它對於機構的技術性組織的控制力，來展現自己的權力。唯有成功地動員、組織並利用工業文明所能擁有的技術、科學及機器生產力，進步和進步中的工業社會的政府，才能夠維持並鞏固自己。而這種生產力動員了任何個別利益相關者或利益團體以外的整體社會。機器的物質性力量，勝過工業的力量，也勝過任何團體和個人的力量。由於這個殘酷的事實，如果一個社會的基本組織，就是機器製作法的組織，那麼機器就成為這個社會最有效的政治工具。」[29]

但是馬庫色辯稱，有一個辦法可以擺脫「機器」的控制。「新的認識方式是有必要，這是在呼應社會的新功能。這些新的認識方式只能以負面方式來表示，因為它們相當於否定通行的認識方式。因此，經濟自由意味著擺脫經濟的控制——不受經濟力量和經濟關係的控制，不必天天為生存掙扎，不必辛苦謀生。政治的自由意味著將個人從他們無法有效控制的政治當中解放出來……。對抗這種解放的最有效、最持久的鬥爭模式，就是植入物質和智識上的需要，延續過時的掙扎求生方式。」[30]

馬克思主義和其他的馬庫色之類的支持者的內在矛盾，是明顯可見的。個人自由和經濟自由，意味著為了集體主義，而放棄自由市場式的資本主義？個人得到了滿足，並且擺脫缺乏和掙扎？政府最終會衰落？這就是馬克思主義在世界各地或任何地方起作用的方式？當然不是。舉例來說，世上有哪一個地方的馬克思主義政權不是一個警察國家？中國、北韓、古巴、委內瑞拉？強硬施行馬克思主義意識型態——讓它從抽象觀念變成事實——已經導致數千萬人受苦和死亡。

馬庫色未能真正推翻現存社會，但他辯稱，現在，現存社會的基礎有一些嚴重的裂縫。「有跡象顯示，新左運動的『訊息』，已經擴展到它自己的勢力範圍之外，並且在它的勢力範圍之外被聽見了。當然，這是其來有自的。資本主義的穩定被攪亂了，而且確實在國際層面被攪亂了；這個制度暴露了愈來愈多它內在的破壞性和不合理。就是從這一刻起，抗議力量增長了，並且擴展開來，即使這些抗議多半缺乏組織、分散、沒有聯繫，而且最初並無明顯的社會主義目標。在勞工當中，抗議以未經批准的閃電式罷工（wildcat strike）、曠工，以及暗中破壞表現出來，或者出現在突然對工會領導人發怒中。抗議也出現在受壓迫的社會少數族群的抗爭中，最後則出現在婦女解放運動中。顯然勞工的士氣普遍地瓦解，資本主義社會以及它虛偽的道德觀的基本價值不受信任，而對於資本主義建立的優先秩序和等級制度的信心，顯然也全面崩潰了。」[31]

過去數十年，美國大學校園公開而普遍地教導並宣揚馬克主義和馬克思主義的觀念。這些教導和宣揚建立在杜威的著作上，採用馬庫色和其他人闡述並信奉的馬克思主義思想，並且將它們改造，以配合美國的社會和文化。如我先前所說，大約在三十年前，《紐約時報》甚至刊載了一篇揭露這件事的文章。[32]

為了避免任何人被誤導，這裡必須說明，問題並不是我們課堂上的馬克思主義的教導，是否已經轉移成《紐約時報》當時所報導的「一種鬆散、沒有多少共同點的理論集」，因而使得訊息和影響力變得比較不令人擔心。問題是馬克思主義的信條，以許多方式、在無數領域，被用來攻擊美國的社會和文化，使得對抗和挑戰這些運動變得困難許多。

我必須強調，強納森．維納（Jonathan M. Wiener）教授告訴《紐約時報》：「『馬克思主義和女性主義，馬克思主義和解構，馬克思主義和種族——這就是令人振奮的辯論之所在。』[33]現在，多樣性是大一統的馬克思主義的辨識標誌。」[34]

的確，當馬克思主義以各種方式被重述，由於它的擁護者想要推翻某種層面的文化和社會生活，由於他們經常利用社會的不完美和個人的不滿足，由於馬克思主義的壓迫者和被壓迫者（中產階級對無產階級）的階級鬥爭理論的原型，馬克思主義的觸角已經深入美國社會。而馬克思主義的無所不在，已經使得它在各界被默許，或得到被動的接受，這包括公司的會議室和職業運動界，以及大多數的新聞編輯室和其他。它甚至受到公開的讚揚——雖然是在不同的名稱下受到讚揚。雖然如此，根本上，馬克思主義是以馬克思這個人，以及他在許多著作中詳盡提出的意識型態，而命名的。馬克思主義的原理和論點，為摧毀我們的共和立憲制和市場經濟，提供了基礎，儘管它以各種變化出現在學術界和其他地方。

然而，如本章所強調的，學術界以及學術界對於數代學生的教育的控制，才是馬克思主義的思想灌輸和宣揚的最強大力量，也是促成學生接受並傳播馬克思主義的最大推動力。成為抵制、反抗，甚至革命的基礎的，就是這些學生，也是馬克思主義思想真正的目標。

在二〇一一年的著作《地上的天堂》（*Heaven on Earth*）裡，波士頓大學的理查．蘭迪斯（Richard

Landes）教授解釋了千禧主義者（millennialist）[i]的情感、理智、宗教和精神上的驅動力。雖然他書中的千禧主義者所指的，超越我在此所討論的，但這個詞語有助於描述年輕人的心態和動機，尤其是被馬克思主義和革命運動吸引的大學生的心態和動機。當我特別提出他的部分著述來討論，要記住，他所說的千禧主義者，也包含了勉強稱得上「千禧世代」（millennials）的年輕人，但是為了我在此的分析目地，如果你願意，請以「千禧世代」取代「千禧主義者」。無論如何，若要瞭解大學校園裡，是什麼心態孕育了社會的動亂，我們就必須重視蘭迪斯的研究。

蘭迪斯解釋：「千禧主義者對於公義充滿了熱情。他們認為他們十分清楚什麼是善，什麼是惡。當他們注視著人類，許多人沒有看到人類各種細微的差異，而是看到一些聖人，以及一大堆的罪人，而這些罪人當中，有些可以救贖，有些（或者大部分）不可救贖。他們很清楚，在最終的『啟示』中，誰會受到懲罰，誰會得到獎賞。而且當他們認為時候到了，他們不會相信妥協。他們期待罪惡——腐敗、暴力、壓迫——完全被消滅，期待為好人而建立的公義國度的奇妙福樂快快降臨……。對於千禧主義者而言，灰色的世界，『聖徒和罪人的混合世界』（corpus permixtum）[ii]，是一個幻覺，在這種幻覺中，『壞人』只是暫時地得意。這個灰色世界會消失，而且必須消失。然後，被壓在下面的那些溫柔者、謙卑者和弱者，會揚眉吐氣。」[35]

i 譯註：這個字也可指millennial，即「千禧世代」，或「Y世代」。
ii 譯註：語出自中世紀哲學家奧古斯丁。

這一點讓馬克思主義變成一種具有獨特吸引力的意識型態，因為馬克思以失敗者和受壓迫者的語言，包裝他的意識型態，並且要求打倒現狀，因為據說現狀是徹底敗壞的。

蘭迪斯寫道：「所有的千禧主義者都希望，愈來愈多人會和他們一樣，委身於他們的信念，促使社會和政治界的轉變。這就是千禧年主義——而不是其他形式的末世論（eschatology）——的本質：義人會自由自在地生活在這個世界。這是一種集體的救贖，一種社會神秘主義。也許這種救贖不久就會到來，但是這樣的應許並非空中樓閣。它想像人類的改變，想像人類跨出革命性的一大步，進入一種不同的人類互動方式，而這種情景具有極大的情感吸引力。以政治科學的語言來說，千禧年主義是一種（也許是第一種）革命意識型態。」[36]

因此，對於馬克思主義的鼓吹者和追隨者而言，馬克思主義具有一種神學特質。應許的社會的基本轉變，以及社會重生導致的人性淨化，被共有的平等主義帶來的「集體救贖」取而代之。

蘭迪斯繼續說：「當人們覺得自己接近轉變的時刻，革命的意識型態才開始訴諸大批的群眾（即『迷因』廣泛傳開來）。的確，雖然在某方面，許多人都是千禧年主義者（我們都希望最終，人類會進入一個和平和公義的新階段），但是很少人是預示世界末日的千禧年主義者（即相信這種世界歷史上的大事就要發生者）。唯有在那些相對較罕見的時刻，唯有當大批的人都相信時候終於到了，並且因這個信念而動員起來，千禧年主義才會變成一種進入世界末日漩渦的運動。」[37]

當然，在二〇二〇年夏天，我們看到這種情況發生了，黑命貴、安提法和其他傾向馬克思主義的團體，在各處展開並組織激烈暴動。我們也看到，整個文化圈，包括民主黨、公司、職業運動界、新聞編輯室（略舉數例），都接受並支持黑命貴。

蘭迪斯解釋：「對於已經進入世界末日時刻的人而言，一切都加速了，變得活絡了，凝聚在一起了。從符號學的角度而言（semiotically），他們變得十分興奮——一切都有意義，一切都有模式。最微不足道的事件，可能具有極大的重要性，並且可能開啟一條通往嶄新世界觀的道路，在這個世界中，有其他人看不見的力量在運作著。如果對於戰士而言，死亡就在他們身邊，那麼對於世界末日的戰士而言，宇宙的救贖就在他們眼前，他們差一點就得到這個救贖了。」[38]

此外，革命者無法容忍不同的信仰或思想，無法容忍知性的挑戰或反對。他們要求服從，而他們宣稱服從是團結，是追求共同性。蘭迪斯說：「就千禧年主義者所做的事情而言，他們充滿了創造力。他們活在一個著了魔的刺激的世界，並且只想將其他人帶入這個世界。或者如果我們拒絕，他們會將這個世界帶到我們當中。而如果我們反抗（唉，我們經常反抗），他們會把我們當作世界末日的仇敵，將我們擊倒，或者強迫我們將他們擊倒。」[39]

因此，不足為奇地，世界最著名、最惡名昭彰的馬克思主義革命者，都大大受到他們在大學的經驗和研究的影響。舉例來說，俄國的弗拉迪米爾．伊里奇．烏里揚諾夫（Vladimir Ilyich Ulyanov）（亦稱列寧）的傳記談到，他「生在……一個書香門第的家庭，在學校是一名優秀的學生，後來去讀法律。在大學，他接觸了激進的思想，他的哥哥（一個革命團體的成員）被處死，也影響了他的看法。他的激進做法使得他被大學開除，但他在一八九一年以校外生的身分取得法律學位。他搬到聖彼得堡，成為一名職業革命者。」[40]

雖然中國的毛澤東出生在一個農民家庭，但他的傳記說明，「他接受教師訓練，到北京，在大學的圖書館工作。就在這段期間，他開始閱讀馬克思主義的著作。一九二一年，他成為中國共產黨的創黨黨員，並在湖南建立一個支部。」[41]

柬埔寨的波布（Pol Pot）來自一個相對富裕的家庭。他的傳記說，他「在一系列的法語學校受教育。一九四九年，他獲得一筆到巴黎讀書的獎學金，在那兒，他開始參與共產黨的政治活動。」[42]

大多數美國人，包括經常資助孩子讀大學的父母，以及每年資助這些學校達數百億美元的納稅人，多半都忽略或容忍在我們學院和大學所發生的事。這是極度缺乏究責和負責態度的表現，甚至是好幾代的嚴重錯誤。

因此，我們有必要簡短地、不完全地回顧今日出現在高等教育界的馬克思主義的影響力，以及和馬克思主義相關的影響力。我們暫時只需專注於已故琴恩．安楊（Jean Anyon）教授的教導及著作。安楊是紐約市立大學研究生中心的城市教育博士課程的社會及教育政策教授。雖然在學術界以外，大多數人都不認識她，而且她是使用課堂來推廣馬克思主義或和馬克思主義相關的思想灌輸的諸多教授之一，但她已在高等教育界建立了影響力，而這個影響力持續至今日。

紐約州立大學水牛城分校的露易絲．維斯（Lois Weis）博士談論她的長期好友時解釋：「過去三十五年，在美國、加拿大、澳洲、紐西蘭和英國的城市教育、教育社會學、課程研究以及教育人類學的研究生，很少沒有讀過安楊的作品。自從一九七〇年代後期，琴恩．安楊是一種學術運動的中心人物，這種學術運動想要拆解日後所謂的『官方課程』的本質，即說明這種課程是什麼，為什麼這種課程變成這個樣子，以及這種課程為誰服務。在一九七〇年代初期英國『新教育社會學』的呼求的激勵下，學者們開始討論『官方』知識是什麼構成的，以及這類知識如何以不同的方式分布在學校。大多數這些分析的理論出發點，都是由麥克．楊（Michael F. D. Young）在一九七一年闡明的，他認為『權力的取得和獲得合法優勢類別（legitimate dominant category）的機會之間，存在著一種辯證的關係，某些團體獲得這種類別的過程，使得它們能夠對其他團體施展權力和控制力。』許多作者延伸這個一般性的理論架構，辯稱知識的組織，知識傳達的形式，以及知識取得的評估，是先進資本主義社會的階級關係重現的因素。」[43]

安楊以淺顯易懂的英文，在課堂上宣傳她簡化的馬克思主義意識型態，以此取代獲得知識的傳統方式。例如她寫道：「資本主義的私人生產所有權……有別於馬克思想像的社會主義或共產主義制度。在社會主義或共產主義制度中，每一個人都按照自己的能力，對生產經濟商品做出貢獻，並且按照每人之所需，獲得利益和商品之供給。」[44]

她大聲宣揚我們熟悉的中產階級（擁有財產的資本主義者）和無產階級（賺取工資的勞工）之間的階級鬥爭，彷彿一個複雜的世界和複雜的關係，可以輕易被分解成這種等級制度。在她二〇一一年的著作《馬克思和教育》（*Marx and Education*），她宣稱：「馬克思一個重要的見解，就是資本主義是一種沒有基本的不平等，就無法運作的經濟制度。這意味著不公平被內建在經濟制度運作的方式中。企業老闆必須賺錢才能生存，而沒有自己的企業的人，若要養活自己和家人，就必須在這些企業中找工作。勞工（以及其他員工）是商品，以最低的價錢在市場中被買入和賣出，如同其他商品。為了賺錢，資本主義者支付給勞工的工資，必須少於勞工製造的產品所能賣出的價錢。（如果產品是一種醫療或電腦工作之類的服務，那麼為了讓企業能夠生存，企業的老闆賺入的錢，就必須多於他們支付給員工的錢。）來自賣產品或提供服務的額外的錢，就是資本主義者保留的利益。我們必須注意一個事實：雖然小型企業的獲利率（profit margin）經常相對較少，但大型公司——以及這些企業的股東、主管和經理——得到的巨額利潤，往往讓員工的工資和薪水顯得微不足道……。這種勞工或員工以及業主之間極其不公平的關係，就存在於這個經濟制度的底層，而對於馬克思而言，這種關係對於這個制度的定義十分重要。」[45]

顯然地，這個理論排斥了存在於資本主義社會——特別是存在於美國——的經濟及社會流動性的一切證據。「由窮變富」以及「由富變窮」的故事說也說不完。的確，有數百萬人冒著自己和家人的生命的危險，在美國尋求庇護，尤其有許多人逃離世界各地所謂的共產天堂，來尋求更美好的生活。這樣的事件不計其數。然而，與此同時，相反的例子在哪裡？有什麼人「逃離美國的不平等」，到共產政權尋求更美好的生活？這整個意識型態，都是建立在一個童話故事上，但卻帶來了恐怖的噩夢。

與所有的馬克思主義一樣，安楊也利用了人類不平等的事實。這個事實是無數因素造成的，而許多因素都和經濟壓迫、經濟失調（economic dislocation）、歷史性的歧視，或不公無關，但和個人行為、動機、職業道德，以及運氣（好運或壞運）等的性質及結果有關。此外，真正經濟上的平等是不切實際的，不可能的。究竟經濟平等意味著什麼？在什麼程度上，經濟平等可以被強加在由獨特和多樣的個人組成的人口上？用什麼手段和方法強加？我們如何衡量經濟平等何時達成？我們如何確保經濟平等可以從一代持續到下一代？關於經濟平等，難道不是人人都有自己的看法？不管經濟平等意味著什麼，或者如何實施，究竟它對社會大眾的經濟成長、機會和福祉，有什麼影響？在一百九十多個包括共產政權的國家裡，有哪個國家真正存在著經濟平等？這樣的問題問也問不完，但若要探索馬克思主義理論，以及這個理論對於真實社會的含義，這些問題十分重要。

另外，「業主對勞工」（owner versus worker）這種典型的對立並不合理。經常地，「業主」和「勞工」的界線或區分是含糊的——如果不是不存在的話。一個擁有一間自己經營的小型零售商店或網路公司的人，是「業主」或「勞工」？大多數人都會回答：「兩者都是！」如果一位勞工投資股票，而這個股票是由雇用他的上市公司所發行，或者如果一位勞工透過自己的投資和退休金計劃買股票，這位勞工是否也是這些企業的業主？答案是肯定的。那麼，為什麼有人認為，在一個資本主義經濟制度裡，雇主是在剝削他們的員工，彷彿這是一件關乎經驗事實的事？舉例來說，誰過得更好？是為美國大、小公司工作的員工？還是在北韓、古巴和委內瑞拉勞改營般的地方工作的人？或者，讓我們看看共產主義中國。中國人民不能隨心所欲地換工作；他們依據自己是否嚴格服從政府的規定，而得到社會信用；他們必須崇拜中國殘酷的獨裁者習近平，將他當作最高領導人；宗教幾乎全面被禁；司法制度的存在，是為了實施共產黨的正統思想；中國境內存在著廣泛的集中營系統。對於大多數令人信服的人而言，這絕不是馬克思主義宣傳者——尤其是那些大學教授——所應許的悠閒自在的極樂世界。

已故的雷蒙·阿隆（Raymond Aron）是一位哲學家和記者，他對於馬克思主義知識分子和精英的想法，有精闢的見解。一九五五年，他在著作《知識分子的鴉片》（*The Opium of the Intellectuals*）中寫道：「在革命的神話裡，這種不確定的鬥爭，被描述成不可避免的必需品。如果既得利益者起來反抗，如果任何敵視一個詩情畫意般的光明未來的力量起來反抗，那麼只有藉由暴力才能讓這些反抗瓦解。乍看之下，革命和理性恰恰相反：後者想要討論，前者想要暴力。不是認為應該讓對手信服，並且最後讓對方信服，就是放棄爭論，訴諸戰鬥。然而，暴力一直是某種不耐煩的理性主義者的最後手段。那些宣稱明白制度應該被改造成什麼形式的人，被同胞的盲目激怒，對言辭失去了信心，遺忘了來自個人本質和社會本質的相同障礙，永遠存在著，而當革命者讓自己成為國家的主人，同樣必須在妥協和專制中，做出選擇。」[46]

雖然如此，儘管這個世界經歷了馬克思主義的真實，安楊這類的教授繼續向前邁進。例如她以下的論述，就是一種基本的馬克思主義正統思想：「由於較高的薪資和員工的利益，會減少業主的獲利率（profit margin），因此（從定義上來看，或者在大多數的實例中），資本主義者和勞工的利益背道而馳，後者通常想要加入工會，想要得到更高的最低工資和更多的福利。因此，勞工和業主的經濟關係，可以被視為一種對立的關係。主要階級（勞工階級和資本主義階級）之間的對立，導致了緊張關係，以及持續的爭戰（罷工、怠工、政治示威），而唯有贏得這些階級鬥爭，勞工才能從那些被馬克思認為在工廠、辦公室和其他資本主義企業裡壓制他們的『鎖鏈』中，解放出來。馬克思認為，這種階級鬥爭最終會推翻資本主義，並且可能導致社會主義和共產主義的發展——人人可以分享資源和利益。馬克思辯稱，在社會主義制度裡，『存在著階級和階級對立的舊有中產階級社會，會被一種聯盟取代，在這種聯盟中，每一個人的自由發展，就是所有人的自由發展的條件。』〔馬克思和恩格斯

（Marx and Engels），一八四八年〕。」[47]

其實，絕大多數的私人企業的員工，都不是工會的會員[48]，這不是因為某種陰謀阻止工會的擴展，而是因為在許多企業裡，工會是過時的；在另一些企業裡，工會會讓許多工作消失；而在其他的企業裡，工會則無濟於事。此外，許多（若非大多數）雇主都明白，苛待自己的勞動力，是一種自我毀滅的行為，因為如此一來，他們將很難填滿工作崗位，很難留住他們投注了許多時間、訓練和資源的員工，也很難維持一種忠誠而充滿生產力的工作環境。然而，對於美國的馬克思主義者而言，工會可以用來將勞工的控制，集中在相對較少的人手中，即那些多半相信他們的集體主義目標的人手中。經常地，工會變得比較像是為國家發聲，而不是為它宣稱它所代表的會員發聲，這是我們在許多極權主義政權裡所目睹的。然而最後，私人企業工會的衰落，是開放社會中資方和個別員工的偏好及需要的自然結果。[49]

安楊聲稱，「根據馬克思，在資本主義裡，經濟階級關係大大影響了工作場所外的社會狀況，影響了人民所居住的家庭和公民世界……。馬克思辯稱：『物質生活的生產模式，決定了一般的社會、政治和知性生活的過程。決定人民的存在的，不是他們的意識。恰恰相反，人民的社會性存在，決定了他們的意識。』……馬克思本著這個思路辯稱，勞工階級所在的經濟關係和社會背景，限制了勞工超越自己的社會處境的能力……。馬克思認為，男人和女人的確擁有一些自由和作用，但是，他們不能自由決定自己的生命機會，如活在資本主義民主制度裡所暗示的。他說：『男人創造自己的歷史，但他們沒有按照自己的心意去創造。他們沒有在自我選擇的環境中，去創造自己的歷史，而是在已經存在的環境中，在過去賦予他們、傳送給他們的環境中，去創造自己的歷史。』」[50]

在這個謬論中，最明顯的錯誤，就是我們的國家存在於某種等級或階級制度中，而我們的整個存在，都是由我們生命中某個時刻的經濟狀況所決定的，以及我們無法也不能期望超越這種假定的處境。然而，在一個相對較自由的社會，在一個相對較自由的經濟制度，情況恰恰相反。的確，無數的例子顯示，個人可以在社會鏈和經濟鏈上下移動，根本就不存在固定的經濟或社會等級，或者階級制度。這並不是說，社會的勢利和類似的情況不存在，這種情況的確發生在每一個社會。然而，放眼世界，就是在共產政權裡，存在著最根深柢固的等級或階級制度，因為在共產政權裡，政黨和政府的貴族，過著他們統治的人民永遠不敢奢望的生活。

阿隆也解析了這一點。他寫道：「被指派給無產階級的任務所預示的希望，低於曾被歸屬於人民的優點所預示的希望。相信人民就是相信全人類；相信無產階級，就是相信靠著受苦而成為被選上的人。人民和無產階級都象徵頭腦簡單的生物的真理，但是在法律上，人民仍然具有普遍性——我們可以看出，在緊要關頭，特權階級可以被納入這個團體。雖然無產階級是許多階級當中的一個階級，但它藉著清算其他階級獲得勝利，而且除非經歷許多鬥爭和流血，否則無法等同於社會全體。任何以無產階級名義說話的人，會想起數百年來和主人搏鬥的奴隸；他們再也無法相信自然秩序的漸進發展，而是必須倚賴奴隸消滅奴隸制度的最高反抗運動。」[51]

儘管存在著這些可以觀察得知的事實，安楊重複馬克思主義的政治宣傳。她寫道：「社會階級是另一個被教育界的新馬克思主義者廣泛使用的馬克思概念。社會階級被界定為一個人或一個團體和生產方式的關係——不管在你和工廠、公司及其他企業的關係中，你代表所有權和控制，或者代表倚賴受雇的勞工。馬克思描述兩個主要階級形成了資本主義制度的特色。勞工階級的成員……和雇用他們的業主之間的關係，是一種不平等和對立的關係。資本主義者具有所有者的身分，他們獲得收入的方式，不是勞力，而是奪取勞工生產的剩餘的錢。馬克思將社會階級，視為一種基本的社會類別，而這種社會類別，建立在商品生產和服務在經濟中被組織和分配的方式。」[52]

安楊繼續說：「馬克思聲稱……『可以支配物質生產方式的階級』，同時控制了精神生產的方式。……這些意識型態在我們生活和學習的機構中被表達出來，並且被合法化（例如在學校中成為課程和個人競賽）。正是因為掌握經濟權力者傳播的意識型態，有力量塑造一個社會的孩童和青少年，所以馬克思說，我們必須『將教育從統治階級的影響中解救出來。』」[53]

這種聲明完全錯了。我們的小學和中學的教師和學生，來自各種背景和經濟狀況。他們不是富人的代言人或傀儡，不管他們是誰。的確，公立學校的「統治階級」的組成分子，多半是那些幾乎清一色是「進步主義者」的教師，以及成為美國馬克思主義的堡壘的教師工會。[54]此外，學校課程的教導，經常帶著這些教師的政治偏見，包括我將在下一章討論的批判性種族理論。[55]安楊反對的，是沒有在公立學校更賣力、更迅速地推動馬克思的革命，以及打倒現存社會的運動。因此，說來十分荒謬，無法達到她的激進標準，竟然是中產階級控制教室的證據。

「我的世代在叛逆的一九六〇年代進入成年，也許這一點解釋了為什麼當一種理論挑戰我們被教導的美國社會的知識，許多學者都被吸引了。我們沒有將注意力放在英才教育（meritocracy）、民主制度和愛國，如我們的課本所教導的，而是放在我們眼中的結構性不平等——放在整個團體和文化（勞工、非洲裔美國人、婦女等）被排除在美國夢以外的體制性手段。」[56]

「結構性的不平等」和「體制性手段」。聽起來是否十分熟悉？當然，這些術語將我們的社會描述成無止盡地放蕩、不公和不道德的社會。不可能有公義，也不可能改善。整件事從一開始就無可救藥了，而且打從一開始，社會就不曾有過顯著的改善，或者無法進行顯著的改善。社會必須受到無情的抨擊和譴責，必須受到或大或小的攻擊，最後則必須被根除，並以一個幻想的社會取而代之，雖然在這個幻想的社會的整個歷史中，藉著它強加的各種措施，它只為人類帶來極度的痛苦。

安楊和她的同類將整個美國社會，看成是一種緊密相連的普遍而無法逃脫的壓迫體系，為那些拚命抓住權力的黑暗而過時的力量服務。此外，根據他們的說法，這些目標被美國憲法和資本主義制度正式地制定，並且奉為神明。在她眼目所及之處，只有歧視、不公，以及壓制。但是同樣地，推進「目標」的關鍵，就是思想灌輸。

安楊解釋：「批判教學法的一個核心信條，就是學生不一定會被主導的意識型態所吸納；有時，他們會反抗。的確，他們的反抗次數可能多於我們所知的。」[57]安楊寫道，一九七〇年代後期至一九八九年的新馬克思主義學術研究認為：「在社會壓制或排他性方面，美國的學校並非保持中立立場，而是深深地被捲入經濟不平等和社會意識型態的繁衍之中。接下來的時期（一九九〇至二〇〇五年）致力於一種批判：種族和性別從我們的分析消失了，並且將新馬克思主義帶往新的方向。」安楊認為，她自己的工作「從分析社會階級如何彰顯在學校教育，發展成研究大公司和立法機構的經濟及政治決策，如何根本地塑造學校制度，以及它們提供（或拒絕）給各種學生團體的機會。」[58]

安楊寫道：「除了傳播馬克思主義理論，新狀況的出現，使得我們必須擴大我們的實踐。批判性的教學法（critical pedagogy）是一種持久、重要的新馬克思主義的實踐形式，適用於所有教育階層。為了讓這種實踐更有效地鼓勵年輕人在政治上參與追求社會正義的鬥爭，我們必須讓我們的工作超越教室牆壁，進入低收入者、黑人和拉丁美洲人，以及移民學生所居住的世界。我們可以……讓學生在公共場所參與抗爭——參與有關權利、不公和機會的公共鬥爭。」[59]

因此，光是教導馬克思主義是不夠的，還必須徵召學生加入革命。安楊聲稱，有幾個因素致使人民投入政治抗爭。這樣做「關乎他們如何詮釋他們的政治及經濟環境——以及這些環境中的變化。若要甘心樂意地投入社會抗議，人民就必須認為，現在的發展提供了發動鬥爭的機會……。先前被視為壓迫的、無法改變的狀況，可以重新被想像成有用的，或者視為有用的。」[60]「今日，批判性的教師可以大大地幫助學生做一件事：瞭解乍看之下似乎被過分堅持或不變的種族、階級或性別上的壓制蘊含什麼可能性。」[61]

安楊和其他人將一個新詞——「重新想像」或「重新思考」（re-imagine）——引入馬克思主義的語彙中，其目的就是以一種非威脅性的訴求，來軟化馬克思主義的鐵拳。這個詞語也在民主黨政客和媒體當中流行開來。我們最近在請求停止資助警察部門的事件中聽到這種說法。舉例來說，「現在是重新思考執法人員的時候了。」安楊也寫道：「批判性的教師參與一個重要的過程：將學校和教室重新想像成社會正義的建造空間。這項工作十分艱巨，但比起非洲裔美國人為了在民權運動中獲勝，而去『重新思考』經濟關係、教會和文化，這件事還比較具有可行性。」[62]

根據馬克思主義的教導重新想像一個嶄新的世界，用盡一切社會手段。當然，考慮到馬克思主義式的集權主義和集體屠殺帶給人類的地獄般經驗，我們沒有理由去「重新想像」這樣的世界。然而，這樣的認識很少被提及，儘管我們對這件事十分熟悉，儘管真實世界嚐到了惡果。而在少數被提及的時候，描述這件事的方式，總是偏離它一貫的不人道結果。經常地，轉移注意力的方式，就是聲稱「嗯，史達林是一個有瑕疵的人，不是一個真正的共產主義者」，或者「毛澤東改善了農民的命運」，或者「卡斯楚的古巴有全民健保」等。換句話說，語義上的離題（semantic digression）被用來為專制的恐怖暴行辯解。

安楊不只是追求學術，像她的許多同業那樣。和馬克思一樣，她慫恿人民攻擊公民社會的堡壘。「單單重新想像經濟的改變和制度是潛在的對立力量，不會帶來社會的改變。單單透過資訊、閱讀和討論讓人民產生批判意識，無法誘使他們參與違規的政治——雖然這樣做提供了一個理解的重要基礎。若要推動人民去創造或加入公共抗爭，就必須讓他們實際參與某種抗議活動。」[63]的確，安楊寫道：「政治認同的改變，比較不會激發抗爭性的政治行動，但比較容易造成這種行動的一個邏輯結果。從參與示威、遊行、唱歌、投入社區的社會正義組織活動，人們發展出一種政治認同和忠誠——一種意識的改變。參與製造了個別的參與者，也讓團體發展出自己作為社會改變媒介的集體認同。」[64]

如果你納悶為什麼大學生年紀的人，參與了二〇二〇夏天以及之後的激烈暴動，當然主要的原因，就是他們一直在接受「加入革命」和「反抗」的思想灌輸，這些革命和反抗是由黑命貴及安提法之類的團體所帶領的。由於大多數的學院和大學都因新冠病毒，而停止實體上課，所以他們有時間和機會，來加入「多半是和平的抗議」。

的確，如安楊所說：「為了讓他們覺得自己是改變的媒介，是活躍的政治玩家，年輕人也需要投入這類活動的機會……。因此，參與本身是進一步參與的必要部分。就像騎腳踏車，你必須騎它，才能學會騎它……。人們變得活躍有極其重要的另一個理由：他們是永遠活躍的組織或關係網的一部分。」[65]

學術界經常鼓吹針對美國的建國歷史和公民社會而進行的洗腦，以及有關行動主義和抗議（若有必要，甚至是激烈抗議）的思想灌輸。他們的目標是製造一個世代的革命者。安楊認為，「雖然批判性的教師和學生分享壓制的體制性因素，是一種正確的做法，但若要讓學生參與社會正義的鬥爭，這樣做是不夠的……。有必要協助學生認識經濟和政治發展為他們提供的參與機會，並幫助他們支取現存的制度和組織形式，來為實際的公共抗爭，以及為了在社群和自己的未來中成為活化劑（active agent）……提供物質和情感上的支持。……藉著給與學生直接參與社會正義工作的經驗，我們可以教導他們瞭解並重視什麼樣的民主過程形式，尤其可以創造更平等的社會——或者什麼樣的公共抗爭，可以導向進步的社會變革。藉著在學校經驗中，設計供學生練習公共政治抗爭的情況，藉著協助學生獲得公共政治抗爭的技巧，我們讓這項工作合法化，並且培養學生參與公共政治抗爭的傾向。」[66]

因此，馬克思主義教授的目標很清楚：創造一群反美的年輕人，讓他們從學術界出來，進入職場時，按照馬克思主義教授的指示行事。安楊宣稱：「光是重新想像經濟改變、制度和文化形式是潛在的對立力量，無法帶來社會的改變。光是藉由資訊、閱讀和討論培養人民的『批判意識』，無法讓人民去參與違規的政治活動——雖然這樣做提供了理解的重要基礎。若要推動人民去創造或加入一種社會活動，就必須讓他們實際參與某種抗議活動⋯⋯。藉著談話、走路、遊行、唱歌、嘗試投票、靜坐示威，或者和其他人一起示威，人們發展出一種政治認同和忠誠——一種意識的改變。」[67]

加州大學聖克魯茲（Santa Cruz）分校的傑出榮譽退休教授約翰．艾里斯（John M. Ellis），在他二〇二〇年的著作《高等教育的瓦解》（*The Breakdown of Higher Education*）中，引用了一份二〇〇六年尼爾．葛羅斯（Neil Gross）和索隆．西蒙斯（Solon Simmons）所指導的調查報告。這份調查報告以九百二十七個機構的許多教職人員為調查樣本。艾里斯研究了這份報告的數據，並做出結論：「樣本中的教職人員，有百分之九屬於保守派（雖然一般都是溫和的保守派），但卻有百分之八十屬於堅定的左派，而其中超過半數是極左派。⋯⋯他們發現，在社會科學領域，每五個教授中，就有一位自認是『馬克思主義者』（在社會學領域，這個比例超過四比一）。」艾里斯寫道：「雖然這個統計數據十分驚人，但是當然，這只是輕描淡寫。『馬克思主義者』這個稱呼極不受一般大眾歡迎，因此，許多主要被馬克思的理念塑造思想架構的人，比較喜歡稱自己是『社會主義者』和『進步主義者』，或者乾脆稱自己為『行動主義者』（activists）。因此，我們可以假定，在社會科學教授當中，有更多人受到馬克思主義思想的激發——人數可能高達克羅斯和西蒙斯提出的數字的兩倍，而且比例當然大大高於五比一。」[68]

艾里斯宣告：「我們可以穩妥地說，那些自稱是馬克思主義的人，只占美國公眾的一小部分。這意味著美國人民當中，這一小群馬克思主義者，不成比例地少於社會科學教授當中那一大群馬克思主義者。」[69]這一點有助於解釋為什麼民主黨，特別是伯尼．桑德斯（Bernie Sanders）參議員，極力推動免費大學和取消學生貸款的政策。愈多年輕人在美國的學院和大學接受思想灌輸，他們的革命機會就愈大。

第四章 種族主義，性別主義，以及馬克思主義

一個根本的問題是：引發了其他批判理論和馬克思主義運動的批判理論是什麼？在線上雜誌（*Quillette*）裡，烏利・哈里斯（Uri Harris）提出解釋：「批判理論大量援引卡爾・馬克思的意識型態觀念。馬克思暗示，中產階級控制生產方式，故而控制了文化。因此，社會的法律、信仰和道德觀念反映了中產階級的利益。重要的是，人們並未察覺這個事實。換句話說，資本主義創造了一種情況：某一特定人群——控制社會的人群——的利益，被說成是共同的真理和價值觀，而其實並不然。」[1]

哈里斯接著說：「批判理論的創立者發展出這個觀念。他們指出權力對於社會的信念和價值觀的扭曲性影響，從而相信他們能夠建立一種更加正確的世界觀。而當人們看出事情的真相，他們就能夠解放自己。他們認為，『理論』總是為某些人的利益服務；由於傳統理論對於權力不加批判，所以是自動地為掌權者服務。而由於批判理論揭開了這些利益的面具，所以是為沒有權力者服務。他們說，所有的理論都是政治性的，選擇批判理論，而非傳統理論，就是選擇按照以下馬克思著名的聲明，來挑戰現狀：『迄今為止，哲學家僅僅以各種方式來詮釋世界，但真正重要的，是去改變世界。』」[2]

赫伯特・馬庫色（Herbert Marcus）被認為是批判理論意識型態的孕育者，而種族運動、性別運動

和其他以批判理論為基礎的運動，就是根據這個意識型態，而在美國發展開來。如先前所提，赫伯特．馬庫色是德國出生的黑格爾及馬克思主義思想家，出自政治理論界之中的法蘭克福學派（the Frankfurt School）。關於他，最為人熟知的事，就是他嘗試解釋為什麼美國和其他地方所謂的無產階級（勞工），並沒有起來推翻統治的中產階級的資本主義制度。因此，我們必須進一步研究馬庫色的「學術成就」。

一九六三年馬庫色的論文標題「壓制性的寬容」（Repressive Tolerance），的確是一種邏輯和事實的反常（若非怪異）的曲解。在這篇論文裡，馬庫色寫道：「這篇論文探討了我們先進的工業社會的寬容觀念。我得到的結論是：若要實現寬容的目標，就必須對通行的政策、態度和意見採取不寬容的態度，也必須將寬容延伸至被視為非法或受壓制的政策、態度和意見。換言之，在今日寬容再度變得像它在現代時期之初開始出現時的樣子——一種黨派性的目標，一種顛覆性的解放觀念和實踐。反言之，今日所說、所實踐的寬容，在它許多最有效的表現中，其實是在為壓制的目標服務。」[3]

因此，對於馬庫色而言，寬容實際上是中產階級用來對付無戒心之無產階級的那些有力和默許的力量所制定的策略，在這個過程中，群眾被騙、被設計去支持他們的壓迫者。簡而言之，寬容被用來壓制人民。

馬庫色宣告：「寬容本身就是一種目的。消滅暴力和降低壓制，使得人和動物得以免受暴行和侵害，是創造人道社會所需的先決條件。這樣的社會尚未存在；或許這個目標的進展，在全球的層面上受到空前未有的暴力和壓制的阻撓。就像核戰的遏制、防止顛覆的警察行動、對抗帝國主義和共產主義的技術援助，以及新殖民主義屠殺中的綏靖手段一樣，暴力和壓制被民主政府和極權政府宣傳、實施和捍衛，而受這些政府管控的人民，被教導去支持這樣的做法，將之視為保存現狀的必要手段。」[4]

因此，非馬克思主義社會或非革命社會的大眾太無知了，不明白他們受到壓迫，而他們的存在，是在為控制社會的那些有錢、有勢者效勞。

馬庫色宣稱：「寬容被推廣到不應被容忍的政策、狀況，以及行為模式上，因為這些政策、狀況和行為模式，妨礙（若非破壞）了創造免於恐懼和不幸的生存的機會。這種寬容強化了真正的自由主義者所要反抗的多數派的專制。寬容的政治關注焦點已經改變了：它多少在本質上安靜地退出反對的一方，但涉及既定政策時，就變成一種強制性的行為。寬容從一種積極狀態變成一種消極狀態，從實踐變成非實踐：對正規權威採取放任態度。是人民在寬容政府，而政府則在正規權威所決定的架構內，寬容反對力量。現在，寬容那些根本上屬於邪惡的事物似乎是好的，因為在通往富裕或更加富裕的路上，這樣的寬容有助於全體的凝聚。寬容某些人以廣告和政治宣傳系統性地讓孩童和成年人變成笨蛋，釋放侵略性駕駛（aggressive driving）的毀滅性行為，招募和訓練特種部隊，以及對於「經銷、浪費和計劃性汰舊」（planned obsolescence）[i]的公然欺騙採取重要而善意的容忍態度——這一切都不是扭曲和脫軌行為，而是一種制度的本質，這種制度培養寬容，讓它成為延續生存鬥爭和壓制選擇的一

[i] 譯註：指刻意為產品設定有限使用生命，使產品在期限過後報廢，造成浪費，從而促使消費者重新購買。

種手段。教育、道德和心理學的權威，大聲譴責青少年犯罪的增加，卻不曾大聲譴責言語、行為和圖像驕傲地展示愈來愈具殺傷力的飛彈、火箭、炸彈——這是整個文明的成熟犯罪行為。」[5]

換句話說，作為機會和自由之地的美國是一個虛構，而接受這種虛構的大多數公民，是由沒頭沒腦的僵屍組成的，無法獨立思考——他們無意中成為自己的迫害者的奴僕，而他們自己正在破壞經濟和政治解放的目標。寬容是這個假定的騙局得以成功的手段。

的確，馬庫色堅稱：「擴大自由的範疇及內涵的寬容，總是帶著黨派性——無法容忍壓制性現狀的領導者。問題只是不寬容的程度和範圍。在英國和美國這些穩固的自由社會，即使社會激進的敵人，也被賦予言論和集會自由——只要他們沒有將言論化為作為，將言詞化為行動。」[6]

因此，倘使美國社會不能容忍自己在馬克思主義理論家和馬克思主義運動的手中滅亡，或傾覆，那麼美國社會，就是缺乏真正的寬容。因此，馬庫色堅稱，倘使一個社會沒有讓馬克思主義革命者種下自己的滅亡的種子，那麼這個社會就不是真正寬容的社會。

馬庫色為自己的意識型態無法根植於美國人民找藉口。他提出補充：「由於社會上異議的力量確實衰退了，反對派被隔絕，形成經常處於敵對的小團體，而即使這些小團體在社會的等級結構所設立的狹窄界限內受到寬容，它們在這些界限內仍然是無力的。然而，施予它們的寬容是欺騙性的，只為促進協調。在一個幾乎拒絕考慮品質改變的協調社會的堅固基礎上，寬容本身被用來遏制改變，而不是促進改變。這樣的狀況使得針對這種寬容提出的批評，顯得抽象，只是純理論，而以下這個論點就僅僅是一種不切實際的推測：若要恢復寬容的解放作用，就必須徹底重新討論對右派寬容和對左派寬容之間的平衡。的確，這種重新討論似乎等於建立達到顛覆程度的『反抗的權利』。任何團體或個人沒有也不能擁有這種反對多數人支持的憲政政府的權利。」[7]

此外，由於一個共和政體不會同意自己被顛覆或解散，故而會拒絕真正的寬容，所以馬克思主義者必須訴諸其他手段，來推翻它，而這些手段包括暴力。馬庫色宣稱：「我相信，如果合法手段被證明無效，受壓迫或被壓制的少數派，有使用非法手段來反抗的『自然權利』（natural right）。不管在何處，法律和秩序永遠是在保護已經建立的等級制度；援引這種法律和秩序的絕對權威，來對付那些因為這些法律和秩序而受苦並反抗它們的人，是荒謬的做法——這些人之所以反抗，不是為了個人的利益和報復，而是因為他們也有人性。除了合法的權威、警方和他們自己的良知，沒有其他審判者來審判他們。倘使他們使用暴力，他們並非展開一連串新的暴力，而是嘗試打破既定的暴力。由於他們會受到懲罰，他們明白風險，而當他們願意冒險，沒有第三者，尤其沒有一位教育家和知識分子，有權叫他們棄權。」[8]

一個無可避免的結論是：到了最後，馬庫色會慫恿人民使用暴力，去推翻美國社會，因為在美國社會，「既定的等級制度」正在使用寬容，來延續對於少數族群的壓制。這種荒謬的論點，被用來作為已經發展成馬克斯主義意識型態運動的各種批判理論的基本催化劑，而這些意識型態運動又受到拜登政府、民主黨、媒體和社會及文化機構的接受和支持。這些運動中，最具毀滅性者之一，就是批判性種族理論（Critical Race Theory，簡稱CRT）。

簡言之，批判性種族理論是一種陰險的、種族主義式的馬克思主義意識型態，在我們的文化和社會流傳開來。美國傳統基金會（the Heritage Foundation）的強納生・布丘（Jonathan Butcher）和麥克・岡札勒斯（Mike Gonzalez）在研究論文〈新的不寬容，以及它對美國的控制〉（"The New Intolerance, and Its Grip on America"）中寫道，批判性種族理論促成了以下的現象：

- 以馬克思主義的理論，來分析由壓迫者及受壓迫者兩種類別構成的社會；
- 認為當受壓迫者堅持壓迫者的文化信念時，就會阻撓革命，所以必須接受再教育；
- 這種理論的附隨物必須藉由無盡的批判，來拆解所有的社會規範；
- 以一種只描述壓迫者和被壓迫者的世界觀，來取代一切權力系統，甚至取代這些系統的描述。

這些哲學絕非只是深奧難解的學術訓練，而是造成了實際的結果。[9]

喬治・拉・諾（George R. La Noue）是馬里蘭大學的公共政策及政治學的研究教授，他藉由兩位寫過暢銷書的批判性種族理論支持者——羅賓・迪安傑羅（Robin DiAngelo）和伊布朗・肯迪（IBram X. Kendi）——來描述批判性種族理論：「批判性種族理論始於一個假定：種族是辨識和分析人類的主要方式，因此，這個理論假定了一種種族等級制度的存在，而在這個等級制度中，位於頂層的想必是白人，位於底層的想必是黑人。個人的行為並不重要，因為在美國，每一個人都在一個充滿系統性種族主義、結構性種族主義和制度性種族主義的社會中起作用。批判性種族理論指出各種存在的種族差異，藉此來證實這個觀點，而它宣稱，這些種族差異是種族歧視的結果。按照這種觀點，雖然公共和私人組織在就業、住房供給、簽訂合約和教育上主張民權，但它們的努力不是不充足，就是不得要領。批判性種族理論針對這種情況提出兩種回應。首先，所有的白人都必須表明白人至上（white supremacy）賦予他們的優勢，藉此承認他們有罪。沒有這麼做就反映了『白人的脆弱』（white fragility）——這是一種直覺的防禦性，據說在白人經過訓練，明白自己參與種族主義後，就會表現出這種特性。第二，個別的白人不能藏在反種族歧視或支持種族中立法令或政策的個人歷史後，因為他們的種族的集體行動一直是壓迫性的。」[10]

拉．諾提出解釋，當白人承認他們的白人特權，「白人……就必須支持『反種族主義』政策，這種政策要求在許多不同的領域上，讓非白人無限期地享有種族優先權。即使是在白人是當地少數族群，而權力結構由非白人或黑人、原住民及有色人種控制的地區，這項要求仍然成立（按當前的術語來說，這些人種就是BIPOCs[i]。」[11]

湯姆斯．索維爾（Thomas Sowell）博士是一位作家、學者兼教授，在他的著作《知識分子和社會》（*Intellectuals and Society*）裡，他譴責整個多元文化和身分認同政治運動。他提出解釋：「這種為種族或族群要求的集體正義，往往被奉為『社會正義』，因為這種集體正義試圖消除環境以及人類的不義所造成的差距。此外，宇宙正義（cosmic justice）[ii]不只從個人擴展到群體，也擴展到當代的群體以

i 譯註：黑人（Blacks）、原住民（Indigenous）和有色人種（People of Color）的縮寫。

ii 譯註：也可譯成「天理」或「自然正義」。

外的跨時性（intertemporal）抽象概念，而今日的群體被視為這些概念的當前的體現。」[12]

索維爾寫道：「在那些將責備和因果關係混淆在一起的知識分子當中，一個想當然爾的『責怪受害者』的說法，已經在跨群體差異的討論中成為主題。沒有一個個人或群體，可以因為出生的環境（包括文化）缺乏其他人的環境所擁有的優勢，而被責怪。然而，『社會』也不能自動地被認為是這種差異的原因，或治療法。當一個機構的雇用員工、定價或貸款決定傳達了這些跨群體差異，這個機構更不能自動地被認為造成這些差異。」[13]的確，批判性種族理論將責怪提升到一個新而充滿危險仇恨的層次——即白人特權和白人的優勢文化，必須為黑人和少數族群的委屈及不滿負起責任。

此外，批判性種族理論也宣稱，現存的制度從它被白人種族主義者創立開始，就永久地被操縱成不利於黑人及少數族群的制度。索維爾解釋：「即使我們相信環境是群體差異的關鍵因素，但環境包括了來自過去的文化遺產，而過去和地理環境及歷史上的偶然狀況一樣，是我們無法控制的，後二者不只留下了不同的個人或種族，也留下了擁有不同遺產的整個民族及文明……。」[14]

馬庫色和他的徒子徒孫沉迷於將個人分類，並認為這些群體停滯不動，在自己的框架內運作。然而索維爾聲稱，對於那些據說是被壓迫的人而言，這種想法和態度其實極具破壞性。索維爾在談論多元文化主義時說道：「倘使多元文化主義的教條宣稱，不同的文化都應該得到同等的正式認可，因此是神聖不可侵犯，不能被改變，那麼這些教條只是將一個幻覺封閉起來，與事實隔絕——也將落後群體的許多人封閉起來，使他們無法獲得來自周圍其他文化的發展，只留下一種擴大憤懣的議程，以及天使對抗邪惡勢力的聖戰——不管對於這種道德通俗劇的表面受益人而言，這些議程和聖戰是多麼徒然，或者甚至會產生反效果。」[15]

事實上，批判性種族理論不只宣稱，不同的文化應該得到同等的正式認可，也宣告社會是一種充滿系統性種族主義的白人主導的文化，並且招募那些不服的、不滿的、忿忿不平的人，讓他們組成一支持續增長的反美國革命者軍團，在這些軍團裡，少數派對於「白人主導」的社會力量充滿了敵意。在他一九六四年的著作《單向度的人》（*One-Dimensional Man*），馬庫色敦促擴展馬克思主義的意識型態和革命，使其納入各種種族和族群。他寫道：「在保守派得人心的基礎之下，是被棄者和局外人構成的底層，是來自其他種族和有色人種的被剝削者及被迫害者，以及失業者和無法被雇用者。他們存在於民主過程之外；他們的生命對於結束不寬容的狀況和制度，有最直接、最真實的需要。因此，他們的反抗是革命性的，即使他們的意識不是革命性的。他們的反抗從外攻擊體制，因此不會被體制打入歧途；這是一種破壞遊戲規則的基本力量，而當它破壞遊戲規則，它也揭露了那是一種被操縱的遊戲。當他們聚在一起，並走上街頭，沒有武器，沒有保護，只為要求最原始的民權，他們知道他們將面對警犬、石頭、炸彈、監獄、集中營，甚至死亡。他們的力量存在於每一個為法律和秩序的犧牲者而進行的政治示威背後。這個事實標示出一個時期正開始走向終結。」[16]

的確，馬庫色和其他馬克思主義者孕育出批判性種族理論，以及似乎數不完的那些滿腹牢騷、受意識型態驅使的團體。歧視是建立在下列的因素上：種族、族群、性別、性傾向、經濟，以及各種潛在的形形色色的人類特徵、特質、偏好和環境。事實上，據說個人及群體經常淪為多種歧視的受害者。舉例來說，倘使一個人是女性、回教徒和黑人，那麼據說她會遭受各種形式的歧視。加州大學洛杉磯分校的法律教授金柏麗．克蘭蕭（Kimberle Crenshaw）也賦予這種現象一個名稱：交叉性（*intersectionality*）。

二〇二〇年接受CNN訪問時，克蘭蕭將批判性種族理論描述成一種「實踐」。她說：「這是一種和白人至上的歷史搏鬥的方式，它拒絕相信過去的事屬於過去，而從過去誕生的法律和制度，是和過去分離的。」[17]

克蘭蕭宣稱：「批判性種族理論不只關注經常被讚揚的法律的改變角色，也關注法律在建立法律改革試圖廢除的權利和特權時所扮演的角色。如同美國歷史，若要正確地瞭解我們的基礎，就必須均衡評估針對這個國家的過去及當前的動態所做的沙文主義式記述，而不是過分單純化地信奉這些記述。」[18]

換句話說，批判性種族理論破壞並利用美國在多樣性和文化吸收的融合上，所獲得的獨特而不凡的成就，並且從過去的社會缺陷，來思考所有的問題，不顧創造一個更完美的社會時，所付出的艱苦奮鬥和努力，包括內戰、大規模經濟重新分配，以及開創性的法律變革。尤有甚者，這種理論納入並提出愈來愈多的因素，作為消滅社會和改變國家的新理由，或另外的理由。的確，批判性種族理論改變了地球上一個最寬容、最仁慈的社會的地位，讓它變成一個從開始直至今日一直處於悲慘、黑暗和貧困的國家。

儘管馬庫色呼籲少數群體發動革命，馬克思主義者當中的一些純粹主義者，認為批判性種族理論分散或者破壞了馬克思的唯物史觀——即建立在經濟狀況的階級鬥爭的觀念。這種看法幾乎成為過去了。就傾向而言，批判性種族理論家通常是馬克思主義者，而且多半認為他們有關改變社會的理論，是和馬克思主義的議程交融在一起。舉例來說，對於馬克思主義者和批判性種族理論家而言，過去充滿了不同階級者的操縱、剝削、惡待和腐敗的證據。因此，美國是一個無可救藥、可鄙的社會，必須受到無情的譴責，最後並且必須被推翻。

和馬克思一樣，批判性種族理論的擁護者，探討建立在種族和其他因素上的群體的刻板印象和偏見，不管是在談論作惡者或受害者。針對個人做出的假設，是建立在他們的生理、宗教、遺傳和其他特徵上。然而，人類不只是種族性的存在，就像他們不只是經濟性的存在，而馬克思主義意識型態所宣揚的理論，大大地、致命地扭曲了人性。個人是費解的、複雜的、獨特的，而且是精神性的。他們受到無數事件、環境、動機、慾望、利益和其他因素的影響。當馬克思主義和批判性種族理論的學者及行動主義者要求解散社會，將它重新改造成某種烏托邦式的專制或暴民政治時，他們為了自己的方便和革命的目的，而創造了這些類別。當然，這並不是說，個人和較大的社會不受種族和其他這類區別的影響，但是不能排除諸多其他人類的影響力，也不能單單從這些影響力來看這個問題。

關於批判性種族理論的著作，最受歡迎的，當然是《批判性種族理論》（*Critical Race Theory*）。本書作者是理查．代爾加多（Richard Delgado）和他的妻子珍．史蒂芬奇（Jean Stefancic），他們都在阿拉巴馬大學教法律。他們寫道，批判性種族理論「是一群行動主義者和學者致力於研究並改變種族、種族主義和權力之間的關係。這種運動思考的許多問題，也是傳統的民權及族群研究論述所探討的問題，但是他們從一個較為廣大的觀點——包括經濟學、歷史、環境、群體、利己主義、情感，以及潛意識等觀點——來看這些問題。和強調漸進主義（incrementalism）以及循序漸進追求進步的傳統民權論述不同，批判性種族主義質疑自由主義的秩序的基礎，包括平等理論、法律推理、啟蒙時代理性主義，以及憲法律令的中立原則。在最初的十年後，批判性種族理論開始分裂成各小派別，現在則包括進步的亞裔美國人法學（Asian American jurisprudence）、強大的拉丁美洲批判理論代表團（Latino-critical (LatCrit) contingent）、活躍的LGBT（指男、女同性戀者、雙性戀者及跨性別者）利益團體，以及一個回教徒和阿拉伯人的核心小組。雖然這些團體繼續在批判性種族理論的保護傘下維持良好的關係，但是各個團體都已發展出自己的著述，以及一套優先事項」[19]。

因此，和馬克思一樣，批判性種族理論公開蔑視並否定人類過去數百年（若非數千年）的進步，雖然這些進步是美國社會和其他先進社會的支柱。批判性種族理論也蔑視並否定我們的國家在種族上所取得的進步——這些進步被斥為白人特權階級所做的改善，或者是為了白人特權階級所做的改善，或者是白人特權階級自己的改善。批判性種族理論拒絕「平等理論、法律推理、啟蒙時代理性主義，以及憲法律令的中立原則」，故而顯明它是一種激進的教條，以及真正的信徒所帶領的一種狂熱的目標。

代爾加多和史蒂芬奇將批判性種族理論的意義和基礎分析如下：「首先，種族主義是家常便飯，並非反常——是『常態科學』（normal science），是社會打交道的常見方式，是這個國家大多數有色人種的日常經驗。」[20]

因此，種族主義十分猖獗，無所不在，是有意的，也是無意的。它存在於每一個角落，你無法避開它。作為個人和階級的少數派，以各種方式成為白人支配地位的持續受害者。沒有剷除社會，就沒有解決之道。就是這種心態，就是這種教義。

代爾加多和史蒂芬奇寫道：「第二，大多數人都同意，在我們的體制裡，白人對有色人種存在著優勢，而對於優勢族群而言，這個體制在心理和物質層面上，有著重要的作用。這種現象的第一個特徵就是：種族主義很難糾正，因為它不被承認。表現在只強調全面性同等對待的規則上的『色盲』或『形式』上的平等觀念，只能治療最明目張膽的歧視形式……。」[21]

因此，這個論點認為，若要追求真正的種族進步，就必須承認廣泛的白人特權和白人至上是一種科學事實。談論支持「色盲」或「平等」，以及採取建立在支持「色盲」或「平等」上的行動，是一種毫無意義而又膚淺的分散注意力的事，不是真正的革命。

代爾加多和史蒂芬奇宣告：「第二個特徵……物質決定論（material determinism）增加了另一個層面。由於種族主義在物質上促進白人精英的利益，在心理上促進勞工階級白人的利益，因此，一大部分的社會很少有消滅它的動機。」為了便於讀者理解，我在此說明，馬克思的「物質決定論」，就是意味著個人和人類都受到純粹物質因素的影響和驅動。[22]

因此，宣揚物質決定論時，批判性種族理論借用了馬克思的思想，但進一步將物質決定論種族化——即白人精英和白人勞工階級，都是馬克思階級鬥爭模式裡的中產階級的一部分。因此，白人多數派必須持續支持一個種族主義式的社會制度，因為他們就是這種制度的經濟上及「權力上」的受益者。

代爾加多和史蒂芬奇寫道：「第三個主題……是『社會構造』的論題，它堅稱種族和種族主義是社會思想和社會關係的產物，它們並非客觀、固有或固定的，也並非呼應生物或一般事實。更正確地說，種族是社會發明、操縱，或在方便時便收回的類別。擁有共同起源的人，當然擁有某些共同的生理特徵，例如膚色、體型、髮質。但是這些特徵只構成他們的天賦遺傳的極小部分，和我們的共同點相比，顯得微不足道，而且和明顯的人類高級特徵——例如人格、智力和道德行為——無關，或幾乎無關。社會試圖忽略這些科學事實，創造種族，並賦予他們虛假的永久特徵——這是批判性種族理論極感興趣的一點。」[23]

倘使第三個主題讓你感到有些困惑，這是可以理解的。批判性種族理論的理論家和運動，試圖同時提出兩個相互矛盾的觀念：第一，少數團體因為他們的種族、性別、族群特質等，而受到歧視。然而，這些少數團體的類別據說是不公平的社會為了製造刻板印象的目的，而發明出來的。其實，是批判理論的支持者在談論、描寫群體，並以製造刻板印象的方式，建立那些據說持續在各處遭受不公和歧視的新族群，不管這些不公和歧視是否為人熟知，是有意或無意。因此，就出現了身分認同政治學，以及交叉性（intersectionality）理論等。

當然，代爾加多和史蒂芬奇頌揚交叉性理論，將它視為批判性種族理論運動的一個關鍵元素——這個理論認為，歧視往往發生在許多層面。他們寫道：「差別種族化（differential racialization）意味著每一個種族都有自己的起源，以及不斷發展的歷史。而和差別種族化息息相關的，就是交叉理論和反本質主義（anti-essentialism）。沒有一個人擁有一種單一、容易說明、一元的身分認同……。每一個人都擁有可能相互矛盾、部分重疊的身分認同，以及忠誠和擁護的對象。」[24]此外，反本質主義意味著並非每一種情況都有單一的解答；因此政府針對歧視提出的解決之道，必須是靈活的、無窮盡的，能夠納入現在及未來的種族主義社會中，存在的各種歧視性的思想、行為和慣例。

顯然地，學術界不只必須教導學生如何思考——或者就馬克思主義和批判性種族理論而言，該藉著重複學習和思想灌輸思考些什麼——也要建立一支行動主義者革命者的軍隊。代爾加多和史蒂芬奇寫道：「和一些學術訓練不同，批判性種族理論包含行動主義的層面。它不只嘗試瞭解我們的社會狀況，也嘗試去改變社會狀況；不只去確定社會如何按照種族和等級制度組織起來，也要改善社會。」[25]

已故的哈佛大學法律教授德瑞克．貝爾（Derrick Bell）被一些人視為現代批判性種族理論的創立者。湯姆斯．索維爾認識貝爾，但不看重貝爾或他的意識型態運動。他認為貝爾不夠資格在哈佛以及之前的史丹福法學院任教，並譴責貝爾不只要求「人們應該按照種族被雇用，也要求人們應該被雇用，以便符合德瑞克．貝爾的意識型態」[26]。

的確，貝爾個人的挫折，以及同事及學生對他的批評，影響了他對生命和受害的看法。在他一九九二年的著作《美國教育內幕：衰落、欺騙和教條》（*Inside American Education: The Decline, the Deception, the Dogmas*），索維爾如此描述貝爾：「他認為『直接的行動』比法律更有效，而『改革要求對抗』，後者『無法被理智化』。雖然貝爾承認『少數族群的學者很少享有全國聲譽，也很少能夠經常在重要的法律評論雜誌發表作品』，但他將這些事實歸因於白人『將他們排除在外』。貝爾認為那些持不同觀點的黑人『外表看起來像黑人』，但『腦子裡卻裝著白人的想法』。」[27]

貝爾批評在他之前的大多數民權的發展，包括民權法案、最高法院的裁決〔例如布朗訴托皮卡教育局（Brown v. Board of Education）〕，以及色盲、優點和平等機會的觀念。他辯稱這些民權發展掩飾了持續、無止盡的種族主義，因而是為白人精英的利益服務——即所謂的「利益匯合的困境（interest-convergence dilemma）。」[28]對於貝爾和其追隨者而言，不可能有中立的法律、裁決或行動，因為這一切都受到白人主導的文化和白人特權的影響。因此，和馬克思的看法一樣，必須將社會的過錯清除乾淨。

貝爾寫道：「我們希望，學術界的反抗，會為大規模的反抗奠定基礎。我們相信，我們應該起來反抗白人勢力所創造的那些標準和制度，那些標準和制度也強化了白人的勢力。在我們看來，去脈絡化（decontextualization）經常掩飾了缺乏規範（或甚至未被承認）的力量。例如我們堅稱，被稱為『理性』或『客觀』真理的抽象概念，走私了特權階級的特權選擇，將他們的主張去人格化，然後將之冒充為普遍的權威和普遍的利益。為了反擊這樣的假設，我們試圖針對我們對於種族和其他社會建構的等級制度的關注，進行法律上的學術研究，而且我們在這方面的關注是建立在經驗上，表達反方的想法，並且帶有變革的目標。」[29]

當然，任何對於貝爾的「正義」目標的負面批判，都被控告為一種白人的傲慢和白人的無知。因此，任何有關貝爾或批判性種族理論的批評，都被說成是不正當的。事實上，貝爾所抱怨的，是全面性的種族主義的證據。貝爾寫道：「拿黑人靈歌（the Spirituals）和批判性種族理論的著述相比，是不合理的，但是，這兩者的本質頗為類似：都在傳達對於受困於敵對世界的困苦靈魂的理解和安慰。此外，使用非正統的結構、語言和形式，來理解不合理的事物，是另一個相似處。可想而知，堅持現有法規的批判者，會以他們的優秀的標準，來批評批判性種族理論，以及女性主義者相似的著述，並認為這種新的論述極其不恰當。許多這類的批判者，都沉浸於理論，極其懼怕經驗。他們藉著剖析這些論述的部分——一些著述的自傳性特質，以及其他作品的寓言或說故事的特徵——來尋找意義。然而，這類評論都未能抓住要領。批判性種族理論無法藉著宣稱它不能有效地向多數派傳達歧視和不利條件的論點，來獲得理解。此外，暗示一件事（如一些批判性者所做的）是冒昧的：因為他們的關注（甚至是負面的關注），他們賦予這項工作正當性，好讓世界認真看待它。即使這種觀點是正確的，仍然是一種家長作風（paternalistic），也是一種為了重新取得主導地位，而做出的可悲而不當的努力。」[30]

然而，有一些著名的批判性種族理論的批評者活躍於早期的民權運動，他們或已過世，或仍活在人世。這些批評者包括已故的馬丁．路德．金恩牧師的幕僚長、知己和朋友瓦耶．提．渥克（Wyatt Tee Walker）博士。渥克憑著自己的資格成為民權運動的傳奇人物。他的朋友以及他在學校選擇運動（school choice movement）中經常的合作者史帝夫．克林斯基（Steve Klinsky）寫道：「在對抗惡名昭著的伯明罕安全專員『公牛』．康諾（Bull Conner）的組織性反抗中，沃克是金恩的『野戰將軍』。沃克編輯金恩的〈來自伯明罕監獄的書信〉（The Letter from Birmingham Jail），並為這封書信命名。他和金恩一起參加華盛頓特區的遊行，而金恩在遊行中，發表了他那著名的演說——『我有一個夢想』（I have a dream）。沃克也陪著金恩到奧斯陸接受諾貝爾和平獎的頒獎。」[31] 沃克斷然拒絕批判性種族理論。二〇一五年，克林斯基和渥克在他們合寫的一篇文章中寫道：「今日太多的『糾正法』將我們帶往錯誤的方向，這包括批判性種族理論，以及愈來愈流行的後馬克思主義及後現代主義理論，後兩者將社會解析成制度性的群體權力結構，而不是在精神層面或一對一的人類層面上來解析社會。這些『糾正法』甚至將小學生分成清楚的族群，並且強調差異，而不是相似性。」[32]

他們解釋：「解決之道就是超越種族，超越財富，超越族群認同和性別。教導我們自己將每一個人，理解成在共同人性這個共同背景中一個獨一無二的個人，而不是一個群體的象徵。進入那種基本的層面，認為我們僅僅是凡人，想要創造秩序、美、家庭，以及和世界的連結——這樣做似乎經常流於失序和混亂。」[33]

克林斯基提出補充：「沃克博士贊同對所有人懷著基本的尊重，不管他們的族群、宗教或膚色為何。沃克博士的民權法觀點，和宗教價值觀、人道主義、理性主義以及啟蒙運動息息相關。批判性種族理論根植於完全不同的知性土壤。這種理論始於『集團』（bloc）（和馬克思主義一樣，每一個人都被劃分在一種身分或經濟集團裡）。人和人的互動被集團和集團的互動取而代之……。倘使我們不根據事實和真正的意圖個別地看待彼此，我們如何能在種族和宗教中，找到平安？」[34]

的確，批判性種族理論是一種偽學術（pseudo-scholarship），最初由一小幫貝爾所帶領的馬克思主義法律教授創造出來，而這種理論是建立在受害、感性訴求、巴爾幹化（balkanization），以及分裂主義（separatism）上。現在我們應該可以清楚看出，這是一種建立在馬克思主義上的意識型態，始終參雜著生硬的偏執、敵意和仇恨。

毫無意外地，代爾加多和史蒂芬奇宣揚「法律敘事（legal story-telling），以及敘述分析（narrative analysis）」，將之視為最有效的說服形式之一，而不是嚴肅的學術。「批判性種族理論家建立在日常經驗上，帶著觀點、見解、故事的力量和說服力，來進一步瞭解美國人如何看待種族。他們寫寓言、自傳，以及『故事的另一面』（counterstories），並且探討案例記錄簿（casebook）經常忽略的性格的事實背景……。法律敘事者（例如德瑞克・貝爾）……援引一段漫長的歷史，其根源可以追溯到奴隸敘述，即黑人俘虜描寫自身狀況的談話，以及揭露白人農園社會偽裝的紳士風度的談話……。雖然有些作者批評批判性種族理論過度的否定態度，以及沒有發展出一套正面的計畫，但法律敘事以及敘述分析，是這個運動可以宣稱已經獲得的明確進展……。法律敘事的一個前提，就是這個國家的優勢族群的成員，無法輕易明白成為一個非白人的滋味。」[36]

就如美國傳統基金會的強納森・布丘和麥克・岡札勒斯所強調的：「批判性種族理論刻意政治化，並且摒除了權利的概念，因為它將所有結果的不平等，完全歸罪於它的支持者所說的美國無所不在的種族主義。『白人至上』的觀念必須被打破，這個術語反覆出現在批判性種族理論的論述裡，而且經常被今日的黑命貴組織領導人使用。然而，白人至上不意味著真正相信白人的優越性。這四個字可以指古典哲學家、啟蒙時代的思想家，或者工業革命。」[37]

布丘和岡札勒斯指出，批判性種族理論的作者羅賓・迪安傑羅（Robin DiAngelo）使用「白人至上」這個術語，來譴責社會的一切。迪安傑羅是華盛頓大學的教育合聘副教授。她在她的著作《白人的脆弱》（*White Fragility*）中寫道：「白人至上是一種有用的描述性術語，被用來描繪那些被定義為白人或視為白人的涵蓋一切的中心地位，和假定的優越性，以及建立在這種假定上的慣例。這種背景下的白人至上並非指個別的白人，以及他們的個別意圖或行動，而是指一種支配一切的政治、經濟和社會上的主導系統。同樣地，種族主義是一種結構，而不是一個事件。雖然公開宣告白人至上的仇恨團體並不存在，而這個術語也是指這種團體，但是，一般的看法單單將白人至上和這些種族團體連結在一起。這種簡化的定義模糊了運作中的較大系統的事實，並且制止我們去處理這個系統。」[38]因此，白人至上界定並解釋了整個美國的實驗，而不只是最邊緣性的白人至上主義者。

批判性種族理論的理論家和行動主義者宣稱，社會不只充滿了無可救藥的種族主義和白人優勢，嘗試去堅持或追求你的「權利」也是沒有意義的，因為這種權利其實根本不是權利。為什麼？因為這些權利並未帶來馬克思主義式的平等主義，以及批判性種族運動所要求的人民（勞工）的天堂。的確，權利被用來維護白人的種族結構，並否定少數派的權力。代爾加多和史蒂芬奇宣稱：「在我們的體制裡，權利幾乎永遠是程序性的（例如公平過程的權利），而不是實質性的（例如食物、住房或教育的權利）。思考這種體制如何贊成給與每一個人平等的機會，卻抵制確保結果平等的方案，例如精英學院或大學的平權行動（affirmative action），或者讓一個地區的各區公立學校獲得平等資助的提議。此外，當權利和有權有勢者的利益起衝突，權利幾乎總是被縮減。舉例來說，主要以少數派、男、女同性戀者和其他局外人為目標的仇恨言論，受到法律的保護，然而，第一修正案（First Amendment）的法令，卻為冒犯權勢團體的利益的言論，提供一個現成的法律保護的例外……。而且權利據說是離間性的，讓人們彼此分隔——『離我遠一點，我有我的權利』——而不是鼓勵人們形成親近、彼此尊重的社群。」[39]

批判性種族理論的行動主義者和馬克思主義的革命者一樣，無法容忍和他們的觀點背道而馳的論述和質疑。因此，言論自由對他們的「目標」尤其具有威脅性。華盛頓大學塔科馬分校（University of Washington Tacoma）的通訊副教授克里斯・迪馬斯克（Chris Demaske）解釋：「批判性種族理論的學者，批判許多他們認為構成第一修正案的意識型態的假設，雖然他們的重點據說是仇恨言論，而仇恨言論這個術語適用於明顯的冒犯性種族汙蔑，也適用於較廣泛的政治和哲學爭論。舉例來說，第一修正案無助於建立健康、有力的辯論，反而有助於保護現狀的不平等；一般的法令，尤其是第一修正案的法令，不可能有客觀或令人滿意的中立詮釋。必須從某些言論造成的傷害，來看待這些言論，而不是基於所有的言論都是言論，來評價所有的言論。言論的『自由』裡沒有『平等』。」[40]

對於批判性種族理論的支持者而言，反言論（counter-speech）、更多的言論和意見市場（the marketplace of ideas）[i]，都被白人優勢和白人特權汙染了。當然，這一點導致了壓制、審查制度，以及今日的「取消文化」（我將在本書後面討論這個問題）。

代爾加多和史蒂芬奇說：「批判性種族理論的最初提議之一，和仇恨言論有關——仇恨言論是指許多少數族群成員每日面對的一連串侮辱、綽號和辱罵。一篇早期的文章記錄了這類言論可能施加的

i 譯註：或可譯作新聞傳播學名詞「創意市場」。

一些傷害。這篇文章指出，法院已經根據誹謗、刻意施加情感痛苦、攻擊和暴力行為的原理，為仇恨言論的受害者提供斷斷續續的幫助，而這篇文章的結論是：敦促制定一種新而獨立的侵權法（tort），讓刻意、面對面的辱罵的受害者，可以針對傷害提起訴訟，並要求賠償。後來的文章和書就是以這種想法為基礎。一位作者建議將仇恨言論判定為非法行為，作為解決之道；其他作者敦促，學院和大學應該採用為制止校園仇恨言論而設計的學生行為法規。還有一些作者將仇恨言論和種族的社會建構（social construction）的假設連接在一起，並指出一致性的種族汙蔑，助長了這些社會形象和根深柢固的先入之見：有色人種是懶惰的、不道德的、智力不足的。」[41]

因此，解決之道就是言論的規範。如此一來，執政當局或者他們在大科技、媒體和學術界的代理人，就必須決定什麼言論是可接受的，或不可接受的。當然，對於馬克思主義者和批判性種族理論的理論家而言，只有一種言論是可接受的——他們自己的言論。因此他們要求制定校園言論法規，攻擊學術自由，威脅教授和學生的知識多樣性，並且要求制定聯邦和各州的仇恨言論的刑法。顯然地，問題變成這類政策、法令，以及控制言論的政府機關和執政當局的模糊性、過寬（overbreadth）[i]，以及越界（overreach）。這是馬克思主義和批判性種族理論運動另一個自相矛盾和虛偽的例證，因為它們抱怨現存社會，卻又要求政府介入，來完成它們的意識型態目的。

代爾加多和史蒂芬奇也將矛頭指向網路。「網路上的仇恨言論提出了一個難題。部落格、推特、卡通……和這種媒體上的其他訊息是廉價的，容易流傳，而且經常是匿名的。它們使得那些不喜歡某人或某種族的人，能夠找到其他想法相同的夥伴，如此援軍就建立了，而且經常未受阻撓。社會被分化了，群體之間彼此不信任，並相信另一方執迷不悟。當然，網路上的反言論（counter-speech）容易而廉價。然而，隨時可以使用一個管道來回應辱罵性的訊息，並未完全解決問題。」[42] 雖然如此，他們已經想出方法，來使用網路達到他們的目的。同樣地，本書稍後會討論這個問題。

此外，將優點視為社會上一個公正、客觀和令人嚮往的目標的觀念，據說是白人特權的眼光造成並使用的。代爾加多和史蒂芬奇宣稱：「批判性種族理論對於優點的評論，以許多形式出現，這些批評形式都是用來顯示一件事：優點的觀念絕非如其支持者所想那樣，是中立的標準。幾位作家批評了標準測驗（standardized testing），說明學術能力測驗（SAT）或法學院入學考試（LSAT）之類的測驗，都是可以在指導下通過的，而那些來自社會和經濟高層的人，那些有錢支付昂貴的備考課程的人，通常能夠通過考試。測試分數低，通常只是預測了第一年的成績（而且只是謹慎地預測），並沒有衡量其他重要的特質，例如同理心、成就的傾向，或溝通技巧。這些作家指出，優點在極大程度上視情況而定。倘使一個人在籃球場上將籃筐往上或往下移動六英寸，就會徹底改變誰有優點，誰沒有優點的評價。」[43]

顯然地，批判性種族理論運動不只傳遍學術界，也傳遍媒體、政治界，和公司，並且幾乎已經促使各行各業被種族化。我經常說，雖然蘇聯被擊垮了，但我們可以看到，這個極權政權彰顯在美國各大大學和學院的校園。布丘和岡札勒斯解釋了原因：「由於批判性種族理論源自高等教育機構，所以

i 譯註：有關美國言論的法律術語，指一項法令涵蓋過廣，在禁止未受保護的言論時，也禁止了受保護的言論。

毫不意外地，批判性種族理論的一些最不寬容的表現，就出現在大學校園。數十年來，大學校園一直是抗議的發源地，但是當前這個暴動者的世代中，有許多人決定讓別人聽見他們的想法，但不容許別人表達自己的想法，有時甚至會訴諸暴力。此外，學生行動主義者和其同盟對學校行政人員提出要求，嘗試對當權者行使權力。」[44]此刻，從學院和大學的校園，不寬容的、打擊言論的取消文化無所不在，而終局和馬克思主義的目標一樣——摧毀現存社會。

今日，出版商迅速推出有關批判性種族理論的書。在美國各處的公立學校教室，教材正被用來對孩童進行思想灌輸和洗腦。學校的教師正在接受批判性種族理論的「再教育」和訓練。舉例來說，奧茲蘭・森梭伊（Ozlem Sensoy）和羅賓・迪安傑羅（Robin DiAngelo）合寫的暢銷書《人人真的平等嗎：社會正義教育關鍵概念之簡介》（*Is Everyone Really Equal: An Introduction to Key Concepts in Social Justice Education*），目前正在公立教育圈流傳。在本書的前言，多元文化教育系列（Multicultural Education Series）的編輯詹姆斯・邦克斯（James A. Banks）解釋了本書的目標：「這本犀利又及時的書，是為了幫助職前教師和實習教師獲得必要的知識、態度和技巧，能夠有效地教導來自各群體（包括主流群體）的學生。本書的一個主要的假設是：教師必須培養出批判性社會正義觀點，才能瞭解關乎美國及加拿大的種族、性別、階級和異常性的複雜問題，並以促進社會正義和平等的方式進行教學。」[45]

邦克斯提出警告：「我們這些向師範教育學生教導多元文化教育課程的人，所經歷的最具挑戰性的任務之一，就是學生反對我們所教導的知識和技巧。這種反對根植於大多數師範教育學生被社會化的社區，以及主流知識，後者在學術界及流行文化中變成制度化，而大多數學生在報名參加多元文化教育或多樣性課程之前，都不曾質疑這些學術界和流行文化……。」[46]

這本書分成以下各章：

第一章　如何建設性地參與採取批判性社會正義觀點的課程
第二章　批判性的思考和批判性的理論
第三章　文化和社會化
第四章　偏見和歧視
第五章　壓迫和權力
第六章　透過殘障歧視瞭解特權
第七章　透過性別歧視瞭解壓迫的隱形性
第八章　透過種族主義瞭解壓迫的結構性本質
第九章　透過白人至上瞭解種族主義的全球性組織
第十章　透過階級主義瞭解交叉性
第十一章　「是的，但是……」——常用的反駁
第十二章　將這一切拼湊在一起[47]

邦克斯描述了這本書所要追求的意識型態目標：「我們希望帶領讀者走上一個旅程，藉此讓讀者

逐漸看出眼前表面層面以外的根深柢固的不公義……即被許多人視為正常和理所當然的不公義。直接面對不公義可能是一件痛苦的事，尤其是當我們瞭解我們都在其中扮演一個角色時。然而，當我們帶領讀者走上這個旅程，我們無意激發罪惡感，或指出怪罪對象。在社會的這個節骨眼上，罪惡感和罪責毫無用處，也不具建設性，本書的讀者中，無人參與創造這些鞏固不公義的體制。但是，每一個人都必須選擇努力阻止並拆毀這些體制，或者忽視它們，從而支持它們的存在。沒有中立立場；選擇不採取行動反抗不公義，就是選擇容許不公義的存在。我們希望本書為讀者提供一些觀念基礎，讓讀者藉此反抗不公義。」[48]

現在，批判性種族理論已經根深柢固地存在於美國的大學和學院，而且廣泛地流傳開來。康乃爾法學院（Cornell Law School）的威廉．傑克森（William Jacobson）教授創立的網站「合法暴動」（*Legal Insurrection*），提供了有關兩百多所在校園使用批判性種族訓練的學院和大學的最詳盡的資料庫。[49]

除此之外，批判性種族理論正迅速傳遍美國的公立學校，而這件事尤其是在《紐約時報》和「一六一九計畫」（1619 Project）的大力鼓吹和企業組織之下完成的。

何謂一六一九計畫？克莉絲汀娜．史克爾克（Krystina Skurk）是希爾斯岱爾學院（Hillsdale College）的研究助理，她在「真正明確的公共事務」（*Real Clear Public Affairs*）的網站中提出解釋：「這是《紐約時報》刊出的一系列論文……。一六一九計畫重新建構美國歷史，宣稱一六一九年，即奴隸最先被帶到詹姆斯鎮（Jamestown）的那一年，是美國真正的建國年。普立茲中心（Pulitzer Center）和《紐約時報》合作，創立了一項建立在一六一九計畫的課程，並將這項課程分發到三千五百多所學校。這項課程根據普立茲中心的一項教學計畫，教導奴隸制度對美國的一切制度產生了持久的影響。一個討論的引導問題問道：美國的社會結構是為了支持黑人的奴役，以及支持為了為奴隸制辯護而在美國培養出來的反黑人種族主義，而發展出來的，而這樣的社會結構，如何影響許多層面的現代法律、政策、體制和文化？」[50]

史克爾克接著說：「在一個為課程而製作的影片中，一六一九計畫的創立者妮克・漢娜—瓊斯（Nikole Hannah-Jones）提出解釋，她在中西部長大，在這期間，她從她的校車車窗，『看到了不平等的風景』。這個影片最有力的部分，是當漢娜—瓊斯討論美國的歷史。首先，她以肯定的語氣描述一七七六年，說明那一年啟動了世界歷史上最具『解放性的民主實驗。』當她說話時，影片出現標誌性的影像：清教徒移民、美國開國元動、一九五〇年代、自由女神雕像。然後，影像開始倒轉，而漢娜—瓊斯說：『相信這個國家是有史以來最解放的民主國家的唯一方式，當然就是抹除已經生活於此的原住民……以及忽略被奴役的非洲人。』」[51]

不管漢娜—瓊斯從她在《紐約時報》的位置望向何處，她只看到種族主義。史克爾克寫道：「漢娜—瓊斯宣稱，現代美國生活的一切，幾乎都被奴隸制的遺產所汙染。她指出下列事項，作為種族主義持續發揮影響力的例證：監禁率（incarceration rates）、全民醫療保健的缺乏、產假的長度、最低工資法、比率極低的工會會員身分、公路系統、明顯和隱含的歧視法，以及少數族群社區運作不佳的學校系統。」[52]

這項《紐約時報》計畫的目標是什麼？《紐約時報》的總編傑克・席維斯坦（Jake Silverstein）說，

它的目標就是「藉著思考將一六一九年（而非一七七六年）視為美國誕生之年意味著什麼，來重新建構美國的歷史。若要這麼做，當我們告訴自己，究竟是什麼人構成了這個國家，我們就必須將奴隸制的結果以及美國黑人的貢獻，置於這件事的中心」[53]。

彼得．伍德（Peter W. Wood）是全美學者協會（the National Association of Scholars）的主席，以及前任教授，在他的著作《一六二〇：對於一六一九計畫的批判性回應》（*1620: A Critical Response to the 1619 Project*），他針對一六一九計畫做出一個極具殺傷力的回應。例如他寫道：「一六一九計畫的一個較大的目標，就是改變美國對自己的理解。它最終是否能夠完成這個目標仍然有待觀察，然而，它當然已經成功地塑造了美國人現在談論歷史的關鍵面的方式。一六一九計畫和進步主義左派的觀點一致，後者仇恨美國，想要徹底將它改變成一個不一樣的國家。這種改變將是一個可怕的錯誤：將危及我們得來不易的自由、我們的自治，以及我們作為一國人民的美德……。」[54]伍德認為：「一六一九計畫已經將幾年前僅僅屬於邊緣性的觀念，跨一大步帶入主流意見的領域。例如，美國獨立革命是一個支持奴隸制的事件的觀念，以前只在那些有陰謀思想、帶著漫畫書風格的歷史理論的行動主義者當中流傳。然而，一六一九計畫將這種觀念從遊樂場帶入教室，令各處嚴肅的歷史學家感到驚愕。」[55]

伍德譴責一六一九計畫，將它視為假學術。當然，這是一種假學術，是一種裝扮成歷史的批判性種族理論。伍德說：「解決歷史爭論的尋常之道，是讓歷史學家在刊物文章中，提出最好的論據，以及它們的出處；每一方都能夠自己檢視證據，並推敲出事實。一六一九計畫避開這種透明性。……漢娜—瓊斯提出一些最大膽的聲明，但不曾引用來源：《紐約時報雜誌》原先刊出的一六一九計畫，沒有注腳，沒有參考書目，也沒有其他學術性的根據。」[56]

二〇一九年十二月，在《紐約時報雜誌》，五位足為楷模的歷史學家對於一六一九計畫的重要層面，「表達了……強烈的保留意見。這個計畫是為了提出一個新版的美國歷史，在其中，奴隸制和白人至上，變成主導性的組織性主題。《紐約時報雜誌》宣告了野心勃勃的計畫，讓這項計畫得以以課程和相關教材的形式，進入學校。」[57]這五位歷史學家分別是：德州大學傑出榮譽歷史教授維多莉亞・拜南（Victoria Bynum）；普林斯頓大學美國歷史喬治・亨利・戴維斯（George Henry Davis）榮譽教授詹姆斯・麥克弗森（James M. McPherson）；紐約市立大學研究生中心傑出教授詹姆斯・歐克斯（James Oakes）；普林斯頓大學美國歷史喬治・亨利・戴維斯教授西恩・威蘭茲（Sean Wilentz）；以及阿爾瓦・歐・韋德大學（Aova O. Wade University）榮譽教授和布朗大學榮譽歷史教授哥登・伍德（Gordon S. Wood）。

這些歷史學家提出解釋：「這些關乎重大事件的錯誤，不能被描述成詮釋或『建構』（framing）。它們涉及真正的事實，這是誠實的學術和誠實的新聞工作的基礎。它們暗示以意識型態來取代歷史的理解。它們不予考慮種族立場上的異議（將之視為『白人歷史學家』的異議），而這一點已經證實了這種取代。」[58]

他們寫道：「美國獨立革命對於我們的任何歷史記述，都是十分重要的。而在美國獨立革命上，一六一九計畫宣稱，開國元勳宣告殖民地脫離英國而獨立，是『為了確保奴隸制能夠持續』。這不是事實。這項指控如果能夠獲得證實，將十分令人震驚——然而一六一九計畫提出來證實的每一個聲明都是錯誤的。這項計畫的其他一些資料被扭曲了，包括這項聲明：『絕大部分的』美國黑人，都曾『獨自』為自己的自由爭戰過。」[59]這些歷史學家繼續說：「其他資料是誤導性的。一六一九計畫批評林肯對於種族平等的看法，但忽略了一個事實：林肯相信獨立宣言宣告人人平等，不管是對於黑人或白人而言，皆是如此，而他持續以這種觀點，來對抗反對他的那些強大的白人至上主義者。一六一九計畫也忽略了林肯和弗雷德瑞克．道格拉斯（Frederick Douglas）達成的協議：憲法（用道格拉斯的話說）是『一項榮耀的自由文獻』。相反地，一六一九計畫宣稱，美國是建立在充滿種族歧視的奴隸制上，這種論點被大多數廢奴主義者排斥，但受到約翰．考洪恩（John C. Calhoun）這類奴隸制擁護者的宣揚。」[60]

威蘭茲在接受《大西洋雜誌》（*The Atlantic*）的個別訪談時提出解釋：「教導孩童美國獨立革命部分是為了鞏固奴隸制，會讓他們對於美國獨立革命，以及建國以來美國所代表的一切，產生一種基本的誤解。」他說：「在十八世紀，反奴隸制在世界上是一件新事，而殖民地的反奴隸制活動，比英國多。」[61]

我們必須記住，《紐約時報》在事實和人權方面，有極差的前科記錄，它一直為當代歷史上一些最令人髮指的怪物和政權進行政治宣傳操作。如我在《新聞界的無自由》（*The Unfreedom of the Press*）所詳述的，基本上，在整個納粹大屠殺期間，《紐約時報》幾乎掩飾了希特勒消滅歐洲猶太人的事實。先前，《紐約時報》一九二二至一九三六年的莫斯科分社社長華特．杜蘭帝（Walter Duranty），是史達林最喜歡的西方記者。杜蘭帝以熱情的語氣描寫這位殺人如麻的獨裁者和蘇聯，並協助掩蓋一九三二年數百萬烏克蘭人被刻意地集體餓死的慘劇。[62]一九五〇年代後期，《紐約時報》的第一位外國記者赫伯特·馬修斯（Herbert L. Matthews），「是第一位訪問卡斯楚的美國記者，也是最後一位看出這人是一位殘酷而有點兒瘋狂的極權主義屠夫。他創造並愛上了卡斯楚的神話，最後也被這個神話吞噬，不曾真正瞭解發生了什麼。」[63]今日，《紐約時報》為建立在馬克思主義的觀念和策略上的反美國種族主義意識型態發聲，以謊言為我們的孩童洗腦，破壞了我們自己的國家。

然而，早在一六一九計畫之前，媒體已經欣然接受並宣揚批判性種族理論，為吞噬許多城市的激烈暴動鋪路。札克·哥德保（Zack Goldberg）是喬治亞州立大學的政治學博士候選人，他針對近幾年媒體如何報導種族和種族主義，進行了可能是最廣泛的研究。哥德保寫道：「由於警察在明尼亞波里斯殺害喬治·佛洛伊德（George Floyd）後，所引發的抗議、暴動和普遍動亂，美國正經歷一次種族上的算帳。美國的自由派精英機構的反應，暗示著許多人已經接受抗議者的意識型態。以下就是美國最具影響力的兩家報紙《華盛頓郵報》和《紐約時報》過去一個月刊出的見解和新故事的標題樣品：

「黑人痛苦時，白人只是去加入讀書會。」

「黑人行動主義者納悶：對於白人而言，抗議只是一種流行？」

「致那些想要成為『好人之一』的白人。」

「美國持久的種姓體制：我們的建國理想應許人人享有自由和平等。事實上，我們是一種延續了數百年、持久不墜的種族等級制度。」

這些標題的最後一項出自《紐約時報雜誌》，是一篇有關美國「種姓制度」的長篇特別報導，而它明確地將美國比作納粹德國。[64]

哥德保繼續說：「證據所暗示的，就是主要的出版物大大地擴大種族主義的定義，並積極鼓吹一種更激進的美國社會觀（始於一位黑人總統執政的時期，在這期間，許多指標都顯示出緩慢、令人灰心，但持續性的種族的進展），而且它們這麼做的方式之一，就是將『白人的集體罪惡感』正常化和普遍化。《紐約時報》十分受歡迎的podcast節目的最新一集節目……被稱為『好白人父母』，而它完美地說明了這一點。《紐約時報》的podcast節目的描述，強調為什麼改革的倡議無法解決美國公立學校的問題，並暗示它已經找到問題的根源：『在我們的學校中，最強大的力量可說是『白人父母』。』」[65]

哥德保將焦點放在《紐約時報》和《華盛頓郵報》，他發現「在二〇一三年之前，出現在這兩家報紙的『白人』和『種族特權』的詞語，平均分別占它們的總單字數的百分之〇．〇〇〇〇一三和百分之〇．〇〇〇〇一五。在二〇一三年和二〇一九年，《紐約時報》的這個平均頻率增長了驚人的十二倍，而《華盛頓郵報》超越這個數字，幾乎達到十五倍。與此同時，『特權』和『白人』、『顏色』及『皮膚』出現在這兩家報紙的詞彙空間的頻率，創下了歷史新高」。[66]

即使你沒有天天看新聞、讀新聞，你也不可能不注意，近日所謂的新聞業的激進化。哥德保寫道：「『白人至上』和這個詞語的各種變體的大量出現，是值得注意的，因為它們絕非新詞語，因而是從一個較高的底線開始嶄露頭角的。直至幾年前，這些詞語的使用，可能局限於提及正式的白人至上主義者。然而，和『種族主義』一樣，這些詞語已經因為一種迅速的、受意識型態驅使的『概念蠕變』（concept creep）[i]，而徹底地被擴大。現在，白人至上是一種模糊而涵蓋一切的標籤。這個詞語不是描述特定機構或個人顯而易見的歧視觀念和行動，而是被許多進步主義者理解成整體美國體制的基本價值觀。」[67]

媒體普遍地使用「白人至上」和相關術語，來描述不符合批判性種族理論的種族主義意識型態的任何事物，或任何人。哥德保寫道：「不管過去意味著什麼，現在，白人至上無所不在，並且適用於任何背景。思考一個事實：在二〇一五年之前的任何一年，在上述兩家報紙的總單字數中，和『白人至上』有關的詞語所占的比率，幾乎不曾超過百分之〇・〇〇一。除了上升趨勢較不一致的《華爾街日報》，自二〇一五年後，這個上限每一年都被安心地打破了。到了二〇一九年，大致上，《紐約時報》和《華盛頓郵報》使用這些詞語的頻率，分別是二〇一四年的十七和十八倍。」[68]

此外，廣大的聯邦官僚體制被批判性種族主義的議程和訓練淹沒了。二〇二〇年九月二十二日，川普總統採取行動，以一三九五〇號行政命令結束了這種意識型態的擴展。這項行政命令聲明：「這種毀滅性的意識型態的根據，是對於這個國家的歷史以及它在世界所扮演的角色的錯誤陳述。雖然這些陳述被說成是新而革命性的，但是它們恢復了十九世紀奴隸制辯護者不足採信的觀念，這些人和林肯總統的對手史蒂芬・道格拉斯（Stephen A. Douglas）一樣，堅稱我們的政府『是在白人的基礎上建立的』……或者是『白人為了自己的利益而建立的』。我們的開國文獻拒絕這些激進化的美國觀，這些

i 譯註：心理學名詞，指一種擴展傷害和病理學概念的傾向。

觀念已經在血流成河的內戰戰場上，徹底被擊敗了。然而現在，它們重新被包裝，被當成最新見解來被推銷。這些觀念刻意被用來分化我們，使我們無法團結起來，追求我們偉大國家的共同前途。」[69]

這道行政命令解釋，批判性種族理論運動和它的馬克思主義兼種族主義的議程，正在摧毀政府：「不幸地，此刻這個邪惡的意識型態正從美國社會的邊緣轉移出來，威脅要入侵我們國家的核心制度。教師和教材教導某些種族的人和成員，以及我們最可敬的制度，在本質上都是性別歧視者和種族主義者，而這些教師和教材出現在美國各地的職場多樣化（workplace diversity）的訓練中，甚至出現在聯邦政府的各部門以及聯邦的承包商中。舉例來說，最近財政部舉行了一場宣揚這類論點的研討會：不管『覺醒』（woke）程度為何，幾乎所有的白人都助長了種族主義。這場研討會也教導小組領導人鼓勵員工避免使用這類『敘述』：美國人應該更加『色盲』，或者『讓人們的技術和性格成為區別他們的元素』。來自聯邦機構阿貢國家實驗室（Argonne National Laboratories）的培訓材料說明，種族主義『被交織在美國的每一個組織之中』，並且將『色盲』和『精英制』（meritocracy）這類的聲明描述成『偏差的行動』。來自同樣是聯邦機構的桑迪亞國家實驗室（Sandia National Laboratories）的一份專為非少數派男性而設計的培訓材料聲稱，強調『理性而非情感』，是『白人男性』的特徵，並且要求在場的人『承認』他們對彼此的『特權』。最近，一張史密森尼學會博物館（Smithsonian Institution Museum）的圖片宣稱，『客觀、理性的線性思考』、『賣力工作是成功的關鍵』、『核心家庭』，以及『對於一神的信仰』，並非能夠團結所有族群的美國人的價值觀，而是『白人特性的外觀和假設。』史密森尼博物館也聲稱：『面對你的白人特性很難，這樣做會帶來罪惡感、憂傷、困惑、防禦性，或恐懼。』」[70]

這項行政命令禁止教導「種族或性別上的刻板印象化，或代罪羊觀念」，而這包括：

1 在本質上，一種種族或性別，比另一種種族或性別優越。

2 由於自己的種族或性別的緣故，一個人天生就是種族主義者、性別歧視者，或者傾向於壓迫別人，不管是有意或無意。

3 一個人應該單單或部分因為自己的種族或性別，而被歧視，或者受到不利的對待。

4 一種種族或性別的成員，不能也不應嘗試在不顧種族或性別的情況下，去對待別人。

5 一個人的品德必然是他或她的種族或性別決定的。

6 由於一個人的種族或性別的緣故，他或她應該為過去同一種族或性別的其他成員所做的事負責。

7 任何一個人都應該因為自己的種族或性別，而感到不安、內疚、痛苦，或其他形式的心理苦惱。

8 精英制或努力工作的倫理觀這類的特徵，都是一種種族主義或性別歧視，是某一種族為了壓制另一種族而創造出來的。[71]

拜登總統上任的第一天，就簽署了自己的行政命令，來翻轉並取消川普的行政命令，並錯誤地宣稱，川普的行政命令消滅了多樣化的訓練。宣告這項行政命令時，拜登尤其以「種族公平」（racial equity）來取代「種族平等」（racial equality）。這一點清楚顯示，他的意圖與批判性種族理論運動的一個觀點一致：目標是平等的結果，而不是平等的門路和對待。的確，追求「公平」使得追求平等成為不可能。此外，拜登指示聯邦官僚體制積極去收集各種有關個別公民的特徵的資料，以確保公平結果的可執行性——公平的結果經常被稱為激進的平等主義（radical egalitarianism）。這項行政命令說：「許多聯邦的資料集（datasets），並不是以種族、族群、性別、殘障、收入、退伍軍人身分，或其他重要人口統計變項（demographic variables）來分解的。這種資料的缺乏已經造成了層疊效應（cascading effects），並且阻撓衡量和促進公平的努力。促進政府行動的公平的第一步，就是收集影響這項努力所需的必要資料……。據此，一個跨部門公平資料工作小組（Interagency Working Group on Equitable Data，或稱Data Working Group）建立了。」[72]

為了實行政府的社會和文化目標（即種族主義式的批判性種族理論的目標），而追蹤政府資料庫裡的公民行為，讓人想起共產中國的社會信用制度。中國的這項計畫根據積分制來規範公民的行為。如福斯新聞所報導的：「在這種制度下，政府使用從法院文件、政府或公司的記錄收集而來的資料（某些情況下也使用從公民觀察者得來的資料），來為公民在各種社會生活的領域評等。分數較高的公民比較容易獲得銀行貸款、免費體檢，以及暖氣的折扣。交通違規者、販售瑕疵品者，或拖欠貸款付款者，會被扣分。在某些情況下，社會信用積分不佳的人，被禁止買機票或火車票。其他違規行為包括在禁煙區抽煙，購買或玩太多電玩，以及在網路發布不實的消息。」[73]此外，「不聽話的人會被放在所謂的『黑名單』，而公司在考慮雇用未來的員工時，會參考這些名單。在其他情況下，學生可能因為父母的『社會信用分數低』，而無法進入大學就讀。」[74]

另外，拜登最初的總統法案（presidential acts），包括廢除川普的一七七六諮詢委員會（Advisory 1776 Commission）——建立這個委員會的目的，是為了「讓年輕的一代能夠瞭解一七六六年美國創建的歷史和原則，並建立一個更完美的聯邦。」[75]「這個委員會的第一項責任，就是擬定一份報告，來概述美國的建國原則，以及這些原則如何塑造我們的國家。」[76]拜登宣誓就職之前，這個委員會發表了一七七六報告，而媒體立即把這份報告貶損一番。

二〇二一年一月十九日，NBC（美國全國廣播公司）的恰克．陶德（Chuck Todd）和MSNBC（微軟國家廣播公司）的特里梅因．李（Trymaine Lee），在嘲笑這份報告之前，都拒絕在節目播出時，深入討論它的內容。他們對於批判性種族理論意識型態的忠誠，是昭然若揭的：

陶德：「嗯，注意，我們甚至已經在運動界看到迪安．桑德斯（Deion Sanders）在傑克森州立老虎隊（Jackson State）想做什麼，他打破一些障礙，為傳統黑人大學（HBCUs）重建了許多作風。我知道我們想要你做的一件事，就是和大學的學生談一談，看看他們對於寫著一七七六的旗幟會有什麼反應……。」

李：「是啊，恰克。我們和一位政治學的教授談了，他說其實那就是對於一六一九計畫的反應，而且確實就是建立在美國的一個虛構和虛偽上，美國沒辦法脫離奴隸制。竟然提出這種粗製濫造、馬虎草率的東西。坦白說，沒有人感到驚訝，因為他們打這個主意很久了。」

陶德：「這真令人震驚。不幸的是，我不認為我們感到意外。」[77]

陶德、李和其他媒體人遵守政黨路線。這話的意思是：他們沒有也不會脫離源自馬克思主義的各種運動的集體迷思和意識型態命令。他們是純淨意識型態的喉舌和執行者——各種以馬克思主義為中心的交叉目標和信仰系統的真正信徒，而且多半是民主黨的忠實黨員。他們不可能違反或偏離政黨路線，而且多半時候，他們沒有這麼做。

和先前的馬庫色一樣，代爾加多和史蒂芬奇提醒我們，最後，倘使由於「白人建制派可能反對有秩序地朝著權力分享發展（尤其是涉及高級和技術性的工作、政治機構和政府時）」，致使「和平轉移」沒有發生，那麼接下來就像在南非一樣，改變可能充滿了痙攣性和災難性。如果真是這樣，那麼批判性理論家和行動主義者就必須為反抗運動和行動主義者提供刑事辯護，並且清楚陳明反抗的理論和策略。或者，可能出現一個第三的、中間的政權……。白人可能部署非殖民機制，包括象徵性的讓步，以及創造許多淺膚色的少數派中層管理人，藉此盡可能地阻擋權力轉移。」[78]這的確是一個危險而精神錯亂的種族主義運動。

黑命貴團體是馬克思主義結合批判性種族理論的產物。在二〇一五年接受巴爾的摩真實新聞網（Real News Network）的傑瑞．鮑爾（Jared Ball）的影片訪問時，黑命貴的三位創立者之一派翠絲．卡勒斯（Patrisse Cullors）宣告，她和黑命貴另一位創立者愛莉西亞．加爾沙（Alicia Garza）是馬克思主義者。卡勒斯說：「我思考許多事，而我思考的第一件事就是：我們確實有一個意識型態架構；我，尤其是愛莉西雅・加爾沙，是受過訓練的組織者，我們是受過訓練的馬克思主義者。我們非常精通意識型態理論，而我認為我們真正想做的，就是建立一種可以被許許多多黑人利用的運動。」[79]〔黑命貴的另一位創立者是歐帕・托梅提（Opal Tometi）。〕

與此同時，黑命貴的馬克思主義者康恩—卡勒斯（Khan-Cullors），已經買下了價值數百萬美元的四棟房子。她出版了一本暢銷書，和華納兄弟及其他公司簽下利潤頗豐的合約，來鼓吹她的激進計畫。馬克思主義革命者和同情者很少言行合一。

有大量的證據將黑命貴全球網（the BLM Global Network）這個支配一切的組織，和過去暴力的馬克思主義兼無政府主義運動連接在一起。美國傳統基金會的麥克・岡札勒斯（Mike Gonzalez）說：「卡勒斯在勞工和社區策略中心（Labor/Community Strategy Center）接受十年訓練，成為一名激進組織者，這個中心是由艾瑞克・曼恩（Eric Mann）建立和經營的，他是一九六〇年代的激進派地下氣象人組織（the Weather Underground）的前任成員，而這個組織被聯邦調查局認定為一個美國境內的恐怖團體。在一九六九年的創建聲明中，這個組織提出解釋，他們致力於『摧毀美國帝國主義，以及建立無階級的世界——追求世界共產主義（world communism）。』」[80]

岡札勒斯發現在一個研討會中，曼恩教導參加者問問自己：「我是否正在做出改變體制的決定？我是否和群眾綁在一起？」此外，曼恩說：「毛澤東、列寧和卡斯楚，以及切・格瓦拉（Che Guevara），就是在大學變成激進分子的。被殖民者的激進中產階級的概念，或者像我一樣的特權者的中產階級的概念，是某種革命者的典型。」……「讓這個國家脫離白人殖民者的政府，讓這個國家脫離帝國主義，並且進行一場反種族主義、反帝國主義和反法西斯主義的革命。」[81]

資本研究中心（the Capital Research Center）的史考特・華特（Scott Water）提出解釋：「如果有人質疑黑命貴是否和一九六〇年代的共產主義恐怖分子有任何意識型態的關聯，蘇珊・羅森伯格（Susan Rosenberg）的故事，應該可以解答這個疑問……。黑命貴和受過訓練、有極端主義及暴力歷史的馬克思主義者之間，有意識型態的連結，甚至讓蘇珊・羅森伯格加入核心團體的董事會。事實上，羅森柏格是五月十九日共產主義組織（May 19th Communist Organization，或M19）的成員。」羅森伯格擁有一長串的馬克思主義革命者的暴力和犯罪記錄，為此，她被判服刑五十八年，但只坐了十六年牢，便獲得比爾・克林頓的全面赦免。岡札勒斯說，羅森伯格是「千流」（Thousand Currents）這個激進的贊助機構的董事會副主席，二〇二〇年七月之前，這個機構一直在贊助黑命貴全球網。[82]羅森伯格也被聯邦控告在一九七九年協助瓊恩・卻斯瑪德（Joanne Chesimard）（一位現在住在古巴的共產黨員）越獄。」[83]

羅森伯格和曼恩，以及歐巴馬的前任同事比爾・艾爾斯（Bill Ayers）和柏娜丁・多恩（Bernadine Dohrn），都和地下氣象人組織有關聯。《大英百科全書》解釋：「原先被稱為『氣象人』（the Weatherman）的地下組織，是從『第三世界馬克思主義者』（the Third World Marxists）發展出來的，是『民主社會學生會』（Students for a Democratic Society，簡稱為SDS）內的一個派別，而『民主社會學生會』是一九六〇年代末期，代表急速成長的新左派的一個主要的全國性組織。」[84]

黑命貴也要求解散核心家庭，這是它已經從自己的網站刪除的早期使命宣言的一部分：「我們破壞西方要求的核心家庭結構，這是為了彼此支持，成為以集體方式彼此照顧（尤其是照顧孩童）的大家庭和『村莊』，使得母親、父母和孩童都能夠過著安全舒適的生活。」[85]原先的這份使命宣言和它隨後被刪除都不是偶然的。馬克思相信，核心家庭是中產階級社會的彰顯。和宗教一樣，核心家庭阻撓了建立馬克思主義天堂所需的社會意識型態洗腦。因此，他攻擊核心家庭，並呼籲摧毀核心家庭：

> 廢除家庭！即使最激進者聽到共產主義者這個臭名昭著的提議，都會勃然大怒。
>
> 目前的家庭，或者中產階級家庭，是建立在什麼基礎上？是建立在資本上，是建立在私人利益上。發展完全的這種家庭，只存在於中產階級當中。但是伴隨這種情形而來的，是無產階級當中家庭的實際不存在，以及公娼。
>
> 當中產階級家庭的伴隨狀況消失時，中產階級就會自然而然地消失，然後，兩者都會隨著資本的消失而消失。
>
> 你是否控告我們想要制止父母剝削孩童？在這件事上，我們認罪。
>
> 然而你說，當我們以社會教育取代家庭教育時，我們破壞了最神聖的關係。
>
> 我們還要以你的教育來取代家庭教育！你的教育不也是社會教育嗎？不也是由你接受教育的社會狀況來決定的嗎？不也是由社會直接或間接的干涉以及學校等來決定的嗎？共產主義者並未在教育方面發明社會的干預；他們的確想要改變這種干預的特質，並將教育從統治階級的影響中解救出來。
>
> 當無產階級的家庭連結更加地因為現代工業的作為而被拆散時，當他們的孩子更加地變成簡單的

商業和勞力工具時，中產階級針對家庭和教育，針對父母和子女的神聖相互關係，所說的那些無聊的蠢話，就變得更加地惹人厭。86

與此同時，無數公司、提供資助的非營利團體、運動員、演員和企業主管等，提供數千萬美元贊助黑命貴。民主黨的市長以這個組織的名字為街道和大道命名，而黑命貴受到文化界和媒體的頌揚，甚至崇拜，並得到無數個人（尤其是年輕人）的支持。

當馬克思主義和批判性理論的意識型態及政治宣傳傳遍學術界、媒體和其他領域，和這種意識型態及政治宣傳有關的運動，也漸漸變多。舉例來說，另一種重要而逐漸增長的運動，是拉美批判性種族理論（Latina/o Critical Race Theory，簡稱LatCrit）。如加州大學洛杉磯分校的「博士後學者」林西・培瑞茲・胡伯（Lindsay Perez Huber）所描述的，這個運動涉及「拉丁裔社區獨特的經驗，例如移民、身分狀況、語言、種族和文化。針對拉美批判性種族理論所作的分析，讓研究人員能夠建立種族主義式的本土主義（nativism）的概念架構，這是一種強調種族主義和本土主義的交叉性觀點⋯⋯。支配一切的理論架構⋯⋯是批判性種族理論，尤其是拉美批判性種族理論。教育研究上的批判性種族理論，理直氣壯地集中於種族、階級、性別、性慾和其他壓迫形式上，顯明在有色人種的教育經驗的方式上。批判性種族理論倚靠各種訓練，來挑戰精英制和色盲這類的優勢意識型態——一種暗示教育機構是中立體制，以相同的方式對待所有學生的意識型態。這個理論架構挑戰這些想法的方式是：從有關有色人種社群的知識，來學習和建造，因為這些社群的教育經驗，顯示了壓迫的結構和慣例。揭露教育上的種族主義的努力，是自覺地追求有色人種社群的社會正義和種族正義，並且給與它們權力。」[88]

若要瞭解拉美批判性種族理論，就必須瞭解種族和種族主義——一般而言，和批判性種族理論的情況一樣，這是指白人至上和白人優勢文化的本質。「若你瞭解種族主義是一種讓有色人種成為次等人的工具，你就會明白，種族主義的意圖，就是白人至上的意識型態作用。白人至上可以被理解成一種種族優勢和剝削的系統，在這個系統中，權力和資源的分配並不平等，白人得到特權，而有色人種受到壓迫。」的確，胡伯寫道：「不管真實的差別是否存在，人可能成為種族主義的受害者。……種族主義的定義是：將價值分配給真實或想像的差異，以便證明白人所相信、但讓有色人種付出代價的白人至上的正當性，從而捍衛白人的主導權利。」[89]

此外，為種族主義式的本土主義（racist nativism）下定義時，胡伯說：「歷史上，對於原住民的看法，直接和『白』（whiteness）的定義連接在一起。相信白人至上和歷史健忘症，已經抹除了原住民社群的歷史，雖然在最先的歐洲白人殖民者到來之前，這些原住民社群就占據著美國。在歷史上和法律上，白人曾經認為原住民是美國的『開國元勳』。考慮到本土主義和『白』的重要關聯，種族主義式的本土主義被定義為：將價值分配給真實和想像的差異，以便證明被視為白人的原住民，對於被視為有色人種和移民的非原住民的正當優越性，從而捍衛原住民的主導權利。」[90]

史蒂芬奇宣稱，拉美批判性種族理論已經存在了大約半個世紀。它的「創始者是羅多福．阿庫那（Rodolfo Acuna），」……「他是第一位致力於這個目標的學者：重新制定美國歷史，以便考慮美國將先前墨西哥所占據的土地變為殖民地，以及這種殖民地化如何影響居住在那些地區的墨西哥人。對於拉丁美洲人而言，他的論點被證明十分具有說服力，就像對於黑人而言，在瞭解種族動力學方面，德瑞克・貝爾的扎實理論十分具有說服力一樣。」[91]因此，不只美國是一個白人主導、壓迫一切有色人種的全面性種族主義社會，它的存在也是非法的，因為它將墨西哥的土地殖民化。因此，真正的本地人是墨西哥原住民，不是宣揚種族主義式的本土主義的白人。

阿庫那在他一九七二年的著作《被占據的美國》（*Occupied America*）的開頭寫道：「今日美國的墨西哥人——奇卡諾人（Chicanos）——是一個被壓迫的民族。他們是公民，但他們的公民地位頂多只是次等的。他們被那些掌握較大權力者剝削和操縱。說來可悲，許多人相信，在盎格魯美國（AngloAmerica）生活下去的唯一方式，就是讓自己變得『美國化』。瞭解他們的歷史，瞭解他們的貢獻和掙扎，瞭解他們不是不牢靠的敵人，如盎格魯美國的歷史所說的，可以讓一個長久受壓迫的民族恢復驕傲和傳承感。簡而言之，覺醒能夠幫助他們解放自己。」[92]

換句話說，作為真正的本地人，墨西哥人和奇卡諾人不應被盎格魯美國的文化同化。前者是受壓迫者，後者則是殖民主義者。

但是，阿庫那有關美國墨西哥人的處境的陰沉評語，無法解釋為什麼「美國移民人口中，來自墨西哥者占第一位。在二〇一八年，住在美國的大約一千一百二十萬移民，就是來自墨西哥，占美國所有移民的百分之二十五。」[93]為什麼數百萬墨西哥公民要離開自己的國家，以合法或非法途徑移民到美國，而且有些人甚至冒著生命危險，只為了「被剝削和被操縱」？事實上，他們是在逃避自己的國家充斥的壓迫、貧窮、犯罪活動和腐敗，想在美國尋找更美好的生活。

在《通過邊界：批判性種族理論研究，以及無證之美國人的反面歷史》（*Navigating Borders: Critical Race Theory Research and Counter History of Undocumented Americans*）一書中，作者亞利桑那大學教授里卡多・卡斯楚—薩拉札（Ricardo Castro-Salazar）和英國杜蘭大學（Durham University）的教授卡爾・貝格利（Carl Bagley）宣稱：「學者不斷地指出，美國人和美國領導人往往是『長期的歷史忽略者』。當這種健忘症在美國認同和公民身分的現代敘述中，形成了包容的界限時，這種健忘症就變得十分具破壞性。這種歷史和當前事件的日常敘述方式，忽略了America這個名稱涵蓋了兩個大陸[i]，包含了阿根廷人、巴西人、加拿大人、哥倫比亞人、古巴人、多明尼克人、瓜地馬拉人、海地人、牙買加人、墨西哥人、薩爾瓦多人、委內瑞拉人，以及一五〇〇年代歐洲探險家去過許多其他國家的人民。由於傾向於簡化和縮寫（指將美國全名The United States of America簡稱為America），美國人，或者合眾國人（*United Statesians*）……已經忘了美國或合眾國屬於美洲（the United States is of America），不是美洲屬於美國。美國位於北美洲，但已經塑造了中南美洲國家的事實。」[94]

因此，這個論述接著說，美洲大於美國，包含兩個大陸，而美國和它那以白人為多數、和歐洲有關聯的人口——即合眾國人（或美國人）——其實是侵入者。的確，按照卡斯楚—薩拉札和貝格利的說法，「墨西哥裔美國人」比「美國的盎格魯清教徒」，更有權宣稱擁有美國的領土。他們寫道：「說來諷刺，來自墨西哥的無證美國人，擁有雙重美洲身分（美國人和墨西哥人），並且比大多數來自墨

i 譯註：可指美國和美洲。這裡的意思是，美國人以為America指美國，但其實這個字是指美洲。

西哥的美國人，擁有與美洲大陸更強的歷史連結。這意味著在美國的擴張主義剝奪墨西哥半數領土之前的數百年，原住民和歐洲人一起住在現在是美國西南部的土地上。那些認為墨西哥裔美國人威脅到美國人的『盎格魯清教徒』身分的人，沒有忽視這一點：他們擔心『美國歷史上，沒有其他移民群體曾經或者能夠歷史性地宣告擁有美國的領土。墨西哥人和墨西哥裔美國人能夠聲稱擁有美國領土，而且的確這麼做了。』」[95]

當卡斯楚—薩拉札和貝格利使用批判性種族理論來討論他們所說的「來自墨西哥的無證美國人」時，他們說，批判性種族理論認為，「所有的知識都是歷史性的，因此充滿偏見和主觀性。他們的社會批判理論拒絕承認客觀知識的存在，並致力於揭露社會的壓迫性體制。而他們的目的是瞭解這類的體制，以便找出容許受壓迫者得到解放的狀況。」[96]

因此，非法的外國人既不非法，也非外國人，而是「內在殖民主義」（internal colonialism）的受害者——即被征服的群體經由各種途徑被支配和控制，包括使用暴力，以及以更細微的方式攻擊變成次等族群者的文化、語言、宗教和歷史。」[97]因此，許多種族和族群行動主義者，反對並抵制被美國文化同化——美國文化是安格魯清教徒身分的文化，或者白人優勢文化，而他們被教導去徹底地、激烈地藐視這種文化。

那麼，那些拒絕這種意識型態狂熱的拉丁裔美國人怎麼了？卡斯楚—薩拉札和貝格利再度附和馬庫色和他的「壓制性寬容」的理論。他們宣稱：「當被殖民者將殖民主義者的心態內在化，變成殖民的多數派的一部分，這種現象就變得更為複雜了。在一個多元主義和資本主義的民主國家，將壓迫者的心理內在化的人，可能變成殖民結構的一部分，並且支持這個結構的許多行動……。」[98]因此，被美國社會同化的墨西哥裔美國人和其他移民，已經被「殖民的白人多數派」阻撓認知，或者已經效忠於他們。

卡斯楚—薩拉札和貝格利宣告：「內在的殖民主義是一種不平等的多元主義，這種多元主義讓不同的族群和文化共存，但是傳統上，族群的關係遵照一種同化的模式，就像在美國那樣。這也是一種種族主義，優勢文化將被殖民的族群和文化視為外來者和低等者，這就是美國的原住民美國人、非裔美國人、亞裔美國人和墨西哥裔美國人的情況。不管個人是有意還是無意，內在的殖民主義存在於美國，並且顯現在生活的各個層面。……內在的殖民主義與融合的民主社會的觀念相互抵觸，因為一些研究者認為，在融合的民主社會中，政治和經濟的不平等不是暫時的，而是工業和資本主義體制所不可或缺的。優勢的社會群體沒有看出這樣的矛盾，而這一點延長了它們的特權……。」[99]

因此，根據卡斯楚—薩拉札和貝格利，同化和資本主義，助長了被認為是白人主導的社會針對少數派進行的壓迫和不平等的作為。

和他欣然接受批判性種族主義一樣，拜登宣誓就職後，立即簽署了五項行政命令，單方面地改變了移民政策，而這些行政命令都同情並支持「拉美批判性種族理論」運動。例如，他終止了邊界圍牆的建造（後來又繼續建造，但只建造了十三點五英里），結束了川普的內政執行政策，制定了一百天的驅逐出境暫停法令，並且提議赦免沒有合法身分的個人。[100]拜登也終止了川普政府和墨西哥及其他中美洲國家簽訂的協定：將抵達美、墨邊界尋求庇護的人，遣送到三個中美洲國家之一。結果就如支持拜登的《華盛頓郵報》所報導的：「新的總統開始拆除一些（川普政府建立的護欄。僅僅在就職日那天，（拜登）就發布五項有關移民的行政命令，並應許他的移民政策會比他的前任更人性化、更友好。他的政府也開始容許無人陪伴的未成年人進入美國，這項政策明顯地脫離了川普政府的做法……。造成這種邊界狀況（拜登和他的顧問一直拒絕稱之為危機）的原因，是因為雖然拜登政府預先被警告移民將大量湧入，卻仍然沒有做好處理這種狀況的準備，也沒有能力處理這種狀況。政府官員一直飽受混亂的訊息傳遞的困擾，有時這些訊息的請求似乎更加針對自由派的行動主義者，而不是他們必須勸阻進入美國的移民。」[101]

聯邦移民局官員很早就警告拜登和他的權力交接小組，他們的倡議會讓邊界和移民系統陷入混亂，但是拜登忽略這些警告。《華盛頓郵報》報導：「在權力交接時期，美國海關暨邊境保護局（U.S. Customs and Border Protection）的職業官員，嘗試對拜登的小組提出嚴正警告：邊界的危機極可能迅速吞沒國家的處理能力。海關及邊境巡邏隊（Customs and Border Patrol，簡稱CBP）的資深官員，向拜登的權力交接小組進行Zoom簡報，其內容包括：根據國土安全部（Department of Homeland Security）的一位現任官員和兩位前任官員的看法，模擬預測顯示，如果川普的政策突然遭到廢止，抵達美國的無人陪伴之未成年人，將急劇增加。」[102]

這份報告所忽略的，是拜登的決策符合他所訴諸的拉美種族批判性理論運動的移民觀點。壓垮移民系統和邊界安全措施，迫使海關及邊境巡邏隊的許多官員離開邊界執法職位，因而製造了一個敞開而無人把守的邊界。不知有幾千名移民被釋放到我們的國家，他們甚至沒有收到庇護的庭審日期，還有其他移民染上新冠病毒，和其他疾病。因此，拜登政府乾脆藉著行政命令改變移民和邊界的動態，而不是停止為海關和邊境巡邏隊提供資金，這是民主黨內的馬克思主義者和拉美批判性種族理論行動主義者所要推動的政策，但這個政策無法在國會得到足夠的支持票數。

哎，如拉美批判性種族主義所宣揚的，美國主權這種東西實在不存在，因為美洲大於美國，此外，「美利堅合眾國人」其實是入侵者。那些成百、成千地度過邊界的人，是真正的本土美洲人。此外，民主黨期望藉著迎接這個運動而受益，因為它倚賴一波又一波的非法外國人，以及接下來的特赦，作為永久掌權的途徑之一。如皮尤研究中心（Pew Research）所報導的，拉丁美洲選民中，支持民主黨者明顯多於支持共和黨者。[103]

吉姆．克里福頓（Jim Clifton）是蓋洛普公司（Gallup）的執行長，他問道：「以下是每一位領導人都應該能夠回答的問題，不管他們的政治態度為何：還有多少人會來到南部邊界？對此，他們有什麼計畫？拉丁美洲和加勒比海有三十三個國家。大約有四億五千萬成年人住在那個地區。蓋洛普問他們，如果可能，他們是否想要永久地移民到另一個國家。結果高達百分之二十七的人給予肯定的答案。這意味著大約有一億兩千萬人想要移民到別的國家。接下來，蓋洛普問他們，他們想要移民到哪一個國家。在那些想要永久離開自己的國家的人當中，有百分之三十五（四千兩百萬人）說，他們想去美國。那些想要成為美國公民或者尋求庇護的人，正在觀察並決定採取行動的最佳時機，以及最佳途徑。除了針對目前在邊界的數千名移民尋找解決之道，讓我們提出一個更大、更難的問題——所有那些想要來美國的人呢？必須對他們傳達什麼訊息？十年計畫是什麼？三億三千萬美國公民都想知道這些問題的解答，那四億兩千萬拉丁美洲人也是如此。」[104]

這個計畫和批判理論的馬克思主義意識型態有關——即愈多移民愈好，繼續吞沒並瓦解體制，改變國家的政治、人口統計、公民，最終則改變統治系統的本質，而且絕不支持或接受同化。畢竟，巴爾幹化（balkanization）和部落化（tribalization）必然會摧毀任何一個國家。

另一個同樣發展成有力的政治力量的交叉運動涉及性別——批判性性別理論（Critical Gender Theory）。和其他批判理論運動一樣，這個運動的核心宣稱，優勢社會群體和文化從生物學、經驗、科學和規範性的事實來看性別，它們一直在壓迫LGBTQ社群[i]，這個社群將性別視為一種社會建構，在這種建構中，主導的看法被視為特定時候享有特權的現狀的觀點和傳統。因此，幾乎所有傳統的性別和性的二分法，以及相關的道德信念，都被視為壓制性的、偏執的，以及不公平的。

此外，過去數十年，「生物性別」（sex）和「社會性別」（gender）之間的區別已經形成。歷史上，不論就理解或使用而言，這兩者是可以互換的。然而，情況改變了。博伊西州立大學（Boise State University）的政治學教授史考特·耶諾爾（Scott Yenor）寫道：「今日，許多美國人接受了一個世代以前被視為不可思議的觀念：性別是人造的，是社會建構物，每一個人都可以自由地選擇性別。這個觀念——生物性別可以任意地和社會性別區分開來——源自一九五〇年代至一九七〇年代一些頗具影響力的激進女性主義者論述。他們的理論的前提引入了跨性別主義（transgenderism）的新世界。過去驚世駭俗的理論，已經變成今日可以接受的標準，而且以後還會改變。然而，這個新世界是否將被證明適合人類的蓬勃發展，仍然有待觀察。」耶諾爾提出解釋，現在，「人類的認同不是由人的生物學、基因或教養來決定，而是人如何看待自己的產物。根據這種觀點，人類是無性別的，被困在某個性別的身體裡，但不必遵照先前的性別腳本行事。哲學家羅傑·史克魯頓（Roger Scruton）寫道：『找不到鮮明的例子證明，人類決心為了道德觀念，來戰勝生物性的命運。』」[105]

的確，我們被告知，生物性別和社會性別的傾向，比我們以往所想的更加複雜。艾瑞克·韋蘭恩（Eric Vilain）博士是加州大學洛杉磯分校的性別生物學中心（the Center for Gender-Based Biology）的主任，他在這個中心研究性別發展和性別差異的遺傳學，而他說：「人們往往沒有察覺生物性別和社會性別的生物學複雜性。他們傾向於根據外表，或者按照一個人所攜帶的性染色體，以二分法為生物性別下定義——不是完全男性，就是完全女性。然而，儘管生物性別和社會性別似乎可以區分為二，實際上二者之間存在著有許多中間狀況。」[106]

學術界、公司、媒體，甚至眾議院，正在採用言語規範（speech code），來消除男性和女性的代名詞區別。在眾議院，「他」或「她」變成了「委員」（Member）、「代表」（Delegate），或「駐地專員」（Resident Commissioner）。「父親」（father）、「母親」（mother）變成了「為人父母者」（parent），而「兄弟」（brother）和「姐妹」（sister）變成了「手足」（sibling）。[107] 然而，和媒體一樣，南西·佩洛西（Nancy Pelosi）經常驕傲地提醒我們，她是眾議院的第一位女議長。

ABC新聞報導，臉書不只容許使用者選擇使用「他」（him）、「她的」（her）和「他們的」（their），

i 譯註：即男、女同性戀者、雙性戀者、跨性別者，以及酷兒。

也容許他們選擇使用五十八種另外的性別表示選項：「無性別（Agender）、雌雄同體（Androgyne）、雌雄同體的（androgynous）、雙性別（Bigender）、順性的（Cis）、順性別（Cisgender）、順性女性（Cis Female）、順性男性（Cis Male）、順性男人（Cis Man）、順性女人（Cis Woman）、順性別女性（Cisgender Female）、順性別男性（Cisgender Male）、順性別男人（Cisgender Man）、順性別女人（Cisgender Woman）、女性跨男性（Female to Male）、女跨男（FTM）、性別流動（Gender Fluid）、不符合性別常規（Gender Nonconforming）、性別質疑（Gender Questioning）、性別變體（Gender Variant）、性別酷兒（Genderqueer）[i]、間性人（Intersex）、男性跨女性（Male to Female）、男跨女（MTF）、非男非女（Neither）、中性（Neutrois）、非二元性別（Nonbinary）、其他（Other）、泛性別（Pangender）、跨（Trans）[ii]、非順性別〔Trans*——包括跨性別（Transgender）、變性（Transsexual）、性別酷兒（Genderqueer）、跨男（Transman）、跨女（Transwoman）等類別〕、跨女性（Trans Female）、非順性別女性（Trans* Female）、跨男性（Trans Male）、非順性別男性（Trans* Male）、跨男（Trans Man）、非順性別男人（Trans* Man）、跨人（Trans Person）、非順性別者（Trans* Person）、跨女（Trans Woman）、非順性別女人（Trans* Woman）、跨性女（Transfeminine）、跨性別（Transgender）、跨性別女性（Trans gender Female）、跨性別男性（Trans gender Male）、跨性別男人（Trans gender Many）、跨性別者（Transgender Person）、跨性別女人（Transgender Woman）、跨性男（Transmasculine）、變性（Transsexual）、變性女性（Transsexual Female）、變性男性（Transsexual Male）、變性男人（Transsexual Man）、變性人（Transsexual Person）、變性女人（Transsexual Woman），以及雙靈魂（Two-Spirit）。」[108]然而，不只臉書採取這種措施。

和批判性種族理論以及拉美批判性種族理論的情況一樣，就職後數小時，拜登就簽署一份行政命令，恢復歐巴馬時代的一項批判性性別政策。這項政策聲明：「所有的人都應該根據法律得到同等的對待，不管他們的性別認同或性傾向為何。這些原則反映在應許法律的平等保護的憲法裡，也被寫入我們國家的反歧視法裡，包括經修正的一九六四年民權法案第七條（42 U.S.C. 2000e seq）。」[109]

然而，一九六四年的民權法案並未談到「性別認同」或「性傾向」。這項法案禁止公共住宿和聯邦資助之計畫的歧視做法，並且禁止因為種族、膚色、宗教、性別或出生國，而實施就業歧視。因此，因為某人的性別而歧視某人，已經違反了聯邦法。

事實上，《國家評論雜誌》（*National Review*）的編輯寫道：「拜登……明確地展開他的政府在每一個生命領域制定跨性別意識型態的計畫，這些領域包括學校、更衣室、運動隊、醫療照顧和收容所。」此外，「行政命令指示『各機構的負責人』審查所有出現禁止『性別歧視』的現有之規定，並且根據最高法院二〇二〇年夏天在波斯塔克訴萊頓縣（*Bostock v. Clayton County*）一案中做出之裁決，來應用有關『根據性別認同或性傾向而進行歧視的禁令』。簡單而清楚地說，這太過分、太越界了。在波斯塔克訴萊頓縣一案中，法庭明確地將其裁決局限在一九六四民權法案第七條，聲明其他諸如『浴室、更衣室和其他這類事物』的『政策和實踐』」，是『涉及未來案件的問題』。相形之下，拜登的行

i 譯註：指不單純歸屬男性或女性。
ii 譯註：即Transgender（跨性別）之縮寫。

政命令採用波斯塔克訴萊頓縣的謬誤推理（因『性別認同』而出現的歧視，必然『導致因性別而出現的歧視』），並將它應用在『任何其他禁止性別歧視的法令或規定。』」[110]

除此之外，拜登的教育部在兩件最高法院前的訴訟中，改變了立場，翻轉了川普政府對於女性運動的支持——一件在康乃狄克州，另一件在愛達荷州。在這兩個州，女性中學運動員提起訴訟，想要制止自認是女性，但生物特徵為男性的運動員，參加女子運動的比賽。因此，批判性性別理論擊敗了科學，也擊敗了中學女子運動的誠實性。

在另一項行政命令中，拜登「在總統行政辦公室內，建立了一個白宮性別政策委員會（White House Gender Policy Council）」，而且這個委員會擁有廣泛而深遠的權威。它被賦予徹底的權力，能夠「協調聯邦政府促進性別公平和平等的努力」。再次說明，平等和公平是兩回事。公平是一種結果或結局，而追求公平往往需要不平等地對待個人或團體，例如破壞生物特性為女性者的中學運動，以便追求自認為女性、但生物特性為男性者的運動員的「公平」。雖然如此，這個委員會被用來執行有關性別認同和性傾向的批判性性別理論運動的目標。[111]

拜登政府的這些指令和行動是否適用於美國兒童？根據人權戰線組織（Human Rights Campaign），答案是肯定的。這個組織在它的網站的一個標題為「跨性別兒童和青少年」的部分，做出如下的聲明：

> 兒童並非天生就知道成為一個男孩或女孩意味著什麼；他們從父母、較大的孩子和身邊的其他人

明白這件事。這個學習過程很早就開始了。當一位醫生或其他醫護人員根據觀察新生兒外在的生殖器官，宣布『是個男孩』或『是個女孩』，這個孩子的周圍世界就開始教導這些事。不管這是指區分藍色衣服和粉紅色衣服，『男孩的玩具』和『女孩的玩具』，或者告訴小女孩她們很漂亮，以及告訴小男孩他們長得很壯。這種情況持續到青春期和成年期，這時候，社會對於男性和女性的表現和行為的期待往往變得更加僵化。然而，性別不單單存在於這種二元的說法；性別比較像是一種光譜，所有個人的表現和認同，都帶有不同程度的男性和女性特質。跨性別者按照這個光譜認同自己的性別，但也認同了一種不同於他們出生時被指定的性別。[112]

米雪兒．克雷特拉（Michelle Cretella）醫學博士，是美國兒科醫生學院（American College of Pediatricians）的執行長，這個學院是一個兒科醫生和其他致力於保護兒童健康及福祉的醫護專業人員的全美組織。蜜雪兒．克雷特拉不同意上述人權戰線組織的說法，她說：「跨性別意識型態不只影響了我們的法律，也侵入我們當中最天真無邪的孩童的生命，而這個意識型態顯然愈來愈受到職業醫護社群的支持。」[113]她提出補充：「今日那些推行認可性別轉換的機構，是在逼迫孩童模仿異性，讓許多孩子去使用青春期阻斷劑（puberty blockers），去絕育，以及割除健康的身體器官，並讓他們遭受無數心理傷害。」[114]

這和馬克思主義有什麼關係？首先，回想馬克思對核心家庭的攻擊。如威利線上圖書館（Wiley Online Library）所描述的：馬克思主義式的女性主義，是一種從馬克思主義（尤其是從馬克思主義批評資本主義是一套助長剝削勞工、疏遠人類、貶低自由的架構、慣例、制度、誘因和感覺），獲得理論方位的一種女性主義理論和政治學。對於馬克思主義式的女性主義者而言，女性的授權和平等，無法在資本主義的架構中完成。馬克思主義式的女性主義，不願將『女人』視為一個有著相似之利益和目標的獨立運作的團體。因此，馬克思主義式的女性主義，將自己和其他模式的女性主義思想及政策區分開來，而其方式則包括批判性地、系統性地關注社會的經濟組織（包括階級上的分層），拒絕在不顧階級的情況下，給予『女人』個別而特別的地位，致力於推翻資本主義，並且和勞工階級以及貧窮的婦女結盟。」[115]

《國際社會主義》（*International Socialism*）季刊的網站提出解釋：「生產力量和關係的發展，曾塑造——並以不同的方式持續塑造——生物學對於女人地位的影響，以及女性受壓迫的發展。生產力量和家庭結構的關聯不是機械性的——每一種新的結構都是建造在之前的結構上，也受到競爭之階級之間的鬥爭的影響。」……「歷史唯物主義強調女人（以及後來的跨性別者）受壓迫的出現及發展的特殊歷史環境。它讓我們能夠觀察生物和社會之間的相互作用。重點不是去問為什麼變性人存在，而是無條件地捍衛他們的性別認同的權利。」[116]

蘿拉．麥爾斯（Laura Miles）是《跨性別者的反抗：社會主義以及為跨性別的解放爭戰》（*Transgender Resistance: Socialism and the Fight for Trans Liberation*）一書的作者，也是《社會主義評論》（*the Socialist Review*）雜誌的撰稿人，她「認為跨性別者受壓迫的起源，是新興之核心家庭內的性別角色變得更僵化，而核心家庭大約出現於生產力的另一次大轉變之時——即工業革命之時。女人、孩子和男人一起被拉到新工廠，在惡劣的環境中工作，導致嬰兒死亡率大幅度升高。統治階層需要未來勞力的牢靠供應，而某部分的統治階層看出，這種供應受到了威脅。」[117]

即使有人不接受這和經典的馬克思主義歷史唯物論及階級理論有直接關聯，或相似處（如其他批判理論運動那樣），兩者的關聯仍然不可辯駁。這些運動據說是從馬克思主義意識型態發展出來的，或者按照馬克思主義意識型態製造出來的。的確，那就是馬庫色的改寫的基礎。

如果我沒有至少簡短提及一個事實，那就是我的疏忽：孩童正被拉入這些運動中，而且正在「被設定」。娜塔莉・傑西恩卡（Natalie Jesionka）在《華盛頓郵報》中寫道：「在黑命貴和『我也是』（#MeToo）運動期間，許多父母都不知何時才是和孩子談論社會正義的正確時機。專家們說，做這件事不嫌早，新一波的工具和資源可以幫助他們展開交談。你可以報名參加有助於瞭解性別和人格性（personhood）……的音樂班。談論性別的兒童活動「變裝皇后故事時間」（drag queen），很快就會變成一個電視節目。有愈來愈多的兒童圖書討論歧視和壓迫因素的交叉性，並擴展說明及介紹的方式。還有閃示卡（flashcards）及短片教導父母及幼兒反種族主義的思想。」[118]「莉・威爾頓（Leigh Wilton）和潔西卡・蘇利文（Jessica Sullivan）是斯吉德莫爾學院（Skidmore College）的心理學教授，研究種族和社會互動。他們說，孩童早在三個月大時，就發展出隱含的偏見，在四歲時，就能夠分類並養成成見。」[119]

〈性意識型態的思想灌輸：平等法案對於學校課程和父母權利的影響〉（“Sexual Ideology Indoctrination: The Equality Act's Impact on School Curriculum and Parental Rights”）是發表在美國傳統基金會的一

篇論文，在此，作者安德莉亞・瓊斯（Andrea Jones）和艾密莉・高（Emilie Kao）就批判性性別理論提出解釋：「最近幾年，行動主義者團體對立法者和教育家進一步施壓，要求在學校教導激進的男、女同性戀、雙性戀和跨性別意識型態。他們辯稱，若要讓那些自認為同性戀或跨性別者受到包容，不被歧視，就需要徹底修訂課程。美國和世界各地的學校，都嘗試實施一種教導學生非科學性看法的課程：性別是流動的、主觀的，而有關婚姻及家庭的傳統看法都根植於偏見。」[120]

行動主義已逐漸侵入各州的教室：「在美國各地，五個州和華盛頓哥倫比亞特區，已經開始命令學校在性教育和歷史方面，教導性傾向和性別認同（SOGI）的課程，而其他十個州則明確禁止這種課程。倘使國會制定一條聯邦法（即『平等法案』），就會侵占各州在這個問題的權力，並破壞父母的權利。」[121]

瓊斯和高指出，強大的「人權戰線組織（一個主要的行動主義者組織）已經宣稱，LGBT學生『在美國各地一直無法獲得平等的教育機會』，並且明確地比較了民權法案對於種族、性和出生國這類特徵的保護。」[122]

我想說明，一般而言，我相信這個箴言：「自己活著，也讓別人活著」（Live and let live）。然而，這項運動的許多行動主義者，都直言不諱地提倡批判性理論，並在有關孩童和美國武裝部隊方面，擴大要求將他們的看法強加在社會和文化的其他層面，包括教室，而且如有必要，就動用政府和法律的力量。因此，與其說這是關於寬容，不如說是關於思想灌輸、服從，以及廣泛制定一種要求贊同的議程。此外，這些團體和其他批判理論運動的交叉關係，以及它們的馬克思主義根源，是不可否認的。

批判理論運動是德國馬克思主義者創立並發展出來的，其中的主要人物是已故的赫伯特・馬庫色，而我們應該可以看出，在橢圓形辦公室、國會廳、大學和學院的教室、公立學校、公司會議室、媒體、大科技界以及娛樂界，這種運動的影響力大於亞里斯多德、西塞羅（Cicero）、約翰・洛克（John Locke）、孟德斯鳩、亞當・史密斯、約翰・亞當斯、湯姆斯・傑弗遜、詹姆斯・麥迪森，以及其他許多對文明和人道世界做出重大貢獻者的天賦及作品。在文化界，這種運動愈來愈具影響力，並且經常以犧牲猶太教和基督教共有的價值觀和啟蒙時代的教訓為代價，雖然這些價值觀和教訓支撐著最寬容、自由和仁慈的社會——尤其是美國。似乎無窮無盡的受壓迫的個人和團體的交叉網，正執著地致力於改變並推翻美國共和制和美國社會（即優勢文化和它據說是充滿壓制性的制度），並且在撕裂這個國家。當然，這並不是說，和這些運動有關的每一個個人或團體，或者他們明言的目標，都蓄意地成為這種叛亂或革命的一部分。無疑地，許多人不熟悉他們當中那些狂熱的領導人、組織者和行動主義者的終極目標和動機。雖然如此，他們仍然助長了批判理論極具毀滅性和革命性的目標和目的。

第五章　「氣候變遷」的狂熱

許多傑出的學者和哲學家已經針對資本主義提出各種詮釋。然而，一個簡明、有用，並且適合本書宗旨的定義，是來自經濟學家喬治・雷斯曼（George Reisman），他也是佩柏戴恩大學（Pepperdine University）的榮譽教授和作家。

雷斯曼在他的著作《資本主義》（*Capitalism*）裡提出解釋：「經濟活動和經濟制度的發展，並非發生於真空狀況。它們深受人們的基本哲學信念的影響。明確地說，資本主義制度的發展，以及生產水平上升到過去兩百年所達到的標準，成為人們接受這種擁護理性的世俗哲學的前提。的確，在它基本的發展中，資本主義制度，以及隨之而來的經濟發展，代表了人類生命權（right to life）的落實……。只要人們可以自由行使生命權，並且選擇行使生命權，資本主義就是一種可以發展的經濟體制……。事實上，資本主義的制度，代表人類理性去為人類生命服務的一種自我擴展的權力。隨之而來的逐漸豐裕的商品，是人們藉以擴展和享受生命以及實現生命目的的物質手段。資本主義的哲學必要條件，就是人類生命權的認可和落實的哲學必要條件。」[1]

海耶克（F. A. Hayek）是一位經濟學家、社會理論家、哲學家、教授，以及一九七四年諾貝爾經濟獎得主。在他的著作《致命的自大：社會主義的謬誤》（*The Fatal Conceit: The Errors of Socialism*）裡，他提出解釋，雖然資本主義經濟裡的人和制度使用理性，去做出直接影響他們的決定，「但若要瞭解我們的文明，就必須明白，延伸的秩序，並非出自人類的設計或意圖，而是自發性的：出自無意中遵守某種多半為道德性的傳統常規。而人們多半不喜歡這些常規，經常不瞭解這些常規的意義，並且無法證實這些常規的正當性。然而，這些常規仍然靠著發展的選擇迅速擴展開來。……也許這個過程是人類發展最不受讚賞的一面。……市場指令（market order）和社會主義之間的爭論，將摧毀當前的一大部分人類，並讓其餘的人陷入貧窮。……我們製造並獲得的知識及財富，多餘中央管理的經濟所能獲得或使用的知識及財富，雖然支持中央管理的經濟者宣稱，這種經濟完全按照『理性』運作。因此，社會主義的目標和計畫，其實無法達成或執行，而且它們在邏輯上也碰巧……是不可行的。」[2]

密爾頓．弗里曼（Milton Friedman）是一位經濟學家、哲學家、教授，以及一九七六年的諾貝爾經濟獎得主，他也解釋了經濟自由和政治自由之間，密不可分的關係：「許多人相信，政治學和經濟學是分開的、多半沒有關聯的，個人自由是一種政治問題，物質福利是一種經濟問題，而任何政治制度，都可以和任何經濟制度結合在一起。這種想法在當代的主要表現，就是鼓吹『民主社會主義……』。」弗里曼將這種觀點斥為「妄想」。他說：「經濟學和政治學之間，存在著親密的關聯，唯有某種政治和經濟制度的結合才是可行的，而就保障個人自由而言，一個社會主義社會，不可能是民主社會。經濟制度在促進社會自由中，扮演了雙重角色。另一方面，經濟制度裡的自由，本身就是廣泛被理解的自由的一個構成要素。因此，經濟自由本身就是一個目的。其次，經濟自由也是獲得政治自由一種不可或缺的手段。」[3]「被視為獲得政治自由的手段時，經濟制度十分重要，因為它影響了權力的集中或分散。直接提供經濟自由的經濟組織（即競爭性的資本主義），也促進了政治的自由，因為這種經濟組織將經濟權力和政治權力分開來，因而使得前者能夠彌補後者。」[4]「歷史暗示，資本主義是政治自由的必要條件。」當然，「同時存在著基本上為資本主義的經濟制度以及不自由的政治制度，也是可能的。」[5]

除了美國人所享有的自由（這種自由逐漸受到本書所討論的運動的威脅），資本主義也為大多數人創造了一種古今任何其他社會無法相比的生活水平。我們必須盤點這種卓越的經濟制度為人類生活帶來的巨大好處。的確，我們在這方面需要提醒，就強調了這些好處的普遍性。在這方面，雷斯曼寫道：「工業化文明生產了世界歷史上最豐盛和最多樣的食物，也製造了將食物帶給每一個人所需的儲存和運輸系統。這種工業化文明已經生產了了世界歷史上最豐足的衣服和鞋子，以及住房。也許某些國家的某些人會挨餓，或無家可歸……，但是當然，在工業化國家，沒有人會挨餓，或無家可歸。工業化文明也生產了鐵管和鋼管、化學淨化和抽水系統，以及鍋爐，這一切使得人人隨時可以取得或熱或冷的安全飲用水。工業化文明也生產了了汙水處理系統和汽車，這些發明清除了城市和鄉鎮的人類及動物排泄物。工業化文明也製造了疫苗、麻醉劑和抗生素，以及其他當代的『神奇藥物』，還有各種改善的診斷及手術新設備。這是公共衛生及醫療上的巨大成就，這一切以及改善的營養、衣服和住房，終止了瘟疫，並且幾乎大大降低每一種疾病的發生率。」[6]

喬治．雷斯曼也寫道：「由於工業化文明，不只多了幾十億人存活下來，在先進國家，他們的生活水平，也遠遠超過以前的國王和皇帝，而就在幾個世代以前，這種生活水平被認為只可能存在於科幻世界。只要轉動一把鑰匙，踩一下踏板，碰碰方向盤，他們就能以每小時六十英里的速度，開著神奇的車子上公路。只要按一下開關，他們就能讓一間黑漆漆的房間變亮。只要碰一碰按鈕，他們就可以觀看發生在一萬英里以外的事件。只要碰一碰其他幾個按鈕，他們就可以和鎮或世界另一邊的人談話。他們甚至可以坐在飛機上，在四萬英尺的高空，以每小時六百英里的速度穿過空中，並在舒適的空調中看電影，啜飲馬丁尼。在美國，大多數人都可以享受這一切。此外，他們還有寬敞的房子或公寓、地毯暖氣、空調、冰箱、冷凍庫、瓦斯爐或電爐，以及收藏數百本書、唱片、CD和磁帶錄音的個人圖書館。他們可以擁有這一切，也可以擁有長壽和健康，而這是他們一週工作四十小時的結果。」[7]

相反地，一九七〇年代所謂的環保運動，已經發展成另一種攻擊美國的立憲共和主義（constitutional republicanism）——當然還有資本主義——的手段。從乾淨的空氣和乾淨的水，到全球冷化或暖化或氣候變遷，這些努力背後的許多知識分子領導人的目標，一直是藉由環保主義的偽裝，來引入馬克思主義的思想和目標，而這種偽裝包括促成經濟衰退、激進平等主義和專制統治的綠色新政（the Green New Deal）。然而，這項運動的擴展已經超越這些，幾乎納入了被民主黨欣然接受的美國馬克思主義的每一個受到議程驅使的計畫性目標。此外，環保運動的發展，已經使得它和其他以馬克思主義為中心的意識型態和運動之間，出現許多重疊領域。這包括藉由環境正義展開的批判性種族理論，而這種理論宣告一種針對少數社群的環境種族主義的存在。這項運動的一些主謀堅稱，在建立他們的去成長烏托邦主義（degrowth utopianism）中，馬克思主義做得還不夠，因為他們想像生活在一種永遠的自然狀態，而在這種狀態中，生產力、成長和物質的取得，對於人類的靈魂都是有害的。當然最後，這一切都將導致某種壓制和專制形式的產生。

在這個枯燥、以馬克思主義為中心或類似馬克思主義的混合運動的核心，就是「去成長運動」（degrowth movement）。人類消耗太多東西，也製造太多東西，而應該受到責怪的，是資本主義和美國。同樣地，在那些以某方面為攻擊目標的運動之內，還有各種不同的運動，但是，它們都有一些基本信條。解釋這件事的最佳方式，就是揭露一些為首的運動擁護者所說的話。

費德瑞科・迪馬利亞（Federico Demaria）、法蘭索瓦・施耐德（Francois Schneider）、費爾卡・塞庫洛瓦（Filka Sekulova），以及瓊・馬丁─艾利爾（Joan Martin-Alier）是去成長運動的領導人，他們在〈何謂去成長：從行動主義口號到社會運動〉（"What Is Degrowth: From an Activist Slogan to a Social Movement"）這篇文章中寫道：「去成長是二十一世紀之初發起的運動，這是一項生產及消費的自願性社會收縮計畫，以社會及生態的永續性為目標。去成長迅速成為一種反對經濟成長的口號，並且發展成一種社會運動。……永續發展是一種建立在錯誤共識上的概念，和永續發展不同，去成長運動並不希望被聯合國、經濟合作暨發展組織（Organization for Economic Cooperation and Development），和歐盟執行委員會（European Commission），當作一種共同的目標來採納。『社會的永續去成長』的觀念，或簡稱為去成長的觀念，是以一種激進改變的提議產生的。新自由主義式的資本主義（neo-liberal capitalism）的當代背景，以一種後政治的狀況出現，意味著一種排除政治、制止某些需求政治化的政治結構。在這種背景之內，去成長運動嘗試將有關急需的社會及生態改變的辯論重新政治化，確認它不同意當前世界的描述，並且尋找替代的描述。……去成長運動……挑戰『綠色成長』或『綠色經濟』的觀念，以及一種聯合看法：經濟成長是政治議程中，一種可取的途徑。……去成長運動不只是一種經濟概念，也是一種由大量的關注、目標、策略和行動構成的架構。故而現在，去成長運動已經變成各派批判性觀念和政治行動交會的一個匯合點。」[8]

因此，這項運動的目標，是逆轉工業革命帶來的大規模經濟進步——工業革命創造了龐大而充滿活力的中產階級，以及無數技術、科學和醫療的進步，而這些進步已經大大改善了人類的狀況。

這四人繼續說：「去成長運動已經發展成一種社會運動的詮釋架構，被理解成行動者藉以參與集體行動的機制。舉例來說，反汽車和反廣告的行動主義者、自行車騎士和行人權運動者、有機建築的擁護者、城市雜亂擴展的批判者，以及太陽能和區域貨幣（local currency）的支持者等，已經開始將去成長運動，視為一種適合描述他們的世界觀的共同描述架構。」[9]

這些烏托邦想像出來的社會運動，會將美國拖入一種倒退的、貧窮的社會，一種充滿廣泛經濟和社會混亂的社會——一種停止進步的工業化之前的環境，因為這就是目標。這種環境反汽車（流動性）、反廣告（言論）、反現代農業（充足的食物）、反化石燃料（充足的能源）。我們納悶，科學和醫學的進步呢？它們將如何發展，並廣泛地用來造福一般民眾？一般而言，和馬克思主義一樣，這個運動是建立在理論和抽象觀念上，倘使強迫性地應用在真實的世界，尤其是應用在一個普遍成功和進步的社會，將為民眾帶來災難。此外，經驗顯示，那些有名、有錢、有勢的人，將繼續過著資本主義創造出來的奢侈生活。

這四人寫道：「去成長運動也提出一種詮釋性的結構診斷：社會和環境危機這類迥然不同的現象，和經濟成長有關。因此，去成長運動的行動者是『預示性的媒介』（signifying agent），提出異於主流所捍衛的意義的替代性意義，或爭論性意義……，往往帶有強烈烏托邦色彩的預後（prognosis）[i]尋求解決之道，並且假設了新的社會模式。這個過程超越實際目標，打開了行動的新空間和新前景。和預後有關的策略往往十分繁多。就方法而論，可能有替代方式的營造，以及反對力量的研究。而涉及資本主義時，這些方法可能是『反資本主義』、『後資本主義』，以及『不管資本主義（despite capitalism）』。」[10]

現在你瞭解了。對於這個雜亂、流傳甚廣的運動背後的許多「環保」知識分子而言，目標就是製造各種試圖摧毀資本主義制度的次運動。如我在二〇一五年的書《掠奪與欺騙》（*Plunder and Deceit*）所解釋的：「去成長運動試圖消滅能源的碳源，並按照他們認為公平的方式重新分配財富。他們拒絕傳統的經濟事實，這種事實承認成長改善了一般人（尤其是貧困者）的生活狀況。他們鼓吹『減少競爭、大規模重新分配，以及分享並減少過多的收入及財富』。去成長運動支持者想要提出的政策，將設定『最高的收入，或最大限度的財富，來減少作為消費主義發動機的嫉妒，並且打開邊界（無邊界），以減少維持貧、富國家之間的不平等的方式』。他們也要求賠償，而方式就是支持『一種生態

i 譯註：原是醫學術語，指根據病人狀況預測未經治療後可能的結果。

債務（ecological debt）的概念，或者要求北方國家（Global North）[i]為過去和現在對於南方國家（Global South）的殖民式剝削付出代價』。」[11]去成長運動支持者也要求政府建立一種維生工資（living wage），並將每週工作時間降至二十小時。[12]

塞吉．拉圖什（Serge Latouche）是巴黎第十一大學（the University of Paris-Sud）的法國經濟學榮譽教授，也是去成長運動的領導人之一。「在一九七〇年代，塞吉．拉圖什在南非住了數年，針對傳統的馬克思主義進行了廣泛的研究，並以『進步和發展』為基礎，建立了他自己的意識型態。他是去成長理論的先鋒之一。」[13]拉圖什強調一種烏托邦式的教義，而即使馬克思主義，都無法達到這種教義的標準。在《再會了，成長》（*Farewell to Growth*）這本書裡，他宣告：「我們沒有停留在資本主義的具體批判上，因為我們認為，說明顯而易見的事實是沒有意義的。這種批判多半是卡爾．馬克思提出的。然而，批判資本主義是不夠的：我們也必須批判任何成長的社會，而這正是馬克思沒有提供的東西。批判成長的社會暗示著批判資本主義，但是批判資本主義未必是批判成長的社會。資本主義（不管是新自由主義式的資本主義或其他）以及生產力主義式的社會主義（productivist socialism），都是同一個成長社會的計畫的變體，這種計畫是建立在生產力的發展上，而生產力據說會促進人類朝進步的方向邁進。」[14]

換句話說，甚至不拒絕創造財富、但攻擊生產和分配方式的馬克思的意識型態方法，都未能達到目的。雖然消滅資本主義並鼓吹重新分配及平等主義是重要的目標，但是，顯然蓬勃的經濟生產及物質主義本身，是更大的問題。

拉圖什寫道：「由於無法結合生態上的限制，馬克思主義對於現代性的批判仍然極其含糊。資本主義經濟受到批判和譴責了，但它所釋放的力量的成長，被描述成『有生產力的』（即使這些力量同樣具有破壞性）。最後，從生產、工作和消費這三者來看，成長被認為具有各種或幾乎每一種優點，即使從資本累積來看，它被認為應該為每一種禍害負責……。基本上，去成長運動是反資本主義的，而主要原因不是它譴責資本主義的矛盾，以及生態及社會的限制，而是它挑戰了資本主義的『精神』。……廣義的資本主義不可能不摧毀地球，就像它摧毀社會及其他一切集體性的事物一樣。」[15]

在這方面，當然拉圖什的確指出馬克思主義的一個重大瑕疵：雖然馬克思攻擊資本主義，但他並未放棄隱含在資本主義的成長及生產力。與此同時，對於拉圖什而言，馬克思的激進主義的明顯荒謬處，就是他宣稱或推論經濟退化，可能以某種方式在沒有人類退化的情況下發生，而民眾會以某種方式，心甘情願地參與自己的經濟及生活方式的降級。

拉圖什進一步寫道：「較之以往，發展更可能為了一種抽象、解疆域化（deterritorialized）的福祉，而犧牲人和他們具體的地方性福祉。這種犧牲是為了向一群虛構、無形的人致敬，而且當然，它的成功有利於『開發者』（交易的公司、政客、技術官僚和黑手黨）。現在，唯有當大自然、未來的世代、消費者的健康、賺取工資者的工作環境承擔代價時，尤其是當南方國家承擔代價時，成長才是一件有利可圖的事。這就是我們必須放棄成長的想法的原因。……所有現代的政權都是生產力主義政權：共

i 譯註：指北美、歐洲以及亞洲一些發達國家。

和、獨裁、專制體制，不管它們的政府屬於右派或左派，也不管它們屬於自由主義、社會主義、民粹主義、社會自由主義、社會民主主義、中間派、激進派，或共產主義。它們都假定，經濟成長是它們的體制的一塊無可非議的基石。必要的方向改變，不是一種只能靠選舉產生新政府來解決的改變，或者只能靠新的多數派的選票來解決的改變。所需要的，就是一種更加激進的東西：一場在新的基礎上重建政治的文化革命，僅此而已。……因此，去成長計畫是一種烏托邦，或者換句話說，是一種希望和夢想的來源。它絕非代表遁入幻想，而是嘗試探索實行的客觀可能性。」[16]

拉圖什和他的同類將這項計畫說成是「具體的烏托邦主義」。當然，它完全談不上具體。的確，他說不管治理的政權是什麼，它們都是「生產力主義者」。多半時候，他沒有討論有多少人口需要餵飽肚子（一種從田地到餐桌的極端複雜的商業企業），更遑論有多少人口能夠獲得醫療和新發明的幫助，例如解救生命的疫苗和治療。當這件事偶爾被拿出來討論了，也是以一種抽象、甚至幼稚的方式進行的。

雖然如此，不管拉圖什如何嘗試，對於許多行動主義者而言，無可辯駁地，這項生態極權主義運動背後的促進者，就是馬克思主義。邁阿密大學政治學教授喬治．岡札勒斯（George A. Gonzalez）在他的論著《都市雜亂擴展、氣候變遷、石油枯竭，以及生態馬克思主義》（*Urban Sprawl, Climate Change, Oil Depletion, and Eco-Marxism*）中寫道：「美國都市區的雜亂擴展是世上最嚴重的……。唯有在卡爾．馬克思所建立的政治經濟架構內，都市的雜亂擴展才能完全被理解。若要瞭解大量使用化石燃料（都市之雜亂擴展的對應物）如何大大造成石油枯竭，以及最近的全球暖化趨勢，就必須瞭解馬克思的價值和租賃的概念。這種論點和生態馬克思主義的一個論點一致：馬克思和恩格斯的著述，包含了對於資本主義的一種透徹的生態性批判。」[17]

因此，對於岡札勒斯而言，馬克思的意識型態著述，提供了「對於資本主義的一種透徹的生態性批判」。對於拉圖什而言，這些著述完全缺乏生態上的考量，並且採用和生產及成長有關的資本主義目標。然而，對於兩者而言，敵人都是經濟上的進步。

岡札勒斯寫道：「都市的雜亂擴展是一九三〇年代在美國部署的，這是從經濟大蕭條中，復興美國資本主義的一種途徑。都市區的雜亂擴展，大大增加了汽車和其他耐用消費品（consumer durables）的需求。這種使用都市雜亂擴展來增加經濟需求的做法，和馬克思一項論點一致：資本主義內的需求容易受外界影響，並且是為了增加社會勞動力所製造之商品和服務的消費，而被推動的。對於社會勞動力的剝削，就是資本主義財富的基礎。」[18]

我們納悶，究竟在「都市雜亂擴展」的「部署」背後，藏著什麼邪惡的主謀？個人從農場到城市的大規模移動，以及移民進入城市的移動，不是關於「部署」人民去解救資本主義。人們出於經濟需要，而遷移到人口集中地，從而進一步增加城市的人口——換句話說，人民遷移到城市是為了找工作，創業，住在相同的族群當中，或者是為了許許多多其他利己的、可以理解的原因。這和「部署」人民及資源無關。

而且毫無疑問地，這項運動的目的，就是廢除或癱瘓資本主義經濟制度，以及不可避免地廢除或癱瘓立憲共和主義，和它對於個人主義及私有財產權的強調。喬哥斯・卡利斯（Giorgos Kallis）是一位希臘生態經濟學家，也是巴塞隆納自治大學的環境科學和技術研究中心（ICTA-Universitat Autonoma de Barcelona）的加泰隆尼亞研究和進修機構（ICREA）研究教授，而他在美國的生態激進分子當中，具有極大的影響力。卡利斯在他的著作《為去成長辯護》（*In Defense of Degrowth*）中提出解釋：「永續的去成長被定義為公平地縮小生產和消費的規模，以增加人類的福祉，並強化生態狀況。在去成長運動所預想的未來裡，社會生活在它們的生態方法裡，有本地化的經濟，能夠藉由新型的民主機構更加平均地分配資源。……物質的累積不再於文化的想像中占據中心地位。被視為最重要的，不再是效率（efficiency），而是對於充足（sufficiency）的強調。規劃的原則將是簡樸、愉悅，以及分享。創新的目的不再是為了追求新科技而發展新科技，而是為了創造社會及科技的新布置，使得愉悅和簡樸的生活成為可能。」[19]

我們會再度納悶，卡利斯是否幻想著某種一九六〇年代的美國及國際嬉皮公社？然而，我們也納悶，這種「極樂世界」的境界將如何發生，以及如何持續——這就是說，一般而言，按照個人和人類的本性，這會需要強迫性的思想灌輸、強迫性的再教育，而且在許多情況下，甚至會需要強迫性的遷移。換句話說，如馬克思所教導的，現存的社會必須廢除，包括它的歷史、家庭、學校和宗教，而這樣做可能需要一段專制的時期，來清除社會現存的規範，並以馬克思主義的天堂取而代之。卡利斯和其他激進分子所想像的狀況，全然不同於他們的抽象夢想可能釋放的無可避免的可怕惡夢。

卡利斯繼續說：「永續性的去成長，意味著一種刻意的平穩而昌盛的下降過程』，而其方法是以一系列精心編制的社會、環保和經濟政策及制度，來保證生產和消費衰退時，人類的福祉會改善，並得到更平均的分配。為了讓這種去成長的轉變能夠發生，各種具體和實際的提議已經變成辯論主題了。這些提議包括當前體制內的政策制度的改變（例如以下各方面的大幅度改變：金融機構、資源、汙染的最高限度、保護區、基礎設施的暫停、生態稅、工作分享（work-sharing）、降低工時、基本收入，以及保證人人享有的社會安全）。這些提議也包括在體制外創造新空間的想法，例如生態村和共同住宅（co-housing）、合作生產和消費、各種分享系統、社區發行並規範的貨幣、以物易物，以及無錢的市場交易。『退出經濟（exiting the economy）』，創造簡樸、分享和愉悅的新空間，是去成長運動一個強而有力的座右銘。」[20]

然而，喬裝成綠色運動的馬克思主義，仍然是馬克思主義，至少有一大部分仍然是馬克思主義。此外，「退出經濟」不會創造「分享和愉悅」，而會創造需要、貧窮、懶惰，以及公民社會及生活品質的全面衰退。我們可以想像有目的的經濟萎縮，將摧毀「愉悅」，而且會因為降低必需品（食物、醫藥、能源、衣服、住房等）的供應，但增加對於這些基本物品的需求，而創造一種爆炸性的社會反應（必需品變少，人們就更加渴望獲得它們）。即使經濟萎縮不是刻意的，而是無可避免的，就如某種類型的共產主義政權的經濟那樣（我們想到委內瑞拉、北韓，以及最近的柬埔寨的經濟），但是，一旦變得不受控制，這種情況顯然會一發不可收拾，而對於住在這些地區的人民而言，不論從人類尊嚴和自由或甚至生存來看，結果都是極其悲慘的。

卡利斯堅稱：「逃離資本主義經濟並建造『現時烏托邦』（nowtopia）[i]，並不是追求田園生活的

i 譯註：出自作家和歷史學家克里斯・卡爾森（Chris Carlsson）的同名著作。

生態學家，在呼求回歸一種從未存在的田園式的過去。當然這是一項浪漫的計畫，而這是好的，因為一些浪漫主義，正是生活在這個冷血、自我毀滅、個人主義式的功利主義的時代所需要的。『現時烏托邦』不只是一種『生活方式的選擇』，也代表參與者的一種自覺的『生命計畫』。這是某些人自覺而明確地投入的政治行動，也是其他人不自覺地採取的政治行動。然而，『逃離經濟』若要靠自己成為一種大型運動，就必須具備政治和制度層面上環環相扣的改變——一種使得這種運動能夠成功的改變。限制經濟擴展、並打開替代性生命計畫的空間的制度，是『現時烏托邦』的先決條件。」[21]

的確，甚至一個經濟結構的事實，都受到卡利斯的質疑：「第一原則：經濟是一種發明。」「我們何時以及如何想到一種被稱為『經濟』的自主系統？」[22]經濟是一種政治創造物，不是一群自由人之間，無數商業及金融互動的自發性聚集物。「在去成長運動的著述中，經濟是政治性的，不是由供給及需求的法則所控制的獨立系統。想像中的自由市場並不存在。……在生態經濟學裡，我們的確承認經濟的政治本質。……然而經常地，我們重新提出以下二者之間一個經濟學上的區別：一種有自己的法則和過程的經濟，以及一種分配這個過程的成果或限制這個過程的政治過程……。」[23]

因此，美國建國的原則被拋棄了，這些原則包括私有財產權、商業的自由流動、自願交易（voluntary exchange）、個人的神聖性，以及以這些原則建立的政府（其目的就是加強這些原則，並限制政府妨礙或改變這些原則的權力）。

艾恩・藍德（Ayn Rand）四十多年前出版的著作《原始的回歸：反工業革命》（*Return of the Primitive: The Anti-Industrial Revolution*）以先見之明，揭露了這個運動的目的：「這個運動的直接目的昭然若揭：摧毀今日混合經濟的資本主義殘餘，並建立一種全球性的專制政體。我們無須推斷這個目標——許多討論這個主題的演講和書，都明確說明，生態運動是一種達到目的的手段。」藍德也說，這個運動證明了馬克思主義的失敗，她寫道這種新運動就是「以馬克思經濟決定論的偽科學、超技術（supertechnological）的裝備，來取代鳥兒、蜜蜂和美——『大自然之美』。你無法在虛構的小說裡，讀到更可笑的運動水平的下滑，或者更明顯的智力破產的告白。」[24]

藍德寫道：「他們以前應許集體主義（collectivism）將創造普遍的富足，並譴責資本主義創造貧窮。然而現在，他們譴責資本主義創造富足。現在，他們不是應許人人享有舒適和安全，而是譴責人們的舒適和安全。然而，他們仍然在努力反覆灌輸罪惡感和恐懼；這些一直是他們的心理學工具。只不過現在，他們不是要你為剝削窮人，而心存罪惡感，而是要你為剝削土地、空氣和水，而心存存罪惡感。現在，他們不是以失去傳統的群眾的血腥暴亂威脅你，而是嘗試……就不可知的宇宙大災難發出模糊、但雷鳴般的威脅，把你嚇得魂不附體——這些威脅都是無法檢視、核實或證明的。」[25]

藍德嚴厲抨擊「生態運動的更深之意義」，而她說這個意義「就在於它的確揭露了人類面對的一個大威脅——但不是運動領導者所宣稱的威脅。這個運動揭露了集體主義者的終極動機——對於成就的赤裸裸的仇恨本質。這種仇恨意味著對於理性、人類和生命的仇恨。」藍德沒有譴責工業革命，而是解釋，工業革命是「一個大突破，將人類的心智從壓載物（ballast）的重量中解放出來。因為工業革命才得以建立的國家（美國）變得偉大輝煌，這是唯有自由者才能獲得的成就，而這樣的國家，也說明了理性是人類生存的方法、基礎，和先決條件。」[26]

當然，藍德的論點就是：自由和資本主義是密不可分的，而工業革命是一群自由人展現能力的輝煌證明。

藍德提出解釋：「自此，理性的敵人——神秘主義者、仇恨人類者、仇恨生命者，以及不勞而獲和虛幻的追求者——一直在集結力量，想要反擊。……工業革命的敵人（它的被取代的人）是那些數百年來一直在攻擊人類進步的人……。」今日，「他們……變成了被逼入絕境的動物，露出獠牙，露出靈魂，並宣告人類沒有生存的權利……。[27]」事實上，這個運動的口頭禪，就是無情地譴責現代人的生活方式——例如「都是人為氣候變遷惹的禍」。

這項運動的另一個重要人物，是提摩西·路克（Timothy W. Luke），他是維吉尼亞理工學院暨州立大學（Virginia Polytechnic Institute and State University）的政治學教授，也是批判理論的擁護者。他發表了一篇論文〈作為社會批判的氣候學：全球暖化、全球黯化和全球冷化的社會建構／創造〉（"Climatologies as Social Critique: The Social Construction/ Creation of Global Warming, Global Dimming, and Global Cooling"）。在這篇論文裡，他寫道：「由於人類和資本主義，地球已經改變了——從大自然變成都市自然（urbanature）。「全球暖化、黯化和（或）冷化，是人類有機體重塑地球的自然和人造環境，以維護生存的無意之結果。在行動中，人類和自然界的生命形式，開始居住於一個自然環境，而作為棲息地的大自然，被公司的實驗室、大型工業和大型農業綜合企業的產物重新創造。產品和副產品透過人類的行動，滲透到地球的生態中，而這種技術自然（technonature）凝結於一種『第二受造物』，或都市自然化（urbanaturalized）的環境中，產生新的大氣層、變化的海洋、不同的生物多樣性，以及重造的陸塊（land masses）。研究氣候變遷必須考量這一切延伸性的影響。」[28]

除了路克的使用英語和濫用英語（一種學術界的普遍現象），他也將資本主義下的人類進步，描述成地球一種遠離大自然的地獄般的重生。的確，他辯稱，資本主義制度是一場大災難，並且因而成為共產主義的推動力。

「作為一種社會批判時，氣候學勾畫了工業資本主義無心的結果，如何被說成是大量生產和消費的副產品，而這些副產品開始改變地球的大氣層。『科學社會主義』曾經冒昧地向世界所有的勞工預告即將到來的資本主義危機，並認為從這場危機中，將出現一個更理性、更公平、更公正的共產主義秩序。一組本質性的傾向，被認為為生產方式的全面合理化，以及制定新型的物質平等、政治研究和心理解放的機會，創造基礎。當市場的混亂動態，將交易的無政府狀態推向共產主義的秩序，無法改變的剩餘價值法則，將確保這些結果的出現和持續。」[29]

藍德也討論了這一點，她說：「在生態學者所有的宣傳中，在他們訴諸自然並呼求『與自然和諧共存』當中，沒有人討論人類的需要，以及人類生存的必要條件。人類被當成一種不自然的現象。人類無法生存在生態學者想像的那種自然狀態中——無法像海膽或北極熊那樣地生存著。就這意義而言，人類是動物當中最軟弱者：他們生來赤裸裸，沒有武裝，沒有獠牙、爪子、角，或『直覺』知識。就肉體而言，他們很容易成為受害者——不只成為更高級的動物的受害者，也成為最低級的細菌的受害者：他們是最複雜的有機體，而且在暴力的對抗中，是最複雜、最脆弱的。他們的唯一武器——他們的基本生存手段——是他們的大腦。」[30]

藍德寫道：「沒有必要提醒你，在工業革命之前的數百年和數千年，人類的生存狀態是什麼。生態學者忽略或迴避這一點，是對人類所犯的一項大罪，以致這一點就成為他們的保護：沒有人相信誰會這麼做。但是在這件事上，我們甚至不必審視歷史；看看未開發國家的生存狀況——這是指幸福樂土（西方文明）以外的地球的大部分地區。」[31]

路克承認，雖然生態激進運動不同於馬克思的模式，但也並非全然不同。「雖然它的科學可信度顯然超越歷史唯物論，但是當代的氣候學，尤其是它較憤怒的表現形式（公共政策、通俗科學或經濟預測等），經常不可思議地呼應、對應或重塑類似唯物史觀的假設。雖然二者顯然不完全相同，但也並非完全不同。」[32]

在一八四八年的《共產主義宣言》（*The Communist Manifesto*）中，馬克思和恩格斯說：「中產階級若要生存，就必須經常革新生產工具，從而革新生產關係，以及整個社會的關係。……生產的經常性革新，一切社會狀況的不斷受攪擾，持續的不確定和不安，讓中產階級時代有別於先前所有的時代。所有固定、僵化的關係，以及它們一系列古老、可敬的偏見和看法，都被除滅；所有新的偏見和看法都在僵化之前變得過時。一切堅固的都煙消雲散，一切神聖的都被褻瀆，而最後，人類被迫嚴肅面對他們的真實生命狀況，以及他們和同類的關係。經常為產品擴展市場的需要，迫使中產階級在地球表面到處移動。他們必須在各處安頓下來，必須在各處定居，必須在各處建立關係。」[33]

當馬克思、恩格斯，以及他們在這場馬克思主義運動中的徒子徒孫譴責經濟及技術的進步，他們不只要求限制技術，也如藍德所說：「要求限制人類的心智。是自然狀況（即事實）使得這兩個目標無法達成。技術可能被摧毀，人類的心智可能被癱瘓，但是兩者都無法被限制。不管是否嘗試限制，也不管嘗試什麼限制，枯萎的是人類的心智，不是國家。技術是一種應用科學，推動理論科學和技術（即人類知識）的進步的，是個人心智的複雜和息息相關的工作總和，而任何電腦或委員會，都無法預測和規定這種工作總和的進程。一門知識的發現，導致另一門知識的意外發現；一個領域的成就，打開了無數通往其他領域的道路。……限制意味著嘗試調節未知，限制未誕生者，並為尚未發現的事物制定規則。……至於進步是否不必要，或者我們所知是否已足夠，或者我們是否可以停留在目前的技術發展階段，並維持這個階段，無需繼續前進，問問自己，為什麼我們在人類的歷史中，不斷地看到文明被毀滅，無法持續，並且帶著它們所獲得的知識消聲匿跡？為什麼我們不斷地看到人類停止前進，並落入野蠻的深淵？」[34]

你可以看出，我們只需艾恩・藍德一個人，就能夠對付整隊的馬克思主義去成長運動的學者。然而，我要針對藍德的觀點提出進一步的看法。由於這個運動的目的是回歸自然，以及一種基本生存的經濟，由於在這種經濟中，公共的心理是反成長、反技術、反科學、反現代性，因此，說來諷刺，以下這些無關的事物或人是可以犧牲的：高等教育、研究生的研究、博士學位，以及大學和大學教授自己（尤其是教導硬科學（hard science）、技術、工程學和數學的教授）。反自由主義（illiberalism）和其產物極權主義，不需要大型的教育殿堂，來執行人民的心智和精神的貧窮化任務，或者來滿足他們對於知識和基本必需品的渴求。

由於這項運動不斷地灌輸馬克思主義思想，我們不難料到，它和影響力逐增的批判性種族理論及其他這類的表現形式之間，存在著「交叉性」。的確，早期的環保運動已經像癌細胞那樣，擴展成一個多頭的蛇怪（Hydra），每一個頭各有它交叉和部分重疊的革命目標。舉例來說，加州大學的環境研究教授大衛・那奎伯・佩洛（David Naguib Pellow）在《何謂批判性環境正義？》（*What Is Critical Environmental Justice*？）」中寫道：「從最早的時候起，環境正義運動便針對一個問題，清楚提出一種轉變的遠見：在地方、區域、全國和全球的層面上，一個就環境和社會而言公正而永續的未來，究竟意味著什麼？……在一九九一年歷史性的環境正義高峰會議（Environmental Justice Summit Conference），與會者草擬了一份『環境正義原則』（the Principles of Environmental Justice）。這份宣言不只結合了反種族主義和生態永續性，也支持反軍國主義、反帝國主義和性別正義的政治。這份宣言也承認非人類自然（nonhuman natures）固有的、文化的價值。」[35]

因此，種族、性別、和平主義（pacifism）、不公、階級主義，以及一般性的反美主義，被放入環境正義這個議題之內。佩洛接著說：「環境正義運動的成員多半是有色人種、原住民和勞工階級，他們致力於反抗環境的不公、種族主義，以及性別和階級的不平等，這些現象最清楚地顯現在這些人群所面對的環境傷害的不相稱負擔上。對於環境正義運動而言，若沒有處理施加於弱勢族群的生態暴力，地球永續性的爭戰就不可能獲勝。因此，社會正義（即人的正義）和環境保護是不可分割的。……雖然環境正義是有關一個可能的未來的遠見，但是一般而言，環境上的不平等（或環境上的不公），是指某個社會群體不成比例地受到環境危害的的影響。」[36]

事實上，環境正義運動就像大多數這些運動一樣，多半是由傾向馬克思主義的精英主義者、學者和行動主義者所領導和帶動的，並且吸引許多沒有戒心的追隨者。這項運動在美國的大學和學院，在媒體，受到行動主義者及智囊團的鼓吹和擁護。和批判性種族主義一樣，現在，批判性環境正義的研究十分重要，而且正在成長。如佩洛所說，這意味著「建立在許多領域的學者的研究成果上，這些領域包括環境正義研究、批判性種族理論、批判性種族女性主義、族群研究、性別和性慾研究、政治生態學、反國家主義（Anti-Statist）／無政府主義理論，以及生態學女性主義。而這些領域只有偶爾才會交叉……。」[37]

因此本質上，這意味著更多的「交叉性」——不同的目標和所謂的受害，出於對於美國社會的共同仇恨，而結合在另一個激進的、反資本主義的保護下。

佩洛認為，環境正義的架構建立在四個支柱上，「第一支柱……就是認識各種形式的社會不平等和壓迫是交叉性的，而一個『非只有人類的世界』（more-than-human world）的行動者，是壓迫的對象，並且經常是社會變革的媒介。批判性種族理論、批判性種族女性主義、性別和性慾研究、酷兒理論（queer theory）[i]、生態學女性主義、殘障研究，以及批判性動物研究等，都談論各種不同的社會類別如何讓某些族群被排斥、邊緣化、消滅、歧視、暴力對待、毀滅等。若要瞭解人類內部的不平等和壓迫如何起作用，以及它們如何和人類對非人類的壓迫交叉，就必須熟悉這些見解。」[38]

我必須承認，我們很難數算這個人類所曾建立最多樣化、最仁慈、包容、成功和自由的國家，所

i　譯註：一種批判性地研究生理的性別決定系統的理論。

釋放的所謂的弊病的數目和種類。但是當然，這項運動似乎已經吸引了這一切弊病。再見了，乾淨的空氣、乾淨的水，和北極熊。

跳過第二支柱，佩洛告訴我們，第三支柱「是這個看法：社會不平等（從種族主義到物種主義（speciesism），都深植於社會，而不是一種反常現象，並且因國家的權力而變強。因此，當前的社會秩序，是社會及環境正義的一個根本的阻撓。這種見解的邏輯結論，就是社會改革運動的思想和行動，最好能夠超越人類至上的觀念，以及國家是改革目標及可靠夥伴的觀念⋯⋯」[39]。

因此，按照這個邏輯，當前的社會必須根本地改變成一個平等主義的極樂世界。國家是否必須完全廢除？這種轉變是否能夠藉由武力、壓制和教育洗腦來達成？被置於個人和政府之間來保護個人的憲法限制呢？我的意思是：這場革命將如何表現出來？

佩洛寫道：「大多數的人類歷史的特徵，就是國家的不存在，這暗示著當代這種國家統治的狀況，絕非自然或無可避免。我的看法以及愈來愈多學者的看法就是：國家是社會性的機構，這種機構往往傾向於建立極權主義、強制性、種族主義、父權制、排他性、軍國主義，以及反生態的常規和關係。」[40]

這是一種奇怪的系統闡述。當然，「大多數的人類歷史」已經遭受不文明的社會的殘害，在這種社會中，政府拒絕我們的獨立宣言所宣布的看法——「我們認為以下這些真理是不證自明的：人人生而平等，造物主賦予他們若干不可剝奪的權利，包括生命權、自由權和追求幸福的權利。為了保障這些權利，人們建立政府，而政府的正當權力，來自被統治者的同意⋯⋯。」[41]叢林法則源自規範、傳統、習俗、法律和秩序的崩解，這種法則滋生了佩洛想要釋放給人類的地獄般的存在。

「第四支柱……集中於我所說的不可或缺的觀念上……。批判性的環境正義研究的觀點……反駁了白人至上以及人類統治主義（dominionism）的意識型態，並且明確表達以下這種觀點：我們必須認為，對於我們的集體未來而言，那些被排斥、被邊緣化，以及被視為『其他』的群落、生命和事物（包括人類及非人類）不是無關緊要的，而是不可或缺的。這就是我所說的種族上的不可或缺性（racial indispensability）（指有色人種時），以及社會生態學上的不可或缺性（socioecological indispensability）（指整個人類及非人類範疇內和範疇之間更廣泛的社群時）。……批判性環境正義擴展了族群研究學者及行動主義者的工作，他們認為在這個社會，有色人種被建構成無關緊要的，或者被迫成為無關緊要的。批判性環境正義建立在這些想法上，挑戰白人至上和人類統治主義的意識型態，並且明確表達以下這個觀點：我們必須認為，對於我們的集體未來而言，被排斥、被邊緣化，以及被視為「其他」的群落、生命和事物（包括人類和非人類），是不可或缺的……。」[42]

佩洛概括地宣告，一個白人至上和白人主導的社會，以及人類對於整個大自然的支配（包括統治其他物種——動物、昆蟲等），凸顯了被邊緣化的族群的不可或缺性。注意，在這些運動的發展期間，對待個別人類的方式，和馬克思主義的模式一致——個別的人類根據數不清的受害經驗及成見，被分裂成各種受壓迫者的階級。

佩洛接著說：「除了建立在環境正義的研究，批判性環境正義研究，也從許多其他重要的領域得到啟發，包括批判性種族理論和族群研究、批判性種族女性主義和性別及性慾研究，以及反國家主義

／無政府主義理論。這些領域都做出極大的貢獻，因為它們針對社會不平等、壓迫、特權、等級制度，以及專制制度和慣例如何塑造人類的生命，提出了嚴謹的概念性和明智的理解。這些學者已經探索並揭示性別、種族、性慾、公民身分、社會階級和能力，反映以及被反映在社會結構如何在社會起作用的各種方式……。他們說明常規、做決策和論述，如何天天被用來支配那些沒有特權的人。因此，對於強化環境正義研究而言，這些領域是極其寶貴的，因為根本上，環境正義研究是探索不平等、支配和解放的領域。」[43]

當然，佩洛無法解釋，在一個開放的社會，人們可以自由行動，來逃離他所概念化的那種系統性的種族仇恨，以及各種傷害，因此，為什麼他們沒有選擇離開美國。世界上有許多低成長或沒有成長的經濟體，在其中，自然支配人類，而大多數的人口都是非白人。當然，原因就是對於這些國家的許多人（如果不是大多數人）而言，生活非常困難——如果不是像地獄。事實上，佩洛無法解釋，為什麼在那些大多數人口是非白人，而經濟制度不是資本主義式的國家，有數百萬人冒著健康和生命的危險，來逃離他們的社會，並遷移到美國。雖然如此，抱持這種迅速傳遍美國制度的意識型態的虛構及狂熱的，絕不只是佩洛一人。二〇一四年七月十八日，來自世界各地的許多激進團體的代表，聚集在一起，並發表一份〈馬格莉塔氣候變遷宣言〉（the Margarita Declaration on Climate Change）。說來發人深省，這份宣言的開頭，引用了委內瑞拉已故的馬克思主義獨裁者查維茲（Hugo Chavez）的話：「讓我們邁向未來，讓我們將未來帶到這兒，並將它栽種在這兒。」當然，由於查維茲和其繼承者馬杜洛（Nicolas Maduro）的作為，委內瑞拉的經濟和社會遭受重創，人民處於餓死邊緣，並在美國和其他國家尋求庇護，醫療照護和基本公共服務完全瓦解，而且這個國家是一個暴力的警察國家，壓制一切反對的聲音。的確，這份宣言讀起來像是現代版的馬克思《共產黨宣言》，參雜著環保的宣告和陳腔濫調。雖然在許多層面上，這份宣言毫無特色可言，並且荒謬可笑，但是，作為一種全國和國際政策，它也充滿了危險的吸引力，並且愈來愈被人們接受。這份宣言寫道：

我們必須達到一種替代性的發展模式，這種模式是建立在與自然和諧共存上，並以絕對的生態永續性的限制，以及土地的生產能力為引導。這是一種公平、平等的模式，它建構了永續的經濟結構，讓我們遠離建立在化石燃料和危險能源的能源模式，並且保障和承認對於大地以及以下這些人和事物的權利的尊重：婦女、孩童、青少年、性別多樣性、窮人、弱勢少數群體，以及原住民。這是一種促進族群和平共存的公平、平等的模式。我們想要的社會，是一個大地的權利戰勝新自由主義政策、經濟全球化和父權制的社會，因為沒有大地，就沒有生命。[44]

一群自以為是的馬克思主義者擬定一份宣告目標的聲明，將每一個可能的團體和目標，都納入他們的聯盟，並且把「大地」當成某種壁花或受害者——這真是一種最誇大其詞、最自戀的表態了。然而其實，這不過是一份語無倫次、荒謬可笑的使命宣言。雖然如此，這項運動是真實的，並且威脅著我們的生活方式。在《致命的自大》（*The Fatal Conceit*）一書，海耶克（Hayek）提出解釋，這是「一種假裝能夠做它能力所不及之事的道德觀，即假裝去發揮一種製造知識的作用，和組織性的作用，而這是在它自己的法則及規範下不可能發生的事。這種不可能，提供了對於這套道德系統的一個決定性的理性批判。面對這樣的結果是很重要的，因為以下這個觀念，已經制止研究市場秩序的學生，去大力強調社會主義不可能實現它的應許：整個辯論終究是關於價值的判斷，而不是事實的判斷」。[45]這份宣言接著說：

氣候危機的主要來源，是政治和經濟體制將自然和生命商品化及物體化，因而削弱了精神性，並且強加消費主義和發展主義（developmentalism），從而產生不相等的政權，以及資源的剝削。這種全球性的危機，因為已開發國家和開發中國家的精英所採取的非永續性剝削及消費常規，而惡化。我們要求北方國家的領導人，不要繼續這種摧毀地球的惡劣作為，也要求南方國家的領導人，不要追隨北方那些導致這類文明化危機的發展模式。我們敦促他們建構一條替代性的途徑，來建立公平、平等和永續的社會，以及公平的經濟體制。為此，已開發國家必須履行它們的道德及法律義務，特別是對於脆弱及被邊緣化的國家和社群的義務，而履行這些義務的方式，就是解除智慧財產權這類障礙。這種障礙使得保護地球的生命以及解救人類的目標無法達成。我們也敦促這些國家實施資金捐助，以及安全而適合地方的技術轉移（擺脫智慧財產權這類障礙），並強化生產能力，接受聯合國氣候變化框架公約（Climate Change Convention）[i]，以及里約地球高峰會（the Rio Earth Summit）所闡述的原則，尤其是有關以下這些事項的原則：共同但有區別的責任、別的能力、預防原則，以及性別平等。[46]

我想起湯姆斯．索維爾（Thomas Sowell）在他的著作《尋求宇宙正義》（*The Quest for Cosmic Justice*）裡，如何談論這種極其誇大、籠統、未經測試的「遠見」：「列寧代表在遠見和其類別的基礎上運作的人物中，一個最純粹的例子。這些遠見和其類別，取代了有血有肉的人類世界，或者他們生活的事實。唯有就戰術或策略而言，超越遠見的世界的本質（作為實現遠見的手段）才是重要的。……列寧之執迷於遠見，不只顯現在他無法進入勞工階級的世界（雖然他以他們的名義說話），也顯現在他無法進入蘇聯統治的中亞——一個大於西歐的地區，也是被迫進行列寧和其繼承者極具破壞性的教條主義計畫達四分之三個世紀的地區。」[47]

索維爾提出補充：「遠見是無可避免的，因為我們的直接知識必然會有局限。重要的問題是：遠見是否提供了可供測試的理論的基礎，或者提供了可供宣告和強制實行的教條的基礎。二十世紀的大部分歷史，是以遠見作為教條來實施暴政的歷史。先前的世紀經歷了君主或軍事征服者的專制，但是二十世紀經歷了執政的個人和政黨的崛起，而這些個人和政黨通往權力的通行證，就是他們成功地推銷遠見。就定義而言，這大約就是推銷遠見的應許，因為在獲得權力實現遠見之前，你無法評斷表現。……一個遠見的盛行率和力量，並非顯現在它的邏輯證據能夠證明些什麼，而是顯現在它能夠免於提供證據或邏輯——顯現在可以因為與遠見相稱，而成功地提出多少主張，並且不必通過是否與事實相稱的檢測。」[48]

i 譯註：即Convention Cadre des Nations Unies sur les Changements Climatiques之縮寫。

彷彿是在帶領一場國際性的馬克思主義革命，參與這些公約的激進分子接著要求「生產和消費模式的改變，必須考慮國家和公司的排放物以及這些排放物的累積本質，所應負起的歷史責任，因而承認大氣層容納碳的空間是有限的，必須平均分配給各個國家和人民。歷史上，主流公司和經濟體制所管理的全球排放物預算，被一些國家過度使用，而這一點助長了各國碳容量的不平等。衡量這類差距的一些關鍵指標，將是一八五〇年以來，國家的溫室效應人均排放量、財富和國家收入的分配及規模，以及一個國家所擁有的技術資源。這類指標可用來決定符合每一個國家的減碳努力的公平分配……。永續發展的需要、氣候改變造成的損失和傷害，以及技術轉移的必要性和財政支援，都獲得確認了」。而如果沒有一個「星室法庭」（Star Chamber），革命會如何發展？「我們要求就氣候變遷設立一個正義、倫理和道德的法庭。在此，全人類可以針對和這個主題有關的罪行提出投訴。」[49]

馬格莉塔氣候變遷宣言接著宣告：「一項偉大的世界性社會運動」以及「一項人民運動」即將到來。這種運動要求反資本主義的經濟改革、思想的改變、再教育、思想灌輸、化石燃料的「根除」，及其他：

我們必須將自己組織起來，透過一項偉大的世界性社會運動，來保障地球的生命。為了一種促使族群團結的權力良心而改變態度，成為不可或缺。作為組織化的族群，我們可以推動體制的改變。

氣候變遷的結構性因素。和當前的資本主義霸權體制息息相關。反抗氣候變遷涉及改變體制。體制的改變必須為地方、國家、區域和全球的經濟、政治、社會及文化體制的改變做好準備。教育是族群的權利，是一種公平、免費和橫向的全面訓練的持續過程。教育是為了美好的生活，以及對生命和大地的尊重，而在新而多樣化的男女中，促成改變和建造的基本驅動力。教育應該能夠反映價值觀，應該能夠創造、提高覺醒、共存、參與和行動。當我們談論面對氣候變遷的教育，我們是在談論這類改變的主要根源，以及歷史性的責任和當前的責任。我們也談論族群——尤其是原住民和其他歷史上被排斥的族群和受害族群——的貧窮、不平等和脆弱。

這項運動的極端無條理和愚蠢再怎麼說也不為過。雖然如此，它帶著吸引力和力量，刺耳地向前邁進。

這份宣言接著說：

我們提議採取以下的行動，來改變體制：

- 改變權力關係和做決策的系統，以便建造一種反父權制的人民權力。
- 將食物生產系統，改變成農業生態系統（agroecological systems），以確保食物至上和安全，並且尊重知識、創新，以及古代和傳統的常規。
- 改變能源生產系統，消除骯髒的能源，尊重人民反抗貧窮的權利，以公平轉變為指導原則。
- 透過對於大量能源消耗者的教育和規範，來改變能源消耗模式。讓人民有權在社區的控制下，管理社區規模的再生能源生產系統。

- 參與的政府執行地區和城市的規劃系統，以確保公平和永續性的土地取得及都市服務，也確保當局能夠使用其他面對氣候變遷的影響所需的手段。
- 從能源和物質的浪費系統，轉變成循環系統，後者強調消除非永續性的自然剝削，並支持殘留物的減少、重複利用和回收。
- 確保已開發國家資助開發中國家進行這樣的轉變，並為氣候變遷的影響，提供補償和修復。
- 創造可用的機制來保護被迫遷移的人，以及環保權利的捍衛者。[50]

對於資本主義、生產力和經濟成長的兩種傳統的攻擊，集中於所謂的自然資源的消耗，以及二氧化碳的排放，兩者據說是導致氣候變遷的部分原因。關於前者，喬治．雷斯曼解釋，人類甚至尚未取出地球表面的資源。他寫道：「地球的真相，同樣是宇宙中其他每一個行星體的真相。只要宇宙是由物質構成的，它就是純粹由化學元素構成的，因而是純粹由自然資源構成的。」[51]「由於實際上，地球不過是一個由化學元素構成的巨大固態球體，由於在過去兩個世紀，人類的智力和進取心相對上能夠自由運作，並且有運作的動機，因此毫無意外地，今日可用、可取得的礦物的供應量，大大超越人類在經濟上能夠開採的供應量。」[52]我們應該理解，代表財富的那一部分的大自然，只是地球的一小部分，而這一小部分實際上以零開始，即使現在它已增加數百倍，但是當我們考慮地球（更遑論宇宙）的質量中，受到人類控制的那一部分是多麼微小，當我們考慮人類多麼不瞭解他們控制的部分的一切層面和可能用途，這一部分其實還是零。」[53]

關於許多社會行動主義者和自稱的革命者，一個主要的共同特徵（因而是一個重要的問題），就是他們對於他們熱中追求（如果不是以暴力追求）的事物，是多麼徹底地無知。雷斯曼寫道：「環保主義將經濟上可用的自然資源的現存供應，視為自然所賜予的，而不是人類的智力以及它的必然結果（即資本累積）的產物。環保主義沒有看出，對於所有實際的目標而言，自然所提供的，是物質和能源的無限供應，而在創造具有經濟用途的自然資源的持續供應時，人類的智力可以逐漸地掌控這些物質和能源……。環保主義者不明白，人類智力在創造具有經濟用途的自然資源時，所扮演的角色，並且將當前的供應量，和目前存在於大自然的所有自然資源混為一談。他們天真地以為，每一種消耗自然能源的生產行為，都是導致貧乏的行為，會耗盡據稱是無價、無可取代的自然寶藏。在這個基礎上，他們認定，個人在經濟自由下追求自己的利益，將導致恣意消耗人類無可取代的自然遺產，不顧未來世代的需要。」[54]

雖然如此，無知顯然不是改變信念的藉口。雷斯曼寫道：「一旦觸及這個全然虛幻的問題的存在（而這只是他們不瞭解生產過程的結果），環保主義者進一步認定，解決這個所謂的問題的必要措施，就是政府的介入，藉著以各種方式限制或制止人類使用自然資源，來『保護』這些資源。」[55]

關於第二個問題，即二氧化碳排放和一般的氣候變遷的問題，首先我們必須明確說明，二氧化碳從來不是汙染物，也絕不可能是汙染物。此外，在過去半個世紀，「科學家」和「專家」已經信誓旦旦地說，地球正面臨一個冷化的時期，然後又改口說，地球正面臨一個暖化的時期。而現在，他們只是更加概括地說，地球正面臨氣候變遷。這種說法涵蓋一切可能性，因此未來就沒有澄清或糾正的必要。我們被告知，主要的罪犯，就是使用化石燃料產生的二氧化碳。當然，如每一位小學的科學老師向學生解釋的，對於植物而言，二氧化碳是氧，而植物吸收二氧化碳後，又為我們製造氧。

至於二氧化碳的排放，以及它對大氣層、地球及氣候的影響，甚至科學家和專家的辯論，都仍然激烈地進行著，儘管有人嘗試威脅懷疑者，想要讓他們閉嘴，並將他們斥為「拒絕真相者」。然而我們只需說，關於這個問題，沒有共識。舉例來說，就在二〇一九年九月二十三日，由五百多位氣候和相關領域的博學、有經驗的科學家及專業人員組成的一個全球網，簽署了一封寄給聯合國秘書長的書信。在信中，他們主張「氣候科學應該降低政治化，而氣候政策應該更加地科學化。科學家應該公開檢討他們在全球暖化預測上的不確定性和誇大，而政客應該冷靜數算適應全球暖化的真實好處，以及想像的代價，也應數算減緩全球暖化的真實代價，以及想像的好處」[56]。

這封信接著說：「目前作為國際政策依據的氣候的大氣環流模式（general-circulation models），不適用於這些科學家和政客的目的。因此，根據這類不成熟的模式的結果，來主張浪費數兆美元於他們的目標，是一種殘酷又輕率的做法。目前的氣候政策漫無目標地、令人痛心地破壞了經濟制度，而在那些無法取得可負擔、可靠的電能的國家，人民的生命也受到了威脅。我們敦促你們遵守一項氣候政策，這種政策是出於可靠的科學、實事求是的經濟學，以及對於那些受到昂貴但不必要的減緩暖化努力傷害者的關注。」[57]這封書信的簽名者提出解釋：「自然和人為因素造成暖化，但暖化的速度比原先預測的緩慢。氣候政策倚賴不正確的模式，二氧化碳是植物的食物，也是地球一切生命的基礎。全球暖化沒有增加自然災難，而氣候政策必須尊重科學和經濟上的事實。」[58]

的確，太多科學家和專家質疑或拒絕氣候變遷運動，我們無法一一列出他們的名字。在此，我們只需舉出幾個例子。

伊恩・普來默（Ian Plimer）是墨爾本大學的地球科學榮譽教授，以及阿德萊德大學（the University of Adelaide）的礦業地質學教授。他提出解釋：「人類引發的地球暖化理論不是科學，因為它的研究是建立在預定的狀況上，大量的證據被忽略了，而分析過程被當成證據。此外，氣候『科學』是由政府研究補助金所支持的。研究和政府的意識型態不一致的理論無法取得研究資助。」[59]關於風力和太陽能這類替代能源，普來默寫道：「風力和太陽能這類的『替代』能源系統，會對環境造成災難。它們造成生態系統的消失、野生動物的滅亡、土地的不毛、系統作用期間無法補償的過度代價，以及建造系統期間大量的二氧化碳排放。此外，風力和太陽能的效能都不足，無法提供一天二十四小時的基本負荷動力（base-load power），必須靠著排放二氧化碳的燃煤發電廠來支援。」[60]

普來默譴責整個環保運動：「氣候變遷災難論，是有史以來最大的科學造假。許多氣候『科學』，都是偽裝成科學的政治意識型態。有時候在歷史上，大眾共識顯然是錯誤的，而我們就活在這樣的時代。對於就業、在現代世界生活，以及讓第三世界脫離貧窮而言，便宜的能源十分重要……。此外，教育系統已經被行動主義者控制了，年輕人接受環保、政治和經濟意識型態的思想灌輸。畢業時，他們並未學到基本的批判和分析方法，來評估被當成事實的意識型態……。」[61]

派屈克・麥克斯（Patrick J. Michaels）是加圖研究所（Cato Institute）的科學研究中心主任、美國國家氣候學家協會（the American Association of State Climatologists）的前任主席、美國氣象學學會應用氣候學委員會（the American Committee on Applied Climatology of the American Meteorological Society）的企劃主席，也是維吉尼亞大學長達三十年的環境科學研究教授。他聲稱氣候模式有缺失：「最基本的科學是由假設的聲明構成的，而維持假設的，是對於觀察的批判性測試。卡爾．波普（Karl Popper）說，沒有這樣的測試，或者沒有一種可以測試的假設，所謂的『科學』其實是『偽科學』。一個必然的結果是：當一種理論標榜它可以解釋它的主題範圍內的一切事物，這種理論其實是不可測試的，因而是一種偽科學。在氣候領域，或許將未經測試（或不可測試）的氣候模式預測視為『氣候研究』，而不是『氣候科學』，已經算是寬厚了。」[62]

理查．林岑（Richard S. Lindzen, 1983-2013）是一位大氣物理學家，曾是麻省理工學院氣象學教授。他說：「全球暖化是關於政治和權力，而不是關於科學。科學嘗試釐清，而在全球暖化的問題上，語言被濫用，以迷惑和誤導大眾。語言的濫用延伸至氣候模式的使用。所謂的『處理全球暖化』的政策的擁護者，使用氣候模式不是為了預測，而是為了為災難可能發生的說法辯護。如他們自己所瞭解的，證明某件事不可能發生，本身幾乎就是一件不可能的事。」[63]

羅伯特．卡特（Robert M. Carter）是公共事務研究所（the Institute of Public Affairs）的榮譽研究員和科學政策顧問、科學暨公共政策研究院（The Science and Public Policy Institute）的科學顧問、國際氣候科學聯盟（The International Climate Science Coalition）的首席科學顧問，以及詹姆士．庫克大學（James Cook University）地球科學學院的前任教授和院長。他寫道：「我們必須看清，危險的人為暖化的理論危害，不過是所有科學家都會同意的更廣泛之氣候危害的一小部分，而這種更廣泛的氣候危害，是指現在和未來大自然斷斷續續為我們帶來的危險天氣，和氣候事故。從世界各地遭遇的許多持續性的氣候災難，我們可以看出，即使先進、富有的國家的政府，在應付這類災難上，也經常顯得措手不及。我們必須做得更好，而根據一個無理的假設——危險的暖化即將恢復——而將錢揮霍在有關地球的一件未經證實、無法下定論的事上，正是一種錯誤的『挑選贏家』（picking winners）的態度。」[64]

卡特證明了一個嚴肅的人都不應駁斥的論點：「真相是：地球上沒有一位科學家可以確確實實地告訴你，在二〇三〇年，究竟氣候會比今日更暖，還是更冷。在這種情況下，唯一的可靠結論就是：在未來數十年，我們必須做好準備，應付暖化或冷化，甚至應付嚴峻的天氣事件——視大自然如何對待我們而定。政府的一項首要的關懷責任，就是保護公民和環境，免受和氣候有關的自然災害的蹂躪。必要的措施，不是應付二氧化碳排放的不必要的懲罰辦法，而是針對所有氣候事件和危害，提出嚴謹而划算的預備政策，並做出適應性的反應（adaptive response）。」[65]

這些專家和其他專家沒有讓政客、官僚、媒體、擁護者和行動主義者暫停下來，而是被他們貶低和駁斥，因為他們敢於挑戰一種意識型態帶動的運動，一種以美國經濟體制為攻擊目標、並且比以往更加大力推進的運動。舉例來說，眾議員歐凱西奧—科提茲（Alexandria Ocasio-Cortez）彷彿直接使用瑪格莉塔氣候變遷宣言的語言，來撰寫她的「綠色新政」國會決議案。她和她的數十位民主黨同僚，草擬了這項同樣荒唐可笑、以馬克思主義為中心的議案。我將這項議案的大部分節錄於下，因為概述這項議案，會使人無法真正瞭解它的危險性。這項議案說：

鑒於氣候變遷、汙染和環境破壞，已經使得系統性種族、區域、社會、環境和經濟的不公（在此前文被稱為「系統性的不公」）惡化，而這種惡化的因素，就是這些破壞不成比例地影響了原住民社群、有色人種社群、移民社群、去工業化社群、人口稀少的鄉村社群、窮人、低收入勞工、婦女、老人、無家可歸者、殘障者，和青少年（在此前文稱為「第一線脆弱社群」）。……決議：眾議院認為——

一、聯邦政府的責任，是創造一套綠色新政，以便——

（一）藉著所有社群及勞工的公平和公正的變遷，達到淨零的溫室氣體排放；

（二）創造數百萬高工資的好工作，並確保所有美國人民的成功及經濟安全；

（三）投資美國的基礎建設和工業，永續性地應付二十一世紀的挑戰；

（四）確保所有美國人在未來的世代能夠擁有

（1）乾淨的空氣和水；

（2）氣候和社區的恢復力；

（3）健康的食物；

（4）接近大自然的機會；

（5）永續的環境。

（五）藉著以下的做法來促進正義和公平：制止當前並預防未來對於以下族群的壓迫，並修補對於它們的歷史性壓迫：原住民社群、有色人種社群、移民社群、去工業化社群、人口稀少的鄉村社群、窮人、低收入勞工、婦女、老人、無家可歸者、殘障者，和青少年（在此決議文稱為「第一線脆弱社群」）；

二、以上第一部分的小節所描述的目標（在此決議文稱為「綠色新政目標」），應該透過一項十年的全國動員來完成（在此決議文稱為「綠色新政動員」），而這項動員需要以下的目標和計畫——

（一）建立恢復力，以對抗和氣候變遷有關的災難（例如極端天氣），包括為社群範圍的計畫和策略調動資金和提供投資；

（二）修復美國的基礎設施，並將之升級，這包括——

（1）盡可能藉著可行的科技，來消除汙染和溫室氣體的排放。

（2）保證人人可以取得乾淨的水；

（3）降低洪水和其他氣候衝擊造成的風險；

（4）確保國會考慮的任何基礎建設法案能夠處理氣候變遷；

（三）藉由乾淨、零排放的再生能源，來滿足美國百分之百的電力需求。做法包括——

（1）大大地擴展現有之再生能源，並將之升級；

（2）部署新的生產力；

（四）建造節省能源、分散式的「智慧型」電力網，或者將原有的電力網升級至這類的電力網，並且努力確保人人能夠負擔得起用電；

（五）將美國所有現有的建築物升級，並且建造新的建築物，透過電氣化的方法，來獲得最大程度的節能、省水、安全、可負擔、舒適，和耐久；

（六）帶動美國的乾淨製造的成長，儘量在科技可行的範圍內，廢除製造業和工業的汙染和溫室氣體排放。做法包括擴展再生能源的生產，以及投資現有的製造業和工業；

（七）和美國的農場主及牧場主合作，在科技可行的範圍內，儘量廢除農業部門的汙染和溫室氣體排放。做法包括——

（1）支持家庭農業；

（2）投資可增加土地健康的永續農業和土地使用常規；

（3）建造更具永續性、並確保人人可取得健康食物的食物系統。

（八）全面檢查美國的運輸系統，在科技可行的範圍內，儘量消除運輸部門的汙染及溫室氣體排放。做法包括投資——

（1）零排放的車輛基礎建設和製造業；

（2）乾淨、可負擔、容易使用的大眾運輸；

（3）高速鐵路

（九）減輕和控制汙染及氣候變遷造成的長期不利健康的影響，以及經濟上和其他方面的影響，包括為社區範圍的計畫和策略提供資助；

（十）除去大氣層的溫室氣體，以及降低汙染，方法包括藉著經過證實、可增加土壤碳封存（carbon storage）的低科技解決之道（例如保護和造林），來恢復大自然的生態系統；

（十一）透過適合當地、有科學根據、可強化生物多樣性，並支撐氣候恢復力的計畫，來恢復並保護受威脅、岌岌可危、脆弱的生態系統；

（十二）清除現有的危險廢料和廢址，以促進經濟發展和永續性。

（十三）辨識其他排放物和汙染源，並找出消滅它們的辦法；

（十四）以讓美國成為氣候行動的國際領導者，並幫助其他國家推行綠色新政目標為目標，來促進科技、專門知識、產品、資金和服務的國際交流；

三、必須透過與第一線脆弱社群、工會、工作者合作社（worker cooperatives）、公民社會團體、學術界和商界，進行透明、包容性的磋商、合作和合夥，來發展綠色新政；

四、若要實現綠色新政的目標和動員，綠色新政就需要以下的目標和計畫——

（一）以一種確保大眾在投資上獲得適當之所有權股份和利潤的方式，來提供和調度充足的資本（包括透過社區補助、公共銀行和其他公共融資）、技術性專門知識、支持性的政策，以及其他對於下列對象的協助：社群、組織、聯邦、州，和地方政府機構以及投入綠色新政動員的企業。

（二）確保聯邦政府透過以下的途徑，考量排放物的一切環境及社會的代價和影響——

（1）現有的法律；

（2）新政策和新計畫；

（3）確保第一線的脆弱社群不會受到不利的影響；

（三）為所有美國人提供資源、訓練和高品質的教育，包括高等教育——特別重視第一線脆弱社群，讓這些社群能夠完全而平等地參與綠色新政的動員；

（四）針對新而乾淨的再生能源技術及工業的研究和發展，進行公共投資；

（五）引導投資去刺激經濟發展，去促進地方和地區經濟體的工業的深化和多樣化，建立財富和社區所有權，並且優先考慮第一線脆弱社群的高品質的工作創造，以及經濟、社會和環境利益，否則這些社群可能很難熬過廢止排放大量溫室氣體的工業的過渡期；

（六）確保使用民主和參與性的程序，來計劃、實施以及管理綠色新政在地方的動員，這些程序必須將第一線脆弱社群及勞工包含在內，並且由這些社群及勞工來帶領；

（七）確保綠色新政的動員能夠創造支付現行工資（prevailing wages）的高品質的工會工作（union job），雇用本地員工，提供訓練和晉升的機會，以及保障受到過渡時期影響之員工的同等工資和福利待遇；

（八）保證全美國人的工作都有一份可以養家的工資、充足的探親假和病假、帶薪休假，以及退休保障；

（九）保護所有的工人擁有以下的權利，並強化這些權利：組織、組成工會，以及免於脅迫、威脅和騷擾的集體協議；

（十）在所有雇主、企業和部門當中，強化並實行勞工和職場的健康照顧、安全措施、反歧視，以及工資和工時的標準；

（十一）制定並實施貿易規則、採購標準，以及出入境關稅調整（border adjustment），制定勞工和環境的有力保護措施，以——

（1）制止工作和汙染轉移到國外；

（2）促進美國國內的製造業；

（十二）確保公共的土地、水域和海洋受到保護，而徵用權（eminent domain）不被濫用；

（十三）在所有影響原住民和其傳統領土的決策上，必須獲得原住民的自由和事先知情的同意（free, prior and informed consent），尊重和原住民簽訂的所有條約及協定，保護並執行原住民的主權及土地權；

（十四）確保商業環境中，每一位商人都能夠免於不公平的競爭，以及受到國內或國際壟斷的控制；

（十五）為所有美國人提供——

（1）高品質的醫療保健；

（2）負擔得起、安全和充足的住房；

（3）經濟保障；

（4）容易取得的乾淨的水和空氣，健康和負擔得起的食物，以及大自然使用權。[66]

密爾頓．艾茲拉提（Milton Ezrati）在《富比士》雜誌大略估算了這項提議的一些成本。以下只是它的目標的一些花費：「根據這項提議，再生能源將擴展到供應全國百分之百的電力需求，而根據備受尊敬的物理學家克里斯多夫．克拉克（Christopher Clark）的看法，這項提議將讓美國在十年間耗費兩兆美元，或者每年耗費約兩千億美元。綠色新政想要為全美國建造一種『智慧型電力網』，而根據電力研究所（Electric Power Institute），這種電力網將讓美國在十年間耗費四千億美元，或者每年耗費約四百億美元。根據一些消息來源，歐凱西奧—科提茲的『逐步減少溫室氣體』的目標，將讓美國在十年間耗費十一兆美元，或者每年耗費約一千一百億美元。」[67]此外，「綠色新政想要將美國每一間住家和工業建築，升級至最先進的安全和節能水平，而這項目標將讓美國在十年間，耗費約二點五兆美元，或者每年耗費約兩千五百億美元。也許這是一個低估的數字，因為美國有一億三千六百萬間住宅。保守地估計，若要將每一間住宅升級，那麼每一間平均須耗費一萬美元，或者全部大約需耗費一點四兆美元。這項花費甚至沒有包括工業和商業的建築物，也不包括保養。」[68]此外，「綠色新政也想要提供賺取『生活工資』（living wage）的工作保障。紐澤西州民主黨參議員科利．布克（Cori Booker）為類似的提議做了一次政府的評估，而他認為，這類的計畫在第一年就必須耗費五千四百三十億美元。雖然之後，這些花費會下降，但十年間的累計花費將高達二點五兆美元。根據參議員伯尼．桑德斯（Bernie Sanders）提出的一項麻省理工學院和阿莫斯特學院（Amherst college）針對一項類似計畫所做的研究，發展全民的單一支付者醫療保健系統（single payer healthcare system）的目標，一年就要耗費一點四兆美元。」[69]

艾茲拉提說：「光是歐凱西奧—科提茲一長串的目標中的這六項，一年就必須耗費約二點五兆美元。由於華府二〇一八年的開支預算是四點五兆美元，因此，綠色新政實際上將讓聯邦開支增加一半以上。這是一筆極大的開支，歐凱西奧—科提茲提議將最高稅率提高至百分之七十，而這一筆開支大大超出她這項提議可能帶來的一年七千億美元稅收。」[70]

美國傳統基金會的凱文·達亞拉特納（Kevin Dayaratna）和尼可拉斯·羅里斯（Nicholas Loris）說：「根據傳統基金會能源模式（Heritage Energy Model），由於徵稅以及以碳為基準的規範，到了二〇四〇年，我們可望看到以下的狀況：最大的工作短缺——超過一百四十萬的工作將消失；一個四口的家庭將損失四萬多美元的總收入；國內生產總值將損失超過三點九兆美元，而家庭的用電開支平均將增加百分之十二至十四。傳統基金會能源模式的這些預測，大大低估了綠色新政的能源部分的耗費。如歐凱西奧—科提茲在『經常被問的問題』單裡所說的，碳稅只是綠色新政支持者希望實行的諸多政策工具之一。」[71]

由國會預算辦公室（Congressional Budget Office）前主任道格拉斯·霍爾茲—伊金（Douglas Holtz-Eakin）主持的美國行動論壇（the American Action Forum）斷言，綠色新政可能在十年間耗費高達九十三兆美元——八點三兆美元至十二點三兆美元將用來消除電力和運輸部門的碳排放（至少理論上是如此），四十二點八兆美元至八十點六兆美元將用於大型社會及經濟的任務上。[72]

談論了這些荒謬、危險的任務所需的巨大財務成本，以及隨之而來的嚴重經濟混亂之後，我將回到一個事實：綠色新政將要求我們放棄小政府（limited government）、私人財產權，以及資本主義經濟制度這些基本原則，並要求建立擁有極大監控力和警力的更大型官僚組織。決策制定將更加集中於華府，而政客將對個人和一般公民行使更大的權力。此外，想像燈火管制、停電，燃料短缺，以及基本必需品的缺乏。當然，當馬克思主義者積極追求他們的幻想，基本的人類自由、自由意志、行動性等，將逐漸凋零，最後則會完全消失。

即使如此，喬．拜登和民主黨仍然孤注一擲。拜登上任後最先採取的行動之一，就是簽署一項行政命令，讓美國重返二〇一五年的巴黎協定（Paris Agreement）。當然，這項協定應該被當成條約（treaty）來處理，因為這種國際協定，將對美國社會造成深遠的影響。然而，拜登沒有冒著失去參議院一張選票的危險〔在參議院，條約需要三分之二的參議員（六十七票）的支持〕，而是像他之前的歐巴馬總統一樣，只是發出一項法令。

巴黎協定讓簽署者承諾「承認氣候變遷是人類共同關注的問題，因此，政黨在採取行動處理氣候變遷的問題時，應該尊重、提升並考量他們在以下各方面的個別義務：人權、健康權、原住民權利、地方社區、移民、孩童、殘障者、處於易受傷害的處境者、發展權、性別平等，女人的授權，以及代際公平性（intergenerational equity）。」[73]這項協議的簽署者之一，就是共產中國，目前它正在經營集中營，一百多萬維吾爾族和其他少數民族的族人正在那兒被奴役、折磨和強暴，而維吾爾族婦女被絕育，犯人也被當場處決。[74]

的確，在二〇二一年一月十九日，川普政府正式控告中國在壓迫新疆地區的維吾爾族穆斯林時，犯下「種族滅絕罪，以及反人類罪。」[75]然而二〇二一年二月十六日，在CNN市民大會（CNN town hall）被問到中國的行為時，拜登說：「如果你瞭解中國的歷史，中國一直是這樣。當中國人在國內不團結，就是他們被外面的世界欺凌的時候。因此，習近平大大被誇大的中心原則就是：必須有一個團結、受到嚴格控制的中國。而他在他所做的事上，都是依據這個邏輯。」後來，他令人驚愕地提出補充：「就文化而言，每一個國家和國家領導人，都有他們應該遵守的不同規範。」[76]

這就是說，一個民主黨的政府可以針對平等、人權、原住民、女人的授權、醫療保健權、工作、巴黎協定、綠色新政、批判性種族理論，以及交叉性等，發表許多談話和聲明，但是當這個政府面對中國這個殘暴的政權時，這些談話和聲明基本上都被忽略了。與此同時，拜登沒有讓我們的國會代表正式參與，就讓美國針對氣候變遷這一類目下的國際政府和官僚所設定的全球經濟及財務狀況負起義務，這樣做可能對我們的生活品質產生負面影響，而中國這類的國家也無意遵守規定。

事實上，在宣誓就職後數小時，拜登也簽署了一項行政命令，停止基石輸油管道四期工程（the Keystone XL pipeline）的進一步建造。他的命令重複了極端氣候變遷宣傳者一些最被炒作的控告宣傳：「氣候變遷持續對美國經濟產生影響。過去四年，和氣候相關的代價增加了。極端天氣事件及其他和氣候有關的影響，已經損害了美國人的健康、安全，和保障，提高了對抗氣候變遷的急迫性，並且推進轉向乾淨能源經濟的過程。世界必須走在一條永續性的氣候道路上，來保護美國人和美國經濟免受有害的氣候影響，來創造高薪的工會工作，作為氣候解決之道的一部分。……若要應付這種危機，就要採取行動，而這種行動在規模和速度上，必須能夠制止世界進入危險的、可能導致災難的氣候危機……。」[77]當然，使用化石燃料其實已經降低了二氧化碳的排放量。這種燃料比煤便宜和乾淨，而使用輸油管比藉著卡車和有軌機動車運輸燃料更有效率。雖然如此，拜登摧毀輸油管，也因而摧毀了數千個工會工作。

但是拜登沒有就此結束。二〇二一年一月二十七日，他發出另一項行政命令，而如白宮所解釋的：

> 為了執行這項命令，並以巴黎協定的目標為行動基礎，美國將發揮領導地位，大大擴展全球性的目標。這項命令清楚說明，到了本世紀中葉——或者在本世紀中葉之前——大量降低近期全球性的排放量，並達成淨零全球排放量，才能避免讓世界進入危險的、可能導致災難的氣候危機。
>
> 為了讓美國在外交政策和國家安全中，優先考慮氣候，這項命令列出了許多其他措施，而其中一項措施，就是指示國家情報總監（the Director of National Intelligence）針對氣候變遷的安全含義，預備一份國家情報評估，指示國務院向參議院預備一套蒙特婁議定書「吉佳利修正案」（the Kigali Amendment to the Montreal Protocol）的資訊傳輸組件，並且指示所有的機構擬定策略，將氣候考量整合到他們的國際工作中……。
>
> 這項行政命令也要求建立一個民間氣候團體行動計畫，讓新一代的美國人投入以下這些工作：保護及恢復公共土地和水域、增加重新造林、增加農業部門的碳吸存（carbon sequestration）、保護生物多

樣性、改善休閒的取得機會，以及應付氣候變遷。

這項命令正式說明了拜登總統的一項承諾：指示聯邦機構擬定計畫、政策和行動，來處理劣勢社群所承受之不相稱的健康、環境、經濟及氣候上的影響，藉此讓環境正義成為每一個機構的任務的一部分。

這項命令成立了一個白宮環境正義跨部門委員會（White House Environmental Justice Interagency Council），以及白宮環境正義諮詢委員會（White House Environmental Justice Advisory Council），來優先考量環境正義，並確保處理當前和歷史性環境不公的政府一體途徑（whole-of-government approach），包括透過環保局、司法部和衛生及公共服務部（Department of Health and Human Services）的強化或新的辦公室，來加強環境正義的監控及施行……。

這項命令指示內政部盡可能停止簽訂公共土地或近海水域的石油和天然氣的新租約，嚴格審查和公共土地及水域的化石燃料開發有關的一切現有租賃及許可慣例，並指出可以採取哪些措施，讓來自近海風力的再生能源生產，到了二〇三〇年能夠加倍。[78]

拜登的行政命令繞過國會，藉著法令建立了綠色新政運動的激進議程的基礎。

除了不斷地打擊美國經濟的資本主義的引擎，拜登接下來試圖為聯邦政府，掌控對於私人經濟的空前控制力，而他的做法是花費無法想像的大量金錢，讓國家背負無法想像的龐大債務，將私營部門資源的數兆美元重新導入他的政治優先事項，並且針對美國企業強加前所未有的管控，而這不只是為了採取初步措施，滿足去成長行動主義者以及他們的綠色新政的要求，也為了重新整頓美國社會和日常生活的主要層面。[79]

二〇二一年三月三十一日，（除了已經花費在所謂的新冠病毒紓困法案的一點九兆美元——其中只有百分之九用於真正和新冠病毒有關的事項[80]），拜登宣布了一項二點五兆美元的計畫，這包括「以一百億美元建立一個『民間氣候團體』；以兩百億美元『促進種族公平和環境正義』；以一千七百五十億美元為電動車提供補貼；以兩千一百三十億美元建造和改造兩百萬間住房和建築物；以一千億美元設立新的公立學校，並讓學校午餐『更加綠化』；以一百二十億美元設立社區學院；以數十億美元消除STEM教育[i]中的『種族及性別不平等』；以一千億美元擴展寬頻網路（以及政府對此的控制）；以兩百五十億美元進行政府的兒童保育計畫。」這項耗費數兆美元的提議中，只有六千兩百一十億美元真正用於「交通的基礎建設和恢復力」。[81]而且拜登說，這還沒完。的確，革命絕對不會結束。激進網站「瓊斯媽媽」（*Mother Jones*）報導說：「民主黨的左翼認為，這項計畫根本沒有花費足夠的經費，來處理這個國家所面對的危機。華盛頓特州的民主黨眾議員普拉米拉・賈亞帕爾（Pramila Jayapal）是國會進步主義黨團的主席，她說這項計畫『應該大大地擴大』，並提到拜登在成為總統候選人時，已經承諾投資兩兆美元於氣候問題上。」[82]他們已經準備提出一項叫THRIVE的法案——即the Transform, Heal, and Renew by Investing in a Vibrant Economy（以投資充滿活力的經濟，來改變、醫治和更新）。[83]而這項法案的花費是十兆美元！[84]

實施這一切計畫之後，在能源方面，民眾將大吃苦頭。美國最大的州加州，一直是極左環保實驗的溫床。二〇二〇年夏季，加州的氣候政策導致了廣泛的停電。熱浪來襲當中，數百萬公民的電力中斷了。《富比士》雜誌的麥可・雪能伯格（Michael Shellenberger）提出解釋：「加州……不到一年就經歷第二次輪流限電的根本原因，就在於該州的氣候政策……。」「從二〇一一年到二〇一九年，由於再生能源的大幅度擴大使用，加州的電價漲幅，是美國其他州的六倍……。」[85]

雪能伯格寫道：「從二〇一一年至二〇一九年，雖然太陽能板的價格大幅度下跌，但它們的不可靠以及依賴天氣的特質，意味著它們強加儲存和傳輸上的巨大新花費，來保持電力穩定。停電開始時，加州的太陽能板和太陽能農場都關閉了，而加州以東已經入夜的各州，無法提供協助。……不到一年兩次停電這件事，強烈證明了加州人花在再生能源的數百億美元，帶來了巨大的人道、經濟和環境代價。」[86]

二〇二一年二月，在一次嚴酷的冬日暴風雪中，德州經歷了一次災難性的能源危機。能源研究院（The Institute for Energy Research）報導：「德州當前的能源問題，讓人想起二〇二〇年夏天加州的問題——加州是另一個要求執行再生能源政策的州。……最近的這些經驗證明了一件事：在極端氣候期間，太陽能板和風力渦輪機，對於電力網沒什麼助益，尤其是當投資之所以流向它們，是因為以電力網的可靠和彈性為代價的補貼及命令。」[87]

能源研究院描述了德州逐漸倚賴再生能源如何帶來災難。「有時候，風力渦輪機……生產的電，

i 譯註：指科學（science）、技術（technology）、工程（engineering）和數學（mathematics）教育。

占德州發電量的一半以上。當風力發電下降，而電的需求驟增時，化石燃料的發電增加了，彌補供應的缺口。根據美國能源資訊管理局（the Energy Information Administration），在二月七日和二月十一日，作為德州電力一部分的風力發電，從總發電量的百分之四十二降至百分之八。在星期日夜晚，燃氣發電廠生產四萬三千八百兆瓦的電，而燃煤發電廠提供了一萬零八百兆瓦的電——大約是它們在任何一個冬日的高峰期，所生產的電力的二至三倍。在二月八日和二月十六日，風力發電驟降百分之九十三，而燃煤發電增加了百分之四十七，燃氣發電則增加了百分之四百五十。由於一個反應爐關閉（因為感應器無法傳遞系統穩定的資訊——一種安全功能），核能發電下降了百分之二十六……。由於該州的電力網愈來愈倚賴得到補助、斷斷續續的風能及太陽能，因此需要備用電力來應付需求的驟增。天然氣幫得上忙，但可靠的煤電及核電亦是不可或缺。」[88]

能源研究院發出這項警告：「拜登和其他政客指出，美國應該停止消耗碳氫化合物，只使用無碳的能源，藉此來提倡『綠色新政』，或其他類似的政策。然而能源的安全和彈性……和他們對於我們的未來的期盼恰恰相反。他們希望電力幾乎完全由再生能源來產生，並且希望所有的經濟部門完全使用電力。這意味著倘使汽車、卡車和其他車輛都變成電動，那麼增加的電力需求，將主要由再生能源來供應，而這樣做也必須取代退役中的碳氫化合物發電——如果沒有被迫提早關閉，這種發電法將持續數十年，並且可以提供我們百分之六十二的電力。」[89]

拜登在一月發布一項行政命令，要求內政部發展一項所謂的三十乘三十（30X30）保育計畫。在這項計畫中，內政部將和農業部及商務部合作，「在二〇三〇年之前，至少保護我們百分之三十的土地及水域」，作為邁向更積極的保育政策的第一步。左翼網站「沃克斯」（*Vox*）描述這項倡議是「一種大大改變形勢的自然保育政策」。雖然細節不多，但你可以想像私人財產擁有者，以及大眾可以進入和使用的地區，可能受到什麼力量的打擊。事實上，沃克斯稱讚這項計畫「具有重大意義」，並提出解釋，它「重新界定了『保育』的意義」；「原住民的權利和主權是非常重要的」；「農場、牧場和其他正被使用的農、牧用地，將對這項計畫中的百分之三十保護地做出貢獻」；「這項計畫將增加低收入社群的大自然使用權」；「這項倡議也想要創造許多工作。」

當然，考慮到這項傾向馬克思主義的運動的慾望、聯邦官僚機構的反私有財產傾向、後繼政府不斷的好高騖遠，以及土地及用水決策的聯邦化，這項計畫具有經濟和財產權災難的一切標記。

不幸地，真正的科學、經驗和知識，不是反資本主義的去成長狂熱分子的特徵。如我在《掠奪與欺騙》（*Plunder and Deceit*）一書中所解釋的，他們傾向馬克思主義的心態「已經……發展成一種假宗教和公共政策的執念。事實上，去成長行動主義者堅稱，他們的意識型態遠遠超越環境，或者甚至超越它對資本主義的仇恨，並且是一種涵蓋一切的生活方式及治理哲學」[90]。此外，他們的影響力直達橢圓形辦公室和國會大廳，在那兒，美國經濟的奇蹟正迅速地在我們眼前瓦解。

第六章　政治宣傳、言論審查，以及顛覆

本章的目的不是簡短地重述作者在《新聞的不自由》（*Unfreedom of the Press*）一書詳細討論過的主題。雖然如此，在本章開頭，作者有必要小幅度地重提本書的內容，來解釋現在作為政治宣傳者的媒體，如何適合推進一種反美國、支持馬克思主義的議程——從批判性種族理論和一六一九計畫，到去成長運動，以及它對資本主義的戰爭。

《雅克賓》（*Jacobin*）雜誌自稱是一種社會主義刊物。在這份刊物中，史帝夫・歐爾曼（Steve Sherman）寫道，馬克思「在整個成年時期，幾乎都是一名記者。他於一八四二年開始為《萊茵報》（*Rheinische Zeitung*）撰稿，並於一八四八年創立自己的報紙。他之所以能夠為《紐約論壇報》（*the New York Tribune*）工作，是因為一八四八年，他在德國科隆遇見了查理斯・達納（Charles Dana），後者後來成了《紐約太陽報》（*the New York Sun*）的編輯。幾年後，達納請馬克思為《紐約論壇報》寫幾篇有關德國局勢的文章。我認為馬克思和恩格斯將《紐約論壇報》視為一種宣揚想法，並影響他們和大群讀者辯論的途徑……。」[1]

詹姆斯・雷德貝特（James Ledbetter）是《紐約論壇報報導》（*Dispatches for the New York Tribune*）的編輯，

這是一本二〇〇八年出版的書，收錄了馬克思為《紐約論壇報》所寫的文章。雷德貝特在一次訪談中說：「馬克思在他的《紐約論壇報》專欄的基本策略，就是研究新聞事件（選舉、暴動、第二次鴉片戰爭，或者美國內戰的暴發），篩選，直至歸結出幾個政治學或經濟學的問題。然後，他會針對這些問題做出評斷。就這意義而言，馬克思的新聞工作，就類似今日在報刊輿論中發表的一些文章。而且我們不難看出，馬克思的新聞寫作，和二十世紀許多政治新聞工作（尤其是在歐洲）的傾向性公共事務論述之間，存在著直接的關係。」[2]

因此，馬克思對待新聞工作的態度，就像今日的新聞記者一樣——沒有因為致力於真實新聞的報導，而受到妨礙。相反地，他的報導是依照他的見解和意識型態來塑造新聞。

雷德貝特寫道：「一八四八年之後，馬克思明白了反革命的力量，並開始相信，除非相對較瞭解情況、較有組織的無產階級，能夠被動員來推翻現存的政府和經濟制度，否則這些制度無法被推翻。隨著時間的流逝，情況更加顯明，在許多國家，這種組織還有幾十年才會出現——如果這種組織存在的話。」[3]

簡而言之，馬克思明白大眾傳播的力量，也明白必須控制和塑造大眾傳播，以便建構事件和見解。換句話說，目標是政治宣傳，而不是提供資訊。

「把馬克思發表在《紐約論壇報》的報導讀過一遍後，你不難看出，他在描繪歐洲和印度的一些暴動和呼求時，所展現的急迫感和興奮——幾乎是一種不耐煩。有時候，他談到玉米漲價或者希臘政府的小小騷動時，彷彿那些事件即將變成點燃革命的星星之火。而我們實在不能怪罪馬克思有這種想法，畢竟在這段時期，歐洲的君主搖搖欲墜，在許多地方，至少解放的革命似乎可能發生。然而有時候，他的思想訓練似乎離他而去，而他也常反覆地說，唯有群眾準備好，革命才可能發生。但是，除非群眾製造了革命，否則我們無法確知群眾是否準備好了。」[4]

雷德貝特解釋，馬克思的確是一位鼓吹唯物史觀意識型態的革命者，然而他首先是一名新聞記者。「今日，馬克思被教導成一位經濟理論家，一位政治思想家，在某種程度上甚至是一位歷史學家和哲學家。以上每一種身分類別都有確實依據，但是並不完全。然而，歷史記錄至少暗示了另一種身分類別：馬克思應該被視為專業作家，或者新聞記者。我為企鵝出版公司編輯的經典著作不過是一個樣本。在恩格斯的協助下，馬克思總共為《紐約論壇報》寫了將近五百篇報導。這些報導幾乎構成了馬克思和恩格斯合寫的五十五冊著作中的七冊。我想倘使我們將馬克思視為一名新聞記者，我們就比較能夠瞭解馬克思作品中的修辭學的重要性。」[5]

事實上，我們將清楚看出，從《紐約時報》和《華盛頓郵報》到CNN和MSNBC，以及大多數其他新聞平台，現代的新聞記者和記者馬克思有許多共同點。他們捨棄了記者的傳統角色，選擇扮演社會行動主義者的角色——他們積極投入的重要問題和議程，多半和美國各種馬克思主義運動一樣。這種轉變並非發生在一夜之間，而是已經醞釀了大半個世紀。

的確，半個多世紀以前，本書前面提過的已故芝加哥大學英文教授理查·韋弗（Richard M. Weaver）已經談到，美國真正的新聞工作正開始走向終結。韋弗的著作《思想帶來後果》（*Ideas Have Consequences*）提到，現代的新聞界其實是社會的一大負面力量。當然他不反對新聞自由，但他對新聞界的現況非常反感。韋弗認為：「對於柏拉圖而言，真理是一種活生生的東西，不曾被人們的熱烈討論完全掌握，而且當然，它最純粹的形式也不曾以筆墨表達出來。在我們的時代，一種相反的假設似乎已經發展開來。愈是變成成見的言論，就愈能獲得讚揚。人們認為，和現代的印刷機一樣昂貴和有力的發動機，自然而然會被放在掌握知識者的手中。對於書刊文字的信仰，已經將新聞工作提升至神諭（oracles）的階級；然而，最能描述這些神諭的，莫過於柏拉圖的《費德羅篇》（*the Phaedrus*）：『它們似乎無所不知，但一般而言，它們一無所知；它們令人厭煩，而且被視為一種不帶事實的知識。』」[6]

韋弗寫道：「倘使真理的實現是心智交會的產物，也許我們會懷疑傳播真理的機制的物質能力——只要這種傳播局限於給與『一致答案』的報導的印刷和發行。這種情況立即引發了新聞界統治者的意圖問題。許多證據指出，現代的出版業想要儘量減少討論。儘管以許多狡猾的方式假裝事實恰恰相反，然而，或許除了學術討論，出版業不要交換意見，而是鼓勵人們閱讀，並希望他們吸收。」[7]

在這件事上，韋弗譴責媒體的本質是組織化的宣傳，而投入其中者，對於他們所寫、所說的事，並不具備真知灼見或知識。他們不過是某些觀點的宣傳者。

韋弗說：「另一種情況針對新聞業對於公眾利益的貢獻，提出了嚴正質疑。報紙承受一種極大的壓力：為了抓住注意力，而去扭曲事實⋯⋯。一個無可避免的事實是：報紙靠著虛構和衝突而成功。我們只需審視一些受歡迎的報紙的頭條（經常象徵性地以紅色字體呈現），就會明白，被視為新聞的是哪些東西。在每一個重大故事背後，幾乎總是藏著某種爭戰。畢竟衝突是戲劇的本質，而眾所周知，報紙刻意挑起爭端，並延長爭端。它們藉著控告，藉著狡猾的引述，藉著強調不重要的差異，來製造對抗，雖然之前，無人覺得這種對抗存在。而實際上，這樣做是有利可圖的，因為讓一場爭戰戲劇化的機會，就是製造新聞的機會。整體而言，新聞業很高興看到爭吵展開，很不樂意看到爭吵結束。在一些更具煽動性的刊物，這種激烈和暴力的精神滲透到語言裡——彰顯於輕率的措辭，使用生動的動詞和強烈的形容詞。藉著給與違法行為關注，它讓罪犯變成英雄，並且誇大了政客的形象……。」[8]

我想進一步說，新聞業不只挑起爭端和延長爭端，今日也靠著利用為各種馬克思主義運動的目的服務的問題和議程，而生氣勃勃，而且在這個過程中，讓整個國家陷入激動、憤怒的情緒，並因為意識型態的路線而分裂。

韋弗寫道：「審視報紙持續的腐化傾向時，我要引述一段出自詹姆斯・費尼摩・庫伯（James Fenimore Cooper）的話。雖然庫伯生活在黃色新聞（yellow journalism）[i]出現之前，但是當他在《美國的民主人士》（*The American Democrat*）寫出以下這段話時，他似乎帶著最佳的真知灼見和辯才陳述了這種基本狀況：『就美國新聞業的現況而言，它似乎是由一個惡作劇的大間諜特意設計出來的，目的是打擊和摧毀這個國家一切美好的事物，並高舉和推進一切邪惡。少量被推動的真理，往往被名人粗

i 譯註：指為吸引讀者而不惜嘩眾取寵、不擇手段的新聞風格。

糙地推動、弱化，然後變成惡毒。而那些靠著謊言、謬論、敵意、偏袒，以及設計者的計謀生活的人，發現新聞媒體就是魔鬼為了實施牠的計謀，而發明出來的工具。』」[9]

韋弗和庫伯凸顯了一件事：如果有些人或有些議題蔑視、反抗新聞記者投入或公開支持的事件及運動，媒體就會對這些人或議題，進行針對性的、個人的攻擊。這種情形已經變成家常便飯，例如某些人和某些團體被無情地、爭論性地描述成氣候變遷的否認者、支持川普的可悲人士，或者白人至上主義者。

韋弗認為：「不斷播放聳動的新聞，被頌揚成生動地傳播大眾想聽的消息，打消了將過去事件整合成一個可供思考的整體的努力。因此，缺乏反思使得個人未能察覺先前的自我，而我們高度懷疑，如果一個人沒有保存這樣的記憶，還能夠成為一個形而上社群的成員。所有的行為和直接知識，都有賴存在於現在的過去。我們很難懷疑這種心態，是這個時代政治道德低落的一大因素。」[10]

當然，馬克思主義的整體思想，就是為了未來生存的淨化，而潔淨歷史——為了為馬克思主義社會鋪路，先前的一切都必須被拒絕、被摧毀，必要時，就訴諸暴力革命。

我們將清楚看出，政治宣傳、假事件、社會行動主義，以及針對性個人攻擊的結合，已經取代了傳統的新聞工作。此外，這種結合也積極地推進美國馬克思主義者的各種目標和運動。

愛德華·伯內斯（Edward Bernays）被認為是當代政治宣傳學之父。在他一九二八年的著作《政治宣傳》（*Propaganda*）中，他寫道：「政治宣傳是指一致地、持續地創造或塑造事件，來影響大眾和一個計畫、思想或團體的關係……。能被管控的想法何其眾多，而被管控時，這些想法又何其頑強，因此有時候，一個團體會施加無法抵擋的壓力，而在這種壓力之前，立法者、編輯和教師都感到無助。」[11]

伯內斯解釋：「少數派已經找到可以大大影響多數派的東西。他們已經發現，他們可以塑造群眾的想法，讓他們將剛剛獲得的力量投往想要的方向。在當前的社會結構中，這種做法是無可避免的。今日，不管在政治、財政、製造業、農業、慈善業、教育或其他領域做任何具有社會重要性的事，都必須借助政治宣傳。政治宣傳是看不見的政府的執行臂膀。」[12]

網站phys.org的理查·岡德曼（Richard Gunderman）指出，「伯內斯的著作所提供的，不是衡量宣傳正當性的原則或傳統，而是一種為任何目的塑造大眾輿論的方法，不管這些目的是否對人類有益。這種看法使得最高法院大法官菲力克斯·法蘭克福特（Felix Frankfurter）警告法蘭克林·羅斯福總統，不要讓伯內斯在二次世界大戰中，扮演領導者的角色。這位大法官將伯內斯和他的同僚描述成『大眾心智的專業毒害者，愚昧、狂熱和利己主義的利用者。』」[13]

哈洛德·德威特·拉斯威爾（Harold Dwight Lasswell）在他一九二七年的著作《二次世界大戰的政治宣傳技巧》（*Propaganda Technique in the World War*）中，將政治宣傳描述成一種新聞界和其他人使用的工具，一種喬裝成學識和智慧的工具。「政治宣傳是對現代世界的理性做出讓步。一個能讀能寫的世界，一個閱讀的世界，一個受過教育的世界，比較喜歡靠著辯論和新聞繁榮和昌盛。這個世界已經世故到能夠使用印刷品的程度；而喜歡印刷品者，將靠著新聞媒體而活，或因新聞媒體而滅亡。散布的學識的一切裝備，將偽理性吸引力的象徵和形式普及化；政治宣傳的狼毫不猶豫地披上羊皮。所有當代口若懸河的人——作家、記者、編輯、牧師、演講者、教師、政客——都被拉去為政治宣傳服務，以擴大主要的聲音。這一切都帶著智慧的禮節和裝飾，因為這是一個理性的時代，而這樣的時代要求靈巧、熟練的主廚將它的生肉煮熟，並加以裝飾。」[14]

已故政治理論家漢娜・鄂蘭（Hannah Arendt）在她的著作《極權主義的起源》（*The Origins of Totalitarianism*）中寫道：「大眾的確滿腦子想著逃離事實，因為他們本質上的無家可歸，使得他們無法忍受事實的偶然及無法理解的層面。然而，大眾對於虛構的渴望，也的確和人類心智的能力有一些關聯，因為人類心智比較容易理解結構上具備一致性的事物，比較難以理解偶發的事件。大眾的逃避事實，說明他們否定了他們被迫生活於其中、但無法生存於其中的世界，因為巧合已經變成這個世界的最高主人，而人類需要經常將混亂、偶然的情況，轉變成人造的相對一致性（relative consistency）的模式。群眾之所以反抗『現實性』、常識，以及一切『世界的可信性』……是因為他們的分裂、孤立，是因為他們失去社會地位，也連帶失去了整個公共關係的領域，而只有在這個領域的架構中，常識才顯得合理。在他們的精神及社會的無家可歸狀況中，他們再也無法謹慎而深入地瞭解反覆無常和計劃性事物之間的相互依賴，或者偶然和必然之間的相互依存。唯有當常識失去有效性，極權主義的政治宣傳才能肆無忌憚地侮辱常識。在群眾只能選擇面對無政府主義的成長，和全然反覆無常的衰敗，或者選擇屈服於一種意識型態最僵硬、最荒唐而虛假的一致性時，他們極可能永遠選擇後者，並且準備犧牲個人利益，為此付出代價——不是因為他們愚蠢或邪惡，而是因為在一般性的災難中，這種逃避讓他們得到最低程度的自尊。」[15]

換句話說，當人們身處一個衰敗的文化或社會，而且這個社會不再是一個整合的公民社會，並且公平的社會秩序也瓦解了，那時他們就容易相信並追隨危險的虛構，即使這些虛構導致他們自己的滅亡。

鄂蘭寫道：「在極權主義運動抓住權力，按照自己的教義建立一個世界之前，它們召喚出一個虛假的一致性的世界，這個世界比事實更能滿足人類心智的需要，而在這個世界，藉由純粹的想像，失根的群眾覺得比較自在，並且免去現實生活和真實經驗帶給人類和他們的期待的無盡驚嚇。在運動獲得力量拉下鐵幕，藉著最少的事實，藉著一個全然想像的世界的陰森寂靜，來制止任何人的攪擾之前，極權主義政治宣傳所擁有的力量，在於它有能力讓群眾和真實世界隔絕。真實世界仍然提供一些跡象，來餵養未整合的、分裂的群眾的理解（每一個新的不幸，都讓他們更加容易上當），而這些跡象可以說就是它的空白——它不想公開討論的問題，或者它不敢反駁的謠言……。」[16]

如我在《美國烏托邦》（*Ameritopia*）一書解釋的，「烏托邦主義……被社會那些幻滅的、不服的、不滿的、適應不良的人所接受，他們不願或不能為自己真實的處境，或感知的處境，負起責任，而是責怪環境、『體制』，和其他。他們被烏托邦式的轉變的虛假希望和應許所吸引，也被批判現存社會的聲音所吸引，而他們和這個社會之間，只有一種嘗試性的關聯，或者沒有任何關聯。改善不滿者的命運和烏托邦的目標接連在一起。此外，詆毀和貶低成功者或事業有成者，變成一種基本策略……。藉著利用人類的軟弱、挫敗、嫉妒和不公平待遇，不滿者不快樂、漫無目標的生活中，出現了一種意義感和自我價值感。簡而言之，痛苦的平等——即結果的平等，或者一致性——被宣揚成一件公正、公平和正直的事。因此，除非自由有利於平等，否則在本質上，自由是不道德的。」[17]

已故的丹尼爾・布爾斯丁（Daniel J. Boorstin）是美國國會圖書館館長，以及芝加哥大學歷史教授。除了政治宣傳，或者一種政治宣傳形式，還有一種被他稱為「假事件」（pseudo-events）的東西——即假的新聞事件。布爾斯丁解釋：「在一個極權主義社會，人民被有目的的謊言包圍，真相當然被扭曲，但是真相的呈現並非含糊。政治宣傳的謊言被肯定地表達，彷彿是事實的，而其目的就是讓人們相信，事實比它本身更加簡單而明瞭……。政治宣傳讓經驗過度簡化，而假事件則讓經驗過度複雜化。」[18]

布爾斯丁注意到，媒體巧妙地使用假事件，來推進目標及議程。他解釋：「首先，也許說來奇怪，假事件出現時，也正是職業道德成長的時候，而職業道德迫使記者不會在新聞報導中，插入意見和個人判斷。但是現在，在假事件的製造中，記者找到了展現個人特質和創造性想像的巨大空間。」[19]

的確，我們被假事件——而不是真實新聞——所淹沒。那是新聞記者製造出來的不實事物。舉例來說，的確有幾年，我們的國家天天聽到這樣的猛追猛打的「新聞」報導：川普總統和俄羅斯串通，來贏得二〇一六年的總統大選。這種假新聞促成了國會聽證會、犯罪偵查，以及一個接一個、沒完沒了的故事。完全不實的新聞報導獲得了普立茲獎。也許這是新聞史上最大的媒體騙局。

如布爾斯丁所說：「在一個像美國社會的民主社會——尤其是在一個有高度文化素養、富裕、競爭性、科技進步的社會——人們可能被假事件包圍。對於我們而言，言論、新聞和廣播自由包括創造假事件的自由。競爭的政客、競爭的新聞記者、競爭的新聞媒體，都在爭相創造假事件。他們爭相提供有關這個世界的『資訊性』報導和影像。他們自由地去思索事實，去創造新事實，去要求他們自己設計的問題得到解答。在我們的『自由創意市場』（free market place of ideas），人們面對競爭性的假事件，並且被容許針對這些事件做出判斷。這就是我們談到為人們『提供資訊』時，真正的意思。」[20]

因此，我們似乎同時活在兩個世界：媒體為我們創造的虛構世界，以及我們和假事件沒什麼關聯的日常生活的真實世界。然而對於許多人而言，前者可能充滿了吸引力。布爾斯丁寫道：「因此，在美國公民生活的世界裡，幻想比事實更真實，影像比原物更有尊嚴。我們幾乎不敢面對自己的困惑，因為我們那含糊的經驗是如此愉悅而充滿光彩，而相信設計的事實所帶來的安慰，是完全真實的。我們變成時代的大騙局的火熱配件。我們在欺騙自己。」[21]

假事件的重複、力量和普遍，創造出一種充滿誘惑的吸引力，使得人們更難從編造的事物中，分辨出新聞和真實事件。而且虛假往往變得比真實更具魅力。「假事件的本質，使得它們往往比自發事件更有趣、更具吸引力。因此，在美國今日的公眾生活中，假事件往往自我們的意識中趕出其他事件，或者至少掩蓋這些事件。嚴肅的、見多識廣的公民很少注意到，他們的自發事件的經驗，被假事件掩蓋了。然而今日，他們愈加勤奮地『充實』自己的知識，就愈加陷入這種困境。」[22]

事實上，和試圖欺騙、控制、引導人們的政治宣傳一樣，對於推進馬克思主義和極權主義運動而言，假事件十分重要。然而，對於一個自由、開放和民主的社會而言，假事件完全是破壞性的。布爾斯丁解釋：「在十九世紀的美國，最極端的現代主義認為，人類是由自己的環境創造而成的。在二十世紀的美國，我們仍然認為，我們是由環境所創造的，但我們也相信，我們幾乎可以完全創造自己的環境……。但是，這是為了什麼？倘使人類創造自己的環境，並隨心所欲地填滿自己的經驗，那麼人類不會創造自己的上帝才怪！」[23]

最近，新聞學教授和其他人發明了另一個理由，來解釋為什麼他們將「社會行動主義迂迴地滲入報導中」。他們稱這件事為「公共（或社區）新聞工作（public (or community) journalism）」。一般而言，和美國的馬克思主義及教育的情況一樣，目前構成美國新聞編輯室多數派的社會行動主義者記者，是約翰·杜威的追隨者，其中大多數人是自覺的追隨者，其他一些人則是不自覺的追隨者。一些人公開承認這個事實，其他人則假裝否認這個事實。杜威堅稱：「當……我說一種新生的自由主義的第一目標是教育，我是指教育的任務是協助塑造心智和性格的習慣，以及智力和道德的模式，讓這些習慣和模式幾乎與事件的真實動向一致。我重複說，當前思想混亂和行動癱瘓的基本因素，就是外在發生的事件的真實動向，有別於渴望和思想的方式，以及將情感和目標訴諸行動的方式。如果沒有促成情況的真實改變的行動，單單靠著改變人的思想，無法達成教育的任務。需要改變的舊模式之一，就是這個想法：性情和態度可以靠著被認為完全在人裡面進行的『道德』手段來改變。思想、慾望和目標，存在於人與環境經常性的施與受的互動中。但是，堅決的想法是行動改變的第一步，而行動的改變又會進一步促成必要的思想和性格的改變。」[24]

所以杜威認為，結合社會行動主義的「心智的習慣」以及某種思考方式，必須被反覆灌輸給大眾的心理。換句話說，大眾必須接受社會行動主義心態的思想灌輸。

杜威接著說：「簡而言之，現在，自由主義必須變得激進化，而『激進』的意思，是明白有必要徹底改變制度的結構，以及採取相應的行動，好讓改變發生。實際情況帶來的可能性以及真實狀況之間，存在著極大的差異，而專門的零碎政策無法縮小這些差異……。倘使激進主義的定義，是明白徹底改變的必要性，那麼今日，任何不是激進主義的自由主義，就是不相干的，並且注定會失敗。」[25] 因此，若要讓意識型態的野心在社會化為行動，就必須採取激進措施。沒有折衷辦法，沒有走小步。杜威很清楚，馬克思也無法容忍折衷辦法。他譴責社會主義將他的意識型態雜種化，讓「勞工天堂」無法實現。

這一點激發並推動杜威在新聞界的追隨者，而現在，大多數的新聞編輯室都充斥著這樣的人。麥可．舒德森（Michael Schudson）是加州大學聖地牙哥分校的教授，他寫道：「公共新聞就像進步主義時代的改革一樣，推進一種未解決的混合做法：授權人民，並將公共責任委託給精英和專家。進步主義者支持賦予人民權力的主動權和公投，也支持將權力轉移給專業人員的城市經理制政府（city manager government）。進步主義者頌揚賦予人民權力的選民直接投票的預選（direct primaries），也頌揚賦予有教育資格者權力的擇優文官制（merit-based civil service）。這些民粹主義改革和精英主義改革的共同點，就是憎惡政黨和傳統的黨派性。它們還有一個共同點：公共新聞對於程序主義（proceduralism）的道德性強調：支持民主，而不支持特定的政策解決方案。」[26]

然而，新聞記者向我們保證，這種態度不是關於採取政治立場，或意識型態立場，而是關於解決問題，以及為社區服務。這真是胡說八道。舉例來說，希歐多爾．格拉瑟（Theodore L. Glasser）是史丹福大學的傳播學教授，他在二〇一六年發表於《史丹福雜誌》（*Stanford Magazine*）的一篇文章中，揭露了自己的真面目。他寫道：「在他極具挑撥性的畢業典禮演說中，紀錄片製片人肯恩・伯恩斯（Ken Burns）呼籲史丹福大學二〇一六班的學生，將政治歧異擱在一旁，一起起來打敗川普。雖然沒有提到川普的名字，但伯恩斯認為，川普顯然不夠資格當總統。屬於政治主流派的伯恩斯對川普的控告，就像出自左派電影工作者麥可・摩爾（Michael Moore）。他認為川普『幼稚、霸道』，『說謊成性』，『除了自己和自己的致富之道，不曾顯示對任何人或任何事有興趣。』雖然伯恩斯說，數十年來，他一直在工作上『認真地採取自覺的中立立場，並且嚴格維持這種立場』，『避開他的許多同事的主張』，但是現在，他相信『有時候，我——和你們——再也無法保持中立和沉默。我們必須大聲說出來，必須毫無保留地說出來。』伯恩斯指出，新聞記者未能『揭露這個騙子』，因為他們『左右為難，一方面必須顧及做好新聞工作的煩人責任，一方面必須顧及媒體馬戲團總是能夠獲得的極高收視率』。」[27]

格拉瑟以贊同的語氣寫道：「但是，伯恩斯真的想要新聞記者大聲、大膽地說出來，放棄對於中立的承諾（至少在對待川普時是如此）？他是否丟棄超然、無私的記者的理想？他是否想像新聞界不再恪守公平和客觀的美德？他是否打算製造他自己的『騙子川普』的報導，就像哥倫比亞廣播公司（CBS）傳奇性紀錄片工作者愛德華・穆洛（Edward R. Murrow）的作品那樣（伯恩斯以贊同的語氣提到他）？例如就像穆洛揭露一九五〇年代的騙子威斯康辛州參議員約瑟・麥卡錫（Joseph McCarthy）那樣？我希望以上的問題都得到肯定的答覆。」[28]

然而，使用這種欺騙手段的，絕不只是格拉瑟一人。

大衛斯・梅利特（Davis Merritt）是《公共新聞和公共生活》（*Public Journalism and Public Life*）一書的作者，他宣稱：「由於我們必然是參與者，由於我們的職業有賴民主的持續成功，我們需要培養一種工作哲學：投身於協助公共生活順利進行的任務。我稱此為公正的參與者。採用這種哲學不意味著放棄優良的判斷、公平、平衡、正確性，或事實。然而，這的確意味著在比賽場地——而不是在遠離比賽的記者席——使用這些美德；不是作為一名參賽者，而是作為一名公正的參與者。這個參與者的在場對於公平地評斷結果而言，是有必要的，而這種評斷是按照一致同意的規則，由參賽者做出的……。認為記者不該參與評價的傳統，製造了我們（以及我們的產品）和一般民眾之間的另一種隔閡。」[29]

那麼，梅利特的公平參與如何在他的報紙頁面表現出來？以下是一個例子。在二〇一五年十二月八日，梅利特在為他的堪薩斯報紙所寫的一篇文章中宣稱：「唐納・川普沒有得到一張選票，也沒有委派任何代表參加共和黨全國代表大會（the Republican National Convention），因此，還有時間去攔阻這種理論上可能成為共和黨候選人災難以及美國治國災難的情況。但是，比起美國八月的情況，現在的時間更加緊迫了，當時他從阿拉巴馬州莫比爾市（Mobile）一場刺耳、吵鬧的大型集會中，展開他那怪異的總統競選活動。」[30]

當然，接下來川普會贏得總統大選。但是，梅利特有很強的黨派性，而他的公共新聞的觀念，就是宣揚他的意識型態偏見。的確，他毫不隱諱他對川普的憎惡。「川普持續他那輕率、霸道、膚淺、不認錯，而且經常不講事實的競選活動，這件事已經讓那些主流共和黨人驚恐萬分。對於他們當中的大部分人而言，一個像川普這樣激進的候選人，當然會讓共和黨失去另一場總統大選（看看貝利・高華德（Barry Goldwater）和喬治・麥高文（George McGovern）的例子），也可能導致共和黨失去參議院的席位。」[31]

梅利特告誡說，對於公共新聞的群眾而言，客觀或公平的報導（至少追求這樣的目標）太缺乏效力了。事實上，他們對於改善民主和解決社區問題的看法，主要是為了推進他們的政治議程。雖然如此，梅利特和他的同僚自私地堅稱，他們的態度是公開的，認真的。事實上，他們似乎自以為是地把自己看成好撒瑪利亞人。梅利特解釋：「我的主要目的，不是嘗試描述或鼓勵某種手段或做法。這樣做會局限可能性。我的目地是在新聞業之內和之外，激發人們深思地、嚴肅地去討論新聞業在民主中的真正地位。我的目標不是提供直接而明確的答覆（即使我能夠這麼做）。新聞業和公共生活並非迅速地進入目前的衰退狀況，也不會迅速地自衰退中恢復。唯有經過一段時間，透過認真的實驗，我們才能找到明確的答案。」[32]

另一位公共新聞的鼓吹者，是紐約大學新聞學教授傑・羅森（Jay Rosen）。他認為「未來的報紙，將必須重新思考它和所有餵養公眾生活的機構的關係，這些機構包括圖書館、大學和咖啡館。它必須做的，不只是在這些機構碰巧製造新聞時，去『報導』這些機構，不只是去刊出它們的廣告。報紙必須看出，它自己的健康，有賴於將人們拉出私人世界的其他數十個機構的健康。因為公眾生活的吸引力愈大，報紙的需求就愈大。空蕩蕩的街道對於編輯而言，不是好事，儘管它們可能製造許多犯罪新聞。街道愈空蕩，報紙對於那些被困在私人住宅的讀者而言，就愈顯得空虛……。」[33]

和其他人一樣，羅森堅稱，新聞業正在衰退，這不是因為它未能以客觀、公平的方式，去處理新聞，而是因為它未能藉由社會行動主義，去和一般人建立關係。的確，羅森屈尊地告誡說：「倘使大眾被認為原封不動地『在那兒』，那麼新聞工作就可以簡單地說成是：以人們的名義告知人們他們當中發生的事。但是，如果大眾過著一種比較破碎的生活呢？有時候，大眾可能警覺而忙碌，但是，他們也可能正在對抗其他最後可能得勝的壓力（包括對抗自己）。不去注意公共事務或許是這些情況中最單純的，而社會的分裂和孤立是一種較複雜的情況。錢的力量大於大眾，問題將他們擊垮，而他們開始感到疲憊，於是注意力衰退了，他們心裡則充滿譏諷。當大眾過著這種較脆弱的生活，新聞媒體就面對不一樣的任務：不只是去告知可能出現或不會出現的大眾，也要去改善可能出現的改變。我早期的英雄約翰．杜威在他一九二七年的著作《公眾和他們的問題》（*The Public and Its Problems*）中，提出類似的看法。」[34]

杜威是羅森的英雄，所以有數年，羅森教導他的新聞學學生（以及研討會的學生）他的意識型態式的新聞報導方式。「公共新聞」以「大眾」或「社區」新聞的名稱出現，據說是沒有明確的規則或形式，並且鼓吹捨棄傳統的新聞工作。它大大有助於為新聞編輯室幾乎完全或廣泛的政治化辯護，在那兒，支持各種美國馬克思主義運動的社會行動主義，吞沒了先前的新聞業，並以傾向性的、偏頗的輿論取代新聞。

和格拉斯、梅利特及媒體界的其他大多數人一樣，羅森對於川普的公開蔑視，進一步暴露了他的本相。的確，作為他們的攻擊目標的川普，比任何人都更努力地揭露這項激進的運動。在二〇一六年總統大選期間，羅森在《華盛頓郵報》寫道：「想像一位候選人意圖讓大眾更加搞不清楚他在許多問題的立場，好讓選民不再嘗試瞭解情況，而是帶著粗糙的情感投票。在這種情況下，問『你的立場是什麼，先生？』是否符合新聞工作的目標？或者會讓採訪者參與候選人混亂的計畫？記者們，我知道你們在想些什麼：『你要我們怎麼辦？不再報導一個政黨的主要總統候選人？這是不負責任的。』沒錯，但是這種反應繞開了明智的辯論。在選舉報導的每一個常見慣例之下，存在著候選人如何表現的前提。我要你們問：這些前提是否仍然適用？川普的表現不像正常的候選人；他就像一個毫無節制的人。回應這樣的候選人時，新聞記者必須變得比較不可預測，必須做出新的反應，必須做出不曾做過的事，甚至必須讓我們震驚。」[35]

羅森寫道：「也許他們必須以先前不知道的方式，進行各種新聞媒體之間的合作。也許他們必須以前所未見的強硬態度提到川普。也許他們必須在訪談中冒著打破禮節的危險，並忍受難受的尷尬。最困難的是，他們將必須向大眾解釋，川普是一個特例，一般規則不適用。」[36]

顯然羅森的教導被人積極地、不屈不撓地學習著。相反地，在報導喬・拜登的總統競選活動以及現在身為總統的表現時，「公共新聞」軍隊展現了戲劇性的大轉變，以及對於報導的全然不感興趣——甚至展現一種訓練有素的缺乏好奇。今日的媒體變成了拜登和他極端激進的議程的禁衛軍，而嚴肅、實質的審查幾乎不存在。

《美國展望》（*the American Prospect*）自稱是「進步主義」支持者的雜誌和網站，這個雜誌和網站的馬丁・林斯基（Martin Linsky）開門見山地說：「一方面，公共新聞脫掉了國王的超然外袍。一些新聞界的偶像級人物終於承認政客、官僚、利益團體和公民早就了然於胸的事：媒體是公共事務遊戲中的玩遊戲者，不是無私的觀察者。他們做什麼以及如何做，會產生影響，不管他們是否想要為此負起責任……。羅森剖析新聞的超然和公正的神話。每一個報導、每一個有關報導內容的決定，都是建立在有關世界應該如何運作的假設上（通常是不言而喻的假設）。當羅森說，所有的政治新聞形式都倚賴新聞記者對於政治及民主應該如何起作用的想像，他當然沒有說錯。政治新聞毫無超然和公正可言。（評估美國民主的狀態——包括他自己的評估——也必然同樣有賴評估者對於民主理想的想像。）舉例來說，倘使新聞編輯室裡，存在著認為不平等不好的觀點，那麼一個有關收入不平等的報導，就只是一個報導。唯有當你認為競選活動曾經文明而有禮（或者至少現在應該文明而有禮），那麼當競選活動看起來比較像運動賽事，而不像牛津和劍橋大學的辯論賽，你才會感到憂心忡忡。」[37]

美國新聞編輯室裡政治宣傳、假新聞和社會行動主義的結合，導致了現代新聞界的災難。報導新聞時，再也沒有可以辨識、傳統或專業的標準。的確，所謂的新聞工作繞了一大圈，又回到馬克思自己所使用的方式。如雷德貝特先前解釋的：「馬克思的新聞工作，就類似今日在報刊輿論中發表的一些文章。而且我們不難看出，馬克思的新聞寫作，和二十世紀許多政治新聞工作（尤其是在歐洲）的傾向性公共事務論述之間，存在著直接的關係。」[38] 此外，馬克思的影響超越他的輿論新聞工作（opinion journalism）：美國的媒體已經變成馬克思主義意識型態的特別辯護者，或者至少在支持那些將這種意識型態應用於許多社會層面的人。

然而，故事沒有在此結束。事實上，情況變得更糟。接下來的做法，就是依照邏輯推理，一步一步拋棄開放和自由社會，在這當中，思想灌輸和行動主義，是控制思想及結果的關鍵，最終則是壓制的關鍵——讓反對的聲音安靜下來，以追求意識型態的純淨。而若要這樣做，就必須以拒絕順服者為攻擊目標，並且取締這些人。

索爾．阿林斯基（Saul Alinsky）是一位著名的馬克思主義社區組織者，在他的著作《激進分子的規則》（*Rules for Radicals*）裡，他寫道：「改革意味著群眾已經對過去的做法和價值觀感到幻滅。他們不知道什麼管用，但是他們知道現行的制度是不利自己的、令人沮喪的、無望的。他們沒有為了改變而採取行動，但是不會大力反對這樣做的人。因此，革命的時機成熟了……。記住：一旦你以汙染這種大家沒有爭議的問題將人民組織起來，那麼被組織起來的人就開始活躍了。接下來，只需自然而然地跨出一小步，就可以造成政治界的汙染，以及五角大廈的汙染。」[39]

媒體在打擊大眾士氣以及破壞美國制度和傳統中，扮演了一個重要的角色。按照阿林斯基的看法，此刻我們已經面臨革命了。現在，他的策略必須展開，而這些策略包括「挑選目標，將之凍結、個人化、極化」。阿林斯基接著說：「在衝突的策略中，組織者必須將某些規則視為普遍的規則。而其中一個規則，就是必須將反對者挑出來，當作攻擊目標，並將之『凍結』……。顯然除非有一個集中攻擊的目標，否者策略就沒有任何意義……。有了這個攻擊焦點，就會出現兩極化現象。如我們先前指出的，如果接下來要訴諸行動，那麼所有的問題就必須極化。」[40]

二〇一九年一月二日，美國國家廣播公司（NBC）《會見新聞界》（Meeting the Press）的主持人洽克．陶德（Chuck Todd）為即將發生的事，提供了一個赤裸裸的例子。他公開向美國宣告，而這個宣告包含並結合了先前討論過的一切最惡劣的做法和策略。如果你關心作為美國堡壘的言論自由，以及正當的思想競爭，這個宣告必然會讓你觸目驚心。陶德說：

今天早上，我們將做一件不常做的事，我們將深入討論一個主題。顯然這麼做極其困難，就如今年結束時（在川普的時代）所證明的。儘管如此，我們將深入探討一個真的會改變地球的主題，這個主題——氣候變遷——沒有被詳盡討論，至少沒有在電視新聞中被詳盡討論。但是，和我們這個小時所要做的事一樣重要的，是我們不會去做的事。我們不會去辯論氣候變遷，不會去辯論氣候變遷是否存在。地球變得愈來愈暖，而人類的行動是主要因素，就是這樣。我們不會把時間浪費在那些否認氣候變遷的人。科學爭議已經解決了——即使政治看法尚有爭議。而且我們不會將天氣和氣候混為一談。除非暴風雪襲擊邁阿密，否則熱浪證明氣候變遷的存在，比不上暴風雪證明氣候變遷的不存在。我們今日的確有一群專家，在這兒幫助我們瞭解氣候變遷的科學及後果，並且提供一些觀念，來打破這件事上的政治麻痺。41

事實上，有數百位（如果不是數千位）專家和學者已經質疑以下的看法：地球正在暖化；地球的暖化是因為人類的活動，或者也許地球正在暖化，但不像那些危言聳聽者所說的那麼嚴重；在某種程度上，地球的確正在暖化，但這是因為太陽或其他我們無法控制的情況的緣故。陶德將這些專家和學者一律斥為「否認者」，並且拒絕給與他們一個全國性的平台，讓他們可以和大眾分享淵博的知識，並參與這個主題的辯論。當然，即使陶德不具備專門知識，他還是這麼做了。對於氣候變遷運動的忠誠推動著他，而他堅持掩護這項運動。顯然地，他不是特例。事實上，你很難看到專家和科學家出現在電視新聞節目，質疑氣候變遷的說法，或者在刊出的新聞報導中提供見解。但是，宣揚這種看法的報導和來賓卻多得數不清。[42]

這種情況也出現在批判性種族理論和相關的運動中。如札克・哥德堡（Zach Goldberg）在《碑文雜誌》（*Tablet*）中說明的：「無數的文章被刊出了……經常以可靠的新聞報導為偽裝，新聞記者將有關種族和認同的新理論的正當性視為理所當然。這類文章說明了有關種族和正義問題的一種流行的新政治道德觀，而這種道德觀主導著《紐約時報》和《華盛頓郵報》。這是一種有時被簡稱為『覺醒』（wokeness）的世界觀，結合了受過高等教育、超自由派（hyper-liberal）的白人專業人士的感性，以及黑人民族主義和學術性批判種族主義的元素。」[43]

哥德堡寫道：「對於一些美國人而言，這一切當然是好消息。使用批判性種族理論的比喻，將種族罪惡感歸因於美國制度的文章迅速增加了，而他們認為，這一點代表美國人正在遲來地處理白人至上和不平等的問題。這種論點可能遭遇許多反對：首先，一個事實存在著：就歷史先例而言，根據膚色將一個多元的、多族群的社會，分裂成受壓迫者和壓迫者的類別，經常導致派別性的流血事件，而不是正義和公平的提高。此外，推進這種新的種族分裂系統的說法，其實是騙人的，是建立在錯誤或誤導性的前提和假設上，並且極端仇視任何糾正事實的嘗試。舉例來說，如果有人指出，將白人至上報導成美國社會一股極強大的力量，往往忽略了一件事：一些非白人團體（例如奈及利亞裔美國人、印度裔美國人，和東亞裔美國人），比一般白人擁有更多的收入公平性，那麼這種說法就會被視為一種「微冒犯」（microaggression），而被證明錯誤。媒體已經積極地宣揚一種種族主義理論，這種理論不實地陳述世界的事實，並且將任何批判這些事實的嘗試，醜化為種族主義。」[44]

因此，在熱烈支持美國社會以馬克思主義為中心的轉變當中，媒體加入了批判性種族理論行動主義者（曾經被斥為激進的邊緣性運動的支持者），也加入了這些行動主義者所代表並信奉的可怕的種族主義，以及妖魔化的行徑。

雖然哥德堡承認美國社會的不公平，他也憎惡那些想要改變美國者「像壓路機般壓制令人為難的事實」。「資料所呈現的……暗示著過去十年，世上一些最具影響力的媒體機構的編輯，在面對種族問題時，針對該使用什麼語言以及該報導什麼故事所做的決定（不管這些決定背後的深謀遠慮的意圖和程度是什麼），已經在讀者當中，煽動了種族意識的復活。不管是有意還是無意，藉著採用並經常重複一組關鍵字詞和觀念，《紐約時報》這類的報刊，已經在讀者當中，將一個看法正常化：『顏色』是其他人類的界定特徵。對於採用這種種族的單一界定特徵的人而言，激進化的世界觀，變成政治忠誠的基線評估（baseline assessment）。這種世界觀要求支持者忽視所謂的『有色人種』和『非有色人種』（即任何按照流行的意識型態方式，被歸類為『白人』者）當中的極大差異。這樣做時，它讓社會接受（如果不是讚揚）刻板印象。」[45]

當然，《紐約時報》的政治宣傳是刻意的。如先前討論的，就是這家媒體公司積極地宣揚不足信的一六一九計畫，後者正被廣泛地散布到美國的公立學校系統，並且如先前討論的，想要對學生進行洗腦，讓他們相信美國從建國開始直到現在，一直是一個無可救藥的種族主義社會，和壓制性的社會。

哥德堡解釋：「那些宣揚修正主義式的身分主義（revisionist identitarianism），以及美國社會種族上的激進改變的媒體機構，可以轉而將注意力和影響力，用於改善每一個人的生活品質。」[46]

毫無意外地，CNN全力以赴。「CNN的執行長傑夫·札克（Jeff Zucker）宣告擴大它報導種族的負責區域，計劃設立幾個新職位。札克在備忘錄寫道：『迪蘭諾·瑪西（Delano Massey）將成為這項計畫的領導者，而CNN電視網將創造以下職位：資深編輯、資深作家，以及突發新聞作家和熱點新聞作家。這個團隊將報導突發新聞，以及有關種族的事件和談話。』『爭戰、進展和勝利。大多數美國人現在都承認系統性種族主義的存在。最近的民調、研究和資料。種族如何與企業、政治、運動、媒體、住宅、醫療保健和教育交織在一起。許多企業的領導層中缺乏代表。仍然存在的種族主義跡象及象徵。提供解決辦法、啟發和帶領的聲音。黑人、白人、拉丁美洲人、亞裔美國人、本土美國人，各種種族，所有的種族。』」[47]

馬丁·路德·金恩牧師作出以下宣告的日子遠離了：「我有一個夢想：有一天，在我的四個小孩生活的國家，評斷他們的，不是他們的膚色，而是他們的性格內涵。」[48]

在社會和文化的許多領域建立了革命性改變的基礎後，查禁、取消和封口認真地展開了。壓制，而不是交流；順從，而不是發言；一致，而不是獨立；鎮壓，而不是自由。這些都是美國馬克思主義的標誌。

羅伯特·韓德森（Robert Henderson）在他發表於《城市雜誌》（*City Journal*）的文章〈只說謊言〉

（"Telling Only Lies"）中寫道：「按照目前的標準，達到意識型態的純淨已經不夠了。我們永遠必須秉持正確的信念。當然，這種扭曲的道德標準只會導致說謊。政治學家詹姆斯．吉布森（James L. Gibson）和約瑟．蘇德蘭（Joseph L. Sutherland）在他們最近的論文〈閉嘴：美國持續惡化的自我審查〉（"Keeping Your Mouth Shut: Spiraling Self-Censorship in the United States"）中揭露，美國人的自我審查激增了。在一九五〇年代，在麥卡錫主義（McCarthyism）的高峰期，百分之十三點四的美國人透露，他們感覺『比以往更無法自由地表達想法』。在一九八七年，這個數字達到百分之二十。到了二〇一九年，百分之四十的美國人透露，他們覺得不能自由地說出想法。」[49]

韓德森問道：「這種持續的自我審查會帶來什麼後果？」他說：「英國歷史學家羅伯特．康奎斯特（Robert Conquest）在他的著作《大恐怖時期》（*The Great Terror*）中，提出一個可能的答案。在一段描述蘇聯擺樣子的公審（show trial）的文章中，一個現象讓康奎斯特感到困擾：為什麼無辜者承認犯下他們沒有犯下的可怕罪行，即使大多數蘇聯公民都不相信這些人所認的罪？康奎斯特提出一個令人不寒而慄的解答：蘇聯公民已經習慣於說謊，所以多一個謊言沒什麼大不了。人們已經習慣了接受不斷改變的標準，甚至已經習慣了表達對於這些標準的支持。」[50]此外，韓德森說：「管理專家傑利．哈威（Jerry B. Harvey）……描述了一種情況：個人不同意一個觀念，但由於他們明白別人同意這個觀念，所以就默許這個觀念。倘使誠實已經不流行了，我們會在一種假定下行事：其他人會有某種看法。而事實上，這不是事實。」[51]

韓德森提出警告：「由於遊戲規則不斷地改變，而個人因為過去所說的話，而失掉工作或出人頭地的機會，所以我們會更加精通於表達虛假的想法。這種系統極可能會為那些傾向於對欺騙感到安心的個人做選擇。過了一段時間，唯有說謊者會公開說話。」[52]

各種交叉的馬克思主義運動正在美國的校園橫行，而美國的學院和大學，是最不能容忍敢於反對這些運動的行政人員、教授和學生的環境之一。[53]的確，曾被視為高等教育基礎的學術自由和言論自由不復存在了。[54]

這種不寬容和取消文化，已經擴展成在雇用、晉升、獎學金和出版領域，公然歧視那些不服從校園革命者所要求的意識型態的教授和研究生。黨派性和意識型態研究中心（the Center for the Study of Partisanship and Ideology）的艾瑞克．考夫曼（Eric Kaufman）在二〇二一年三月一日發表的一份研究中提到：「每十位美國和加拿大的學者，就有超過四位不願雇用川普的支持者……；雖然如此，每十位學者中，只有一位支持解雇有爭議的教授，而大多數的學者都不支持取消文化，但有許多學者不反對這種文化，並且保持不置可否的態度；傾向右派的學者經歷到極大的制度性極權主義，以及同儕壓力；在美國，超過三分之一的保守派學者及博士班學生，曾經因為自己的看法，而受到紀律處分的威脅，而百分之七十的保守派學者透露，他們曾經因為自己的信念，而感受到部門對他們的敵意；在社會科學和人文科學領域，每十位支持川普的學者，就有超過九位……說，他們無法安心地向一位同事表達他們的看法；超過半數的北美和英國保守派學者承認，他們經常必須在研究和教學中自我審查；比較年輕的學者和博士班學生（尤其是在美國）顯然比比較年長的學者，更加願意支持解雇有爭議的學者，而這一點暗示出，未來幾年，進步主義式的極權主義的問題，可能會更加惡化；充滿敵意的環境，在制止保守派研究生追求學術生涯的過程中，起了決定性的作用……。」[55]

在二〇一七年，教育界個人權利基金會（the Foundation for Individual Rights in Education）針對學生對於言論自由的態度所做的一份廣泛研究發現：「百分之四十六的學生認為，仇恨言論受到美國憲法第一修正案（the First Amendment）的保護，而百分之四十八的學生認為，憲法第一修正案不應保護仇恨言論……；百分之五十八的大學生認為，成為避開不寬容或冒犯性觀念的大學社群的一部分，是很重要的……；在課堂上，百分之三十的學生，曾經因為認為他們的話會冒犯別人，而進行過自我審查；大多數（百分之五十四）的學生都透露，自從上大學後，都曾在某個時候在課堂上自我審查。」[56]

不幸地，納稅人資助的公立小學和中學，逃不開思想和學習的政治化現象。事實上，現在它們是這種極權主義的努力的目標。

黛安．拉維奇（Diane Ravitch）是一位歷史學家、教育政策專家，以及紐約大學的教授。她在二〇〇四年的著作《語言警察》（*The Language Police*）中寫道：「和其他參與教育的人一樣……我一直認為，教科書是建立在審慎的研究上，而其設計是為了幫助孩童學習有價值的知識。我以為考試的設計，是為了評估他們是否學習了這些知識。我不明白的是，現在，教材被一套複雜的規則管控，這套規則被用來篩除可能被視為具有爭議性或冒犯性的語言和主題。有些審查是瑣屑的，有些是十分可笑的，有些則以驚人的力量簡化孩童在學校的學習內容。起初，這些做法帶著一種目的展開：辨識並排斥任何針對以下族群的自覺或隱含的偏見表達：非洲裔美國人、其他少數派種族或族群，以及女性，不管這種偏見出現在考試或教科書——尤其是要排斥任何貶損這些族群的言論。這些做法完全是合理而正當的。然而，雖然這種做法帶著可敬的意圖展開，卻發展成極其廣泛、並且愈來愈不可思議的審查政策。這種發展遠遠超越它原先的範疇，並且正從考試和教科書摘除一些字詞、圖像、文章段落和觀念，雖然任何明智的人，都不認為就一般意義而言，它們帶有任何偏見。」[57]

拉維奇正確地說：「審查扭曲了文學課程，以政治判斷取代美學判斷。由於偏見和社會內容的準則，文學選集的編輯必須更加留意在角色、作者和插圖中，納入正確數量的性別團體和族群，而不是留意選集的文學素質……。」[58]

今日，情況大大地惡化了。美國各地的學童在課堂中，接受批判性種族理論的思想灌輸，白人孩童被教導他們天生帶有特權和優勢，而學生所學習的功課，是由可恥的《紐約時報》的一六一九計畫所預備的。黑命貴受到讚揚，雖然這是一個經常訴諸暴力、公開的馬克思主義組織，積極地想要消滅資本主義，和美國的治國體制。[59]

此外，在許多校區，教師接受訓練，讓他們能夠面對自己的白人特權，並且被教導改變他們的歷史知識的重點，以便納入批判性種族理論。我們只需在網路搜索，就可以找到無數的例子。學生和老師都被迫花時間去學習其他交叉論意識型態和它的政治學，包括性別認同和性別權利。[60]

因此，在這個國家的許多領域，美國歷史、公民社會，以及許多人的家族族群性、祖先和宗教信仰，都受到羞辱和詆毀。教育被注入傾向馬克思、極具分裂性、充滿種族主義的交叉論意識型態，而教師和學生都被迫參與並接受這樣的思想灌輸。[61]

不只如此，聯合國氣候變化學習夥伴關係（One UN Climate Change Learning Partnership，也被稱為UN

CC:Learn）「是一個由三十六個多邊機構組成的聯合行動，幫助各國培養應付氣候變遷的行動所需的知識和技術」，包括「改善對於氣候的認識和其他重要技術，來應付這個挑戰」。這個組織製作學習材料，並提出建議，來鼓勵學校對孩童進行氣候變遷運動的思想灌輸。[62]舉例來說，在一個標題為「為什麼學校應該實施氣候教育？」的教學指南，該組織聲明：「氣候變遷教育提供一個重要的視窗，讓人們明白個人和社會的責任。作為教育機構，學校不只有興趣教導一些預備學生進入職場並幫助他們考試得高分的教材，也應該教導他們成為細心的公民。教導氣候變遷，意味著教導環境管理和集體責任之類的主題——教導學生他們和周圍的人必須對一些大於自己的事物負起責任。他們的行動如何影響環境？環境的改變如何影響別人？為什麼他們應該關心資源回收或永續性？」[63]

這份教學指南繼續宣揚全球主義、公社主義（communalism），以及行動主義：「氣候變遷要求我們思考我們以外的世界。不只如此，它要求我們思考現在以外的時間。將這個主題納入學校的課程，會讓學生更加親近他們的社區。公民參與是學校施予學生最重要的教導之一，而這個主題可以透過學生參與地方機構來教導。他們的社區如何努力變得更具永續性？政府提出什麼政策？學生如何爭取更多政策？光是教導學生氣候變遷背後的科學是不夠的；學生也必須學習制度和個人如何處理這個規模的問題，以及如何將自己放入這個較大的格局。只要學校有責任教導地球公民的義務和社區管理，它們就有理由教導氣候變遷。」[64]

意識型態的灌輸以及審查制度，已經從正式教育機構和種族及氣候變遷的主題，擴展到美國各大企業（corporate America）。《紐約郵報》（*New York Post*）商業專欄作家查理斯．蓋斯帕里諾（Charles

Gasparino）談論「公司如何屈服於極左的覺醒主義（wokeness）」時解釋：「以前公司做生意賺錢，賣商品並雇用員工。它們由主管來經營，而這些主管以成為資本主義者為榮，並相信美國的建國原則。現在情況似乎完全改變了。大公司支持綠色能源立法、各種社會正義法令，以及將推特上的右派封口。這種情況已經變成慣例，幾乎不再是新聞了。」蓋斯帕里諾提出補充：「左派勢力已經集合起來，想要將美國各大企業改變成某種類似民主黨進步主義派系的東西。也許左派仇視資本主義，但它忙著使用資本主義的工具，讓大企業對它俯首稱臣。」[65]

蓋斯帕里諾注意到這樣做十分管用：「現在，大多數的股東表決，都涉及進步主義的法令，這些法令以所謂的『環境、社會和企業管治投資』（Environmental Social Governance investing）為偽裝。華爾街稱此為ESG，這是一種衡量一切的方式——從公司是否符合綠色能源新措施，到公司是否支持黑命貴之類的目標。」此外，在這場巨變中，共同基金（mutual funds）的一般散戶投資者，沒有發言權或表決權，即使他們的錢被用在政治目的上。基金正在回應那些明白如何玩遊戲、大膽表達看法的少數派。」[66]

的確，意識型態的恐怖統治，已經擴展到我們的整個社會和文化，正在取消和查禁某些人（教授、教師、作家、演員、主管、記者等）、某些歷史人物、紀念物、電影、電視節目、電台廣播、書籍、卡通、玩具、其他產品、產品名稱和商標，甚至字詞。[67]甚至川普總統也被禁止使用推特、臉書，以及其他社交媒體交流平台。這張取消和查禁的名單很長，而且迅速擴大，使得我們無法應付新資料的收集工作。

這場針對言論自由和自由的有害而廣泛的爭戰，大大威脅我們的國家，並且正在迅速改變美國社會，以致在二〇二〇年七月七日，一百五十位多半是左翼的作者，在《哈潑雜誌》（*Harper's Magazine*）發表了一封公開信。這封信的標題是「一封有關正義和公開辯論的信」（A Letter on Justice and Open Debate）。雖然這封信的簽署者〔包括諾姆·杭士基（Noam Chomsky）〕支持許多（如果不是大多數）傾向馬克思主義運動的目標，而其中一些人影響了這項運動的一些最激進的行動主義者的想法，但是，顯然他們也明白，被釋放的專制很難（若非無法）加以管理，並且必然會吞噬許多它的建構者、支持者，以及仰慕者——看看法國大革命、俄國革命以及中國共產黨革命的後果。他們的信寫道：

自由交換資訊和想法，自由社會的命脈，每一天都更加受到限制。雖然我們期待在激進右派看到這樣的情況，但是喜好批評也愈加地在我們的文化擴展開來：對於反對意見的不寬容、公開羞辱和排斥的風氣，以及將複雜的政策問題變成障眼的道德確定性的傾向。我們堅持一種來自各方的健全、甚至刻薄的反言論的價值。但是現在，我們太常聽見人們要求針對他們認為的言語和思想的過犯，迅速施加嚴厲的懲罰。更加令人不安的，是機構的領導人帶著驚慌的損害控制的態度，施加倉促而不成比例的懲罰，而不是深思熟慮的改革。編輯因為刊登有爭議的文章而被解雇；書籍因為所謂的『不真實』而被撤回；新聞記者被禁止報導某些主題；教授因為在課堂上引述文學作品，而被調查；研究員因為散布同儕評審（peer-reviewed）的學術研究，而被開除；組織的負責人因為犯下難免的笨拙的錯，就被逐出。不管有關每一個事件的爭論是什麼，結果就是逐步縮小可以不受報復威脅地說話的界限。

我們已經在作家、藝術家和新聞記者更大的風險規避（risk aversion）中付出代價，他們擔心若違反共識，或者沒有熱烈地同意，就會面臨生計不保的困境。

這種令人窒息的氣氛，最終將傷害我們這個時代最重要的目標。不管限制辯論是出自一個高壓政府，或一個不寬容的社會，結果都將傷害缺乏權力的人，並讓每一個人更無法參與民主。擊敗壞想法的方式，就是暴露、爭論和說服，而不是嘗試將它們封口，或者希望它們消失。我們拒絕任何正義和自由之間的假選擇，因為二者無法獨立存在。身為作家，我們需要的文化，必須讓我們有實驗、冒險，甚至犯錯的空間。我們必須能夠保有真誠、不帶可怕職業後果的意見分歧。倘使我們不去捍衛我們的工作所倚賴的東西，我們就不該期望大眾或國家為我們捍衛它。[68]

我們不知道這封信的簽署者，有多少人支持黑命貴這類的馬克思主義運動。雖然如此，這封信被置若罔聞。的確，自從二〇二〇年七月七日，言論遭遇更具侵略性、更嚴厲的攻擊。舉例來說，大科技（包括谷歌、亞馬遜、臉書、蘋果和推特）使用一個接一個藉口，隨意實施審查和查禁。這些例子很多，而且每天都在增加，無法在此一一列舉。雖然如此，一些顯著的例子可以說明這種情況。

首先，如媒體研究中心（the Media Research Center，簡稱MRC）所報導的：「二〇二〇年，在參議院針對大科技的偏袒進行的數次聽證會中，甚至臉書和推特的執行長，都無法舉出一個在他們的平台被審查的知名左派人士或組織。」此外，「遭受嚴格審查的主題，包括一切和選舉及新冠病毒有關的事物、對此的回應，以及川普總統發出的聲明。雖然如此，大科技甚至找出理由，針對頌揚女人選舉權的童書這類無害的事物，來審查保守派人士。」[69]

媒體研究中心收集了一份二〇二〇年前十名被審查對象的清單。這份清單說明了促使大科技制裁自由言論的各種「罪行」：

1 大科技封鎖《紐約郵報》有關杭特・拜登（Hunter Biden）的爆炸性報導。

2 推特以前所未有的方式審查川普有關郵寄選票的推文。

3 坎迪斯・歐文（Candace Owen）的臉書網頁被去收益化（demonetized），並受到打壓。

4 YouTube撤掉川普顧問史考特・阿特拉斯（Scott Atlas）博士有關新冠病毒的影片。

5 臉書讓諷刺網站「巴比倫蜜蜂」（*Babylon Bee*）有關蒙帝・派森（Monty Python）的笑話的網頁去收益化。

6 推特撤掉所有有關喬・拜登在網路被廣為流傳的訊息。

7 Instagram撤掉聯邦調查局的犯罪統計，稱它們為「仇恨言論」。

8 YouTube撤掉描述一個男人接受性別重置手術（transgender surgery）的影片。

9 YouTube暫停保守派新聞網「同一個美國新聞網」（One America News，簡稱OAN），並讓它去收益化。

10 Instagram查禁了參議員瑪莎・布雷克彭恩（Marsha Blackburn）的童書廣告。

二〇二一年一月三十一日，真相工程（Project Veritas）發布了一段來自臉書圈內人的影片。這段影片描述臉書執行長祖克伯格和其他高層主管討論臉書公司「有各種能力來審查政治言論，並推進黨派性的目標。」[70]

在一月七日的影片中，祖克伯格控告當時的川普總統破壞共和制。

「極其重要的，是我們的政治領導人以身作則，確定我們將國家放在第一位。而我們所看到的，是川普總統的所作所為恰恰相反……。川普總統打算利用他在位的剩餘時間，來破壞權力的和平、合法轉移。」

「川普決定利用他的平台，來赦免——而不是譴責——他在國會山莊的支持者。我認為這件事讓美國人以及世界各國的人，有理由感到困擾和憂心。」

祖克伯格也暗示，國會的抗議者比黑命貴抗議者得到更好的待遇。「我知道對於許多人而言，特別是對於我們的黑人同事而言，這是一個非常困難的時刻。看到國會的這群暴民受到的對待，和我們在今年稍早看到的抗議形成鮮明的對比，實在讓人感到不安。」

負責公司誠信的臉書副總裁蓋伊．羅森（Guy Rosen），描述臉書平台如何鎖定它認為危險的言論。「當我們的系統偵測出我們的一個執行緒（thread）有仇恨言論或暴力，我們有一個系統可以凍結執行緒上的那些評論……。這些是我們在過去三、四年所建立的東西，作為我們投資誠信空間的一部分，或者我們保護選舉的努力的一部分。」

祖克伯格讚揚拜登和他的政治議程：「我認為拜登總統的就職演說很棒。」

他說：「在就職後第一天，拜登總統已經針對我們公司十分關注、並且關注了一段時間的領域，發布許多行政命令。」

祖克伯格接著說：「這些領域包括保護移民、保持『童年抵達者暫緩驅逐辦法』（DACA）、結束對穆斯林為主的國家的旅遊限制。其他行政命令涉及氣候和促進種族正義及公平。我認為這些都是十分重要的正面措施。」

在同年一月二十一日的會議中，臉書全球事務主任尼克．克雷格（Nick Clegg），談論了當時的總統川普被臉書封號所引發的強烈國際反彈。「來自世界各地的許多領導人，都表達了強烈的不安。從墨西哥總統到俄羅斯的亞列克謝．那瓦尼（Alexei Navalny），以及德國總理梅克爾和其他人，他們都說：『這件事顯示，私人公司擁有太多權力……。』我們同意這種說法。理想情況下，我們不會自己做出這些決定。我們做出的決定將符合以民主方式建立的一致規則及原則。目前，這種規則及原則並不存在，我們仍然必須做出即時的決定。」

臉書負責公民權的副總裁羅伊．奧斯汀（Roy Austin）說，公司的產品應該反映它們對種族的看法。

「我不知道我們是否可以使用Oculus[i]，來幫助一位白人警察瞭解一個年輕黑人被警察攔截、搜索和逮捕，是什麼滋味……。我希望每一個重大決定，都是從公民權的角度做出來的。」[71]

i 譯註：一種虛擬實境的頭戴式顯示器。

大科技主管針對網路言論的審查和禁止提出的一個理由，是「仇恨犯罪」（hate crimes）的增加。然而，商務部的國家電信暨資訊管理局（National Telecommunications and Information Administration，簡稱為NTIA）在一月為國會預備並提供給國會的報告——〈仇恨犯罪中的電信角色〉（"The Role of Telecommunications in Hate Crimes"）——斷言：「網路並未帶來更多的仇恨犯罪。大科技的做法很危險，就像專制的寡頭。」令人不敢置信的是，這份報告被撤回，大眾看不到它的內容了。

一份提供給布萊巴特新聞網（Breitbart News）的報告強調性地斷言：「沒有證據顯示，在過去十年這段電子通訊（尤其是網路、行動裝置和社交媒體上的電子通訊）擴大成長的時期，仇恨犯罪事件有增加的趨勢。」國家電信暨資訊管理局的報告也提出嚴厲的告誡：「我們提出一個警告：控制或監控網路言論（即使是為了降低犯罪的高尚目標）帶來了有關第一修正案的嚴肅掛慮，並且違反美國對於自由表達的支持……。」[72]

國家電信暨資訊管理局針對大科技的專制作風提出強烈告誡：「科技領導人看出，光是倚賴人類團隊來審查內容是不夠的，人工智慧必須在這件事上扮演重要的角色。雖然如此，倚賴自動化的內容限制，當然存在著不少政策和實踐上的局限。有趣的是，許多這類科技，都是從中共用來壓制政治討論和異議的方法發展出來的。」

這份報告接著說：「由於所有主要的社交媒體平台都有反對仇恨言論的規則，並且使用複雜的演算人工智慧（algorithmic artificial intelligence），以專制政權使用的方式，來執行這些經常模糊而相互矛盾的規則，因此我們有理由問他們，從這件事得到了什麼好處。當然，如這份報告所顯示的，社媒平台沒有理由期望他們的審查可以終結仇恨犯罪，或甚至降低仇恨犯罪，因為沒有經驗證據可以證明，增加的仇恨言論和仇恨犯罪之間，有直接的關聯。此外，這種審查對我們的政治體制造成真正的危害。在仇恨言論禁令和其他審查規則下，社交媒體平台移除了許多人認為嚴重涉及緊迫的政治和社會問題的內容。」[73]

無疑地，國家電信暨資訊管理局的警告不會受到重視。這是一種受意識型態推動的做決策的本質。事實上，在二〇二〇年十一月的一場參議院聽證會上，委員會的民主黨員要求大科技更快地採取更多措施，來封鎖它們的平台上的言論。[74]

大科技也不遺餘力地嘗試摧毀一個新創的小公司Parler。這家公司正迅速獲得數百萬的公民用戶，這些人多半反對這些價值數十億美元的全球公司的意識型態偏見、政黨性，以及審查措施。如《匹茲堡郵報》（*Pittsburgh Post-Gazette*）所說的：「社交媒體平台Parler被谷歌和蘋果的app stores下架，而亞馬遜已經停止為該公司提供雲端服務，有效地扼殺了這個平台。此舉促使Parler對科技巨頭提出聯邦訴訟……。取消並封殺Parler等於針對言論展開一場令人不寒而慄的攻擊……。社交媒體和許多新聞媒體一樣，已經分裂了那些在查禁後，數以萬計地依照意識型態遷移至不同的社交平台的美國人。對於這個國家而言，這種現象不是好事。」[75]

Parler反擊了，但是大科技這種摧毀獨立平台的共謀、壟斷的做法，是一種不尋常的專制行為。和《匹茲堡郵報》不同，許多媒體人對於大科技的作為不是保持沉默，就是表示支持，並且經常將Parler說成是右翼、白人至上主義者和暴力同謀者的平台，而這一切都是不實的指控。

審視大科技的主管及員工的政治捐獻，以及他們資助並投資哪些候選人和政黨，同樣可以確定大科技的意識型態及政治偏好。情況再清楚不過了，回應政治中心（the Center for Responsive Politics）報導：「科技巨頭的員工——包括字母控股（Alphabet，谷歌的母公司）、亞馬遜、臉書、蘋果和微軟——在二〇二〇年選舉期間，捐獻數百萬美元給各種民主黨員的競選活動。這五家公司的員工總共掏出一千兩百三十萬美元給拜登的競選活動，以及數百萬美元給參加備受關注的參議院選舉的民主黨員，例如最近當選的喬治亞州民主黨員瓊恩・歐索夫（Jon Ossoff），以及拉斐爾・華恩諾克（Raphael Warnock）。大科技公司的員工是這些民主黨員的最大捐獻者。在二〇二〇年的選舉期間，字母控股大約捐獻了兩千一百萬美元給民主黨，其中大多數的捐獻都來自公司員工，而亞馬遜大約捐獻了九百四十萬美元。臉書、微軟和蘋果則大約分別捐獻了六百萬、一千兩百七十萬和六百六十萬美元給民主黨員。每一家大科技公司的捐獻，主要都流向民主黨候選人。而排除微軟，拜登的競選活動獲得最多的政治捐獻，歐索夫和華恩諾克得到的捐獻則名列前十名。微軟最大的捐獻接受者，是參議院多數派的政治行動委員會（PAC），即和民主黨參議院領導人洽克・舒默（Chuck Schumer）有關聯的『超級政治行動委員會』（Super PAC）。民主黨全國委員會在這些公司的捐獻接受者中，排在前三名。」[76]

美國全國廣播公司商業頻道（CNBC）報導：「大型科技公司目前的執行長當中，網飛（Netflix）的里德・哈斯丁斯（Reed Hastings）最能慷慨解囊。哈斯丁斯和妻子派蒂・奎林（Patty Quillin）捐了五百多萬美元，其中最大的一筆流向參議院多數派的政治行動委員會，這個團體在勢均力敵的競選中（例如在緬因州、德州和愛荷華州的競選中），支持民主黨的候選人……。根據回應政治中心的報告，在資助競選活動和外面團體以外，網路公司的員工捐獻有百分之九十八流向民主黨員。」[77]拜登政府和大科技之間，存在著一種亂倫的關係。拜登獎賞大科技公司，其方式是從蘋果、谷歌、亞馬遜、推特和臉書，雇用了至少十四位現任或前任主管，來為他的權力轉移小組及政府服務。[78]

不只是民主黨的代理者，民主黨自己在推動審查和壓制這件事上，也扮演了一個重要而直接的角色。二〇二〇年十一月，民主黨紐約州眾議員奧卡西歐—科爾提茲（Alexandria Ocasio-Cortez）在推特上發布一則推文：「有沒有人收集這些川普的馬屁精的資料，並存檔？因為他們將來會嘗試淡化或否認他們是同謀。我可以預見將來許多推特、文字和相片極可能會被刪除。」在她這番話的激勵下，一群叫做「向川普追責計畫」（the Trump Accountability Project）的團體成立了。這個團體宣稱：「記住他們所做的一切。我們不應讓以下這些人從他們的經驗中獲利：投票給川普的人、川普的政府幕僚，以及資助川普的人。」[79]

的確，社交媒體和一般媒體經常談論著將川普政府的官員和川普的支持者列入黑名單，並讓他們無法在私營部門找工作。暴動者攻占國會大廈後，前任第一夫人蜜雪兒·歐巴馬在推特上發表一份聲明，要求永遠禁止川普使用任何社交媒體。不用說，許多其他政府官員或擔任公職者也這麼做，而大科技順從他們的要求。

或許最令人不寒而慄、最明目張膽的言論戰的例子，是二〇二一年二月二十二日，兩位加州資深民主黨眾議員安娜·艾舒（Anna Eshoo）和傑利·麥那尼（Jerry MaNerney）寫給以下公司的執行長的一封信：美國電話與電報公司（AT&T）、威訊（Verzion）、Roku、亞馬遜、蘋果、康卡斯特（Comcast）、特許通訊（Charter）、DISH、Cox、Altice、Hulu，以及字母控股（Alphabet）。這封信要求解釋為什麼讓福斯新聞（Fox News）、同一個美國新聞網（One American News）和新聞極限（Newsmax）使用這些公司的平台。基本上，這些公司都收到了相同的信。這些國會議員納入了一份長長的消息來源清單，而這些消息來源多半是黨派性的「研究」或文章。我將把重點放在寄給美國電話與電報公司（AT&T）的信上。

這些國會議員寫道：「電視上的錯誤資訊，已經造成了我們當前受汙染的資訊環境。這樣的資訊環境讓個人變得偏激，以致在公共言論中做出煽動性的事，並拒絕最佳的公共衛生常規。專家們已經注意到，右翼媒體的生態系統『比較容易接受……錯誤資訊、謊言和片面事實』。右翼的媒體公司——例如新聞極限、同一個美國新聞網，以及福斯新聞——都播報有關二〇二〇年十一月大選的錯誤訊息……。過去幾年來，福斯新聞……一直在播放有關美國政治的錯誤訊息。」

「這些新聞網也是散布有關疫情大流行的錯誤資訊的主要媒介。一位媒體監視者在短短五天之內，就在福斯新聞網發現了兩百五十則有關新冠病毒的錯誤資訊。而且經濟學家說明，福斯新聞明顯地影響人們去違反公共衛生的準則……。」[80]

這些國會議員沒有提到，所謂的「媒體監視者」，是不誠實、聲名狼藉的「媒體事務」（*Media Matters*）——一個支持民主黨的激進左翼網站。《每日來電》（*Daily Caller*）發現他們「沒有提供可供獨立審查的方法，來確定它指出的每一則福斯新聞的錯誤資訊。」它進一步斷言，這份報告本身充滿了

「錯誤資訊」。[81]

這些國會議員要求美國電話與電報公司（AT&T）和其他公司在兩週左右內，為他們提供以下資訊：

「你們使用什麼道德或倫理原則（包括和新聞誠信、暴力、醫學資訊以及公共衛生有關的原則），來決定接受哪些電視台，或者何時應該對一個電視台採取不利行動？」

「你們是否透過接觸或其他管道，要求你們接受的電視台遵守任何內容準則？如果是這樣，請提供一份這樣的準則。」

「在二〇二〇年十一月三日的大選之時，以及之前和之後，還有二〇二一年一月六日的攻擊事件之時，以及之前和之後，你們採取什麼措施，來監控、回應並降低錯誤資訊的傳播——包括監控、回應和降低你們公司傳播給數百萬美國人的電視台的鼓勵或煽動暴力的資訊？請描述你們所採取的每一個措施，以及何時採取這些措施。」

「你們是否採取行動，來反對一家電視台使用你們的平台傳播錯誤資訊？如果是，請描述每一個行動，以及何時採取這些行動。」

「你們是否計劃繼續為福斯新聞、新聞極限和同一個美國新聞網提供平台——現在以及合約更新日期之後？如果是，為什麼？」[82]

這是一封極其駭人的信，意圖恫嚇和威脅被鎖定的中間及右派廣播公司和媒體機構，而其目的就是壓制它們的言論。幾乎沒有其他媒體和新聞機構，發表反對這封信的文章或言論。理由是：它們都同意這封信的做法。不只如此，許多新聞群組、記者和觀點作家（opinion writers），都率先提議將福斯新聞、同一個美國新聞網及新聞極限移出平台，並且發起行動，要求政府管控機構和這些平台公司關閉這些電視台——和Parler的情況一樣。這一點將我拉回到我在本章開頭討論美國媒體的部分。

形成美國馬克思主義的核心的這些交叉運動，多半是由民主黨支持的，並由媒體推進的。這是一個毋庸置疑的事實。因此，言論、辯論，以及對於那些以馬克思主義為中心的觀念的質疑，都不被寬容。目標是社會和經濟的變革，而方法是社會的倡導和行動主義。反對必須受到譴責、被汙名化、被打壓。

事實上，現在我們可以清楚看出，這封寫給各家公司的信，出自媒體的一項要求：將福斯新聞、同一個美國新聞網和新聞極限趕出平台。這件事發生在這封信的日期之前。在二〇二一年一月八日，CNN的奧利弗・達西（Oliver Darcy）寫道：「那些提供平台給新聞極限、同一個美國這類新聞網的電視公司呢——是的，還有福斯新聞？這些公司逃過監督，並且完全避開這個對話。這種情況不可再發生。在二〇二一年一月六日星期三的國會山莊國內恐怖事件之後，提供平台的電視公司應該面對一個問題：是否應該將它們的平台，租借給從錯誤資訊和陰謀論中獲利的不誠實的公司。畢竟，讓川普總統主要的支持者不相信真相的，就是福斯、新聞極限和同一個美國新聞網所散布的謊言，而這個真相就是：川普輸掉一場誠實而公平的選舉。」[83]

「是的，西恩・漢尼提（Sean Hannity）、塔克・卡爾森（Tucker Carson）、馬克・萊文（Mark Levin）

和其他人，必須為他們散布給觀眾的謊言負責。但是，那些將他們播送給全國數百萬家庭的電視公司，也要負起一些責任。然而，我們很少談到這些電視公司。」[84]

注意，當達西・阿林斯基嘗試汙蔑有線電視網及某些電視主持人（包括我），他的策略就是：「選出一個目標，將它凍結、個人化，以及極化。」[85]他所提的有限電視網或主持人，都和攻擊國會大廈沒有任何關係。

《紐約時報》專欄作家尼可拉斯・克里斯托夫（Nicholas Kristof）從達西停止的地方（阿林斯基的策略和其他）開始談起，加入關閉平台的戰爭。他寫道：「我們無法彈劾福斯新聞，或讓塔克・卡爾森或西恩・漢尼提在參議院受審。但是，我們可以採取一些措施——一些建立在滑坡效應（slippery slopes）[i]上的不完美、不充分的措施——來要求川普及福斯新聞網、同一個美國新聞網、新聞極限等的同路人負起責任。」[86]

因此，克里斯托夫從他的《紐約時報》臨時表演台要求「我們」——馬克思主義者之類的暴民——必須讓這些不聽話的媒體公司及主持人負責；這就是說，必須將他們封口。

克里斯托夫接著說：「這意味著對廣告客戶施加壓力，以避開提供財力支援的極端分子（不管他們的政治傾向為何）。但是福斯新聞的商業模式真正倚賴的，不是廣告，而是有線電視訂費。因此，第二項措施就是要求有線電視公司，將福斯新聞自基本有線電視套裝服務中移除。」[87]

i 譯註：滑坡效應是指一旦開始就難以阻止的過程，通常會導致更壞的結果。

事實上，克里斯托夫的第二措施，顯然是來自左傾組織「媒體事務」（Media Matters）。

接下來，克里斯托夫把他那篇邪惡、專橫的長文，說成是在保護消費者，讓他們不必去資助福斯新聞，也不必所謂的資助福斯新聞以偏見和成見將觀眾描述成種族主義者、暴力分子和反政府者的做法。「這裡的問題就是：如果你像許多美國人一樣，你首先就不會去看福斯新聞；然後，你不會去資助福斯新聞。如果你購買基本的有線電視套裝服務，你就被迫大約一年支付福斯新聞二十美元。也許你為偏執者和暴動的助長者感到痛惜，但你幫助支付他們薪水。」[88]

接下來，克里斯托夫引述了帶領「媒體事務」組織的激進理論家和偏執者安傑羅·卡魯松（Angelo Carusone）的話，作為他攻擊不服從的媒體的權威：「卡魯松……說，福斯新聞倚賴極其豐厚的有線電視費——是CNN所得的兩倍多，是MSNBC所得的五倍。因此『媒體事務』展開一項運動……讓人民要求有線電視公司將福斯新聞從它們的套裝服務中移除。卡魯松告訴我：『考慮到福斯新聞所造成的一切損害，以及它繼續構成的威脅，它們應該將福斯新聞移除』。『這不是一個新聞電視台，這是一種參雜政治汙言穢語的宣傳操作。如果人們想看這東西，應該強迫他們付費，就像他們付費看電影頻道Cinemax一樣。』」[89]

《華盛頓郵報》的瑪格莉特·蘇利文（Margaret Sullivan）及麥克斯·布特（Max Boot）、CNN的布萊恩·史迪爾特（Brian Stelter）、MSNBC的阿楠德·吉里哈拉達斯（Anand Giridharadas），以及其他許多記者和專欄作家，都加入同樣或類似的政治宣傳及要求。而國會的民主黨議員利用政府的支持及權力，嘗試答應他們的請求。

從我們的學校和娛樂界，到媒體和政府，我們看到打壓行動的攻擊，包括威脅、審查、人身攻擊，以及更多類似行動的要求。馬克思會贊同這種做法。

事實上，查禁個人、言論、言辭、廣播和社交媒體使用權，以及重新為語言、歷史、知識和科學下定義——這一切都在我們當前的文化和環境中發生，或者成為奉行的目標，而這一切就是極權主義的標記。其他極權主義的跡象包括：拜登總統慣常地、不受質疑地濫用權力，破壞共和主義及憲政主義，藉由行政命令立法，從而繞過國會和憲法的制衡，來制定美國社會的根本改變，但不讓國會中的人民代表或人民自己參與；民主黨國會領導人（例如議長佩洛西，和參議院多數黨領導人舒默）大力威脅司法的獨立，為要影響法律判決的結果，並推進他們的意識型態和政治議程；民主黨領導人在兩個民選的聯邦政府部門，共謀徹底改變美國的選舉程序，以確保民主黨不會失去統治權。此外，由於數十年來，民主黨在眾議院皆是最小的多數黨，在參議院則保持五十席位對五十的席位的平手局面，所以他們想要在參議院增加幾個民主黨席位，並且消除阻撓議事規則，其目的就是在美國強行推進激進改變，而不必得到美國其他地方的代表的廣泛支持。

然而，正是這種專制統治的反對者，經常成功地被真正破壞公民自由和民權的人，稱為公民自由及民權的破壞者、進步的妨礙者，以及人民公敵。因為這些真正破壞公民自由和民權的人，已經吞噬國家和文化大部分的機構，並且主導敘述。

在《含糊其詞：共產黨的語言》（*Doubletalk: The Language of Communism*）一書中，作者哈利・霍吉金森（Harry Hodgkinson）寫道：「對於馬克思而言，語言是思想的『直接事實』；『想法無法脫離語言而存在』。而對於史達林而言，『思想的事實彰顯於語言』。言辭既是工具，也是武器，都是為一種精確的作用而打造的……。與其說共產主義的語言……是用來向不信者解釋何謂共產主義的手段，不如說是各種武器和工具，被用來讓仇視或不關心共產主義政策的人，去支持這些政策，或者不再反對這些政策。共產主義的一句話的意義，不是你所想的意義；它的意義在於它想要製造的效果。」[90]

霍吉金森又寫道：「對於共產主義者，多數派沒有特別的神聖性，不是被用來做它想做的事，而是『在歷史的法庭前，盡它的責任』。政黨之間的選擇，是中產階級民主的『一種平淡乏味的俗套』……。一般而言，使用民主二字時，必須附帶一個限定形容詞……。」[91]

因此，信奉馬克思主義的參議員伯尼．桑德斯使用限定形容詞：民主社會主義者。雖然如此，桑德斯明白「對於共產主義者而言，（這種說法）不過是通往共產主義的一個基本階段。」[92]

席捲美國的壓制浪潮，並非不像法國、俄國和中國革命的初期階段。這些革命都被提升為大眾運動，和人民的革命，其目的是建立盧梭式的社群主義（communalism），或者馬克思主義式的平等主義。然而這就是相似停止的地方。法國、俄國和中國的革命被宣傳成解放運動，在運動中，群眾或無產階級會起來反抗專制統治，以及腐敗的社會，而這些國家會變成大屠殺的警察國家。當然，和這些政府及社會不同，美國是一個立憲的、代議制的共和政體，不是一個君主制或獨裁制的國家。美國也沒有廣泛的不滿情緒。事實上，大多數美國人都很愛國，並且尊敬這個國家。但是，狂熱宣揚理念的思想家和行動主義者，帶領著虛假的解放力量，他們才是專制——甚至極權主義——的來源。他們使用政治宣傳、破壞和顛覆，想要讓現存的社會和文化陷入士氣低落和動亂，最終則摧毀它們。正是這些人藉著大致被稱為「取消文化」的手段，來壓制同胞的自由。正是這些人藉著查禁社交媒體的異議，來要求思想的一致。正是他們使用「壓迫者」和「被壓迫者」的虛假敘述，來汙蔑被他們視為屬於「白人主導的文化」的美國人，並將他們的公民同胞封口。正是他們查禁言辭、書籍、產品、電影，以及歷史象徵。正是他們摧毀懷疑者的事業，抵制異己的生意。正是他們藉著恐懼和恫嚇，破壞學術自由和求知慾。正是他們扭曲美國的歷史，並對學生進行洗腦。正是他們要求撤去有線新聞網的播報平台，並將主持人封口。正是他們使用並宣揚種族主義、性別歧視和年齡歧視，作為破壞團結和反抗的武器，但又宣稱要結束種族主義以及性別和年齡歧視。更糟的是，他們使用美國的自由來摧毀自由，使用美國的憲法來摧毀憲法。當他們的毒害擴展到整個文化，他們想讓美國人懷疑他們的國家，想要打擊公民的士氣，想要針對馬克思主義激發的國內運動以及相關的國內運動帶來的專制統治，弱化大眾內在的、有理有據的反抗——直至他們默許。

第七章　我們選擇自由！

我經常在廣播節目中被問：「『我們』該怎麼做，才能讓這個國家回到原來的樣子？」經常地，這句話的意思是：某個人得做些什麼，才能解救美國？這種心態令人無法接受！我們若要團結起來，捍衛自己的自由和不可剝奪的權利，那麼每一個人就必須按照自己的角色和方式，成為公民行動主義者，親自地、直接地參與自己和國家的命運塑造。現在就是從那些嘗試摧毀美國共和體制的人手中，將它奪回的時候。若是我們指望別人解救我們的國家，自己卻只顧著過生活，在一旁當個旁觀者，或者遮起眼睛和耳朵，不去理會正在發生的事，那麼我們將失去這場爭戰。而的確，這是一場爭戰。

我們已經容許美國的馬克思主義者來界定我們作為一國國民的身分。他們中傷我們，詆毀我們祖先和歷史，將我們的建國文獻和原則視為糞土。他們大多是惡棍，仇視他們居住的國家，不曾做出貢獻，來改善它。的確，他們靠著別人的汗水和辛勞為生，卻試圖讓這國家走上毀滅和邪惡的道路，並且幾乎破壞和顛覆這個社會的一切制度。他們的意識型態和世界觀，是建立在馬克思這個人的論點和信念上，而馬克思的著作已經造成數百萬人被奴役、陷入貧窮、遭受折磨，和死亡。這是一個不容爭辯的事實，儘管我們可以預料，我們社會中，會有一些人反駁這個事實。這些人擁抱並宣揚馬克思的核心思想，卻不想為它帶來的無可避免的結果負責。他們就是所謂的「有用的白癡」，而他們占據民主黨、媒體、學術界、文化和其他領域的重要或領導地位。

然而，我們必須在我們早期的革命者的犧牲和勇氣中，得著安慰，並尋著力量。這些革命者包括約瑟．華倫（Joseph Warren）、山繆爾．亞當斯（Samuel Adams）、約翰．漢考克（John Hancock）、保羅．里維爾（Paul Revere），以及湯姆斯．潘恩（Thomas Paine）——僅舉數例說明。我們必須從喬治．華盛頓（George Washington）、湯姆斯．傑弗遜（Thomas Jefferson）、約翰．亞當斯（John Adams）、詹姆斯．麥迪遜（James Madison）、班傑明．富蘭克林（Benjamin Franklin）和其他許多人，得到激勵和啟發。雖然他們被美國的馬克思主義者和他們的同類詆毀、貶低，但我們必須繼續稱頌他們，被他們鼓舞，記住他們一起擊敗了世上最強大的軍事力量，並創建了人類歷史上最偉大、最了不起的國家。

的確，接下來的數代愛國者做出極大的犧牲，發動內戰結束奴役，這是其他國家不曾做過的事。這場內戰造成數十萬條生命死於美國的鄉野和城鎮。光是在蓋茨堡（Gettysburg），就有五萬一千人傷亡。然而除此之外還有其他戰役，而這些戰役也造成重大傷亡——奇卡毛加（Chickamauga）、斯帕西爾凡尼亞（Spotsylvania）、莽原（the Wilderness）、錢斯勒斯威爾（Chancellorsville）、希洛（Shiloh）、石河（Stones River）、安提頓（Antietam）、牛奔河（Bull Run）（兩次戰役）、道尼爾森堡（Fort Donelson）、弗雷德瑞克斯堡（Fredericksburg）、哈德遜港（Port Hudson）、冷港（Cold Harbor）、彼得斯堡（Petersburg）、蓋尼斯磨坊（Gaines's Mill）、傳教士山脈（Missionary Ridge）、亞特蘭大（Atlanta）、七松（Seven Pines）、納許維爾（Nashville），以及其他許多地方的戰役。

上一個世紀，數百萬美國人投入兩次世界大戰，其中數十萬人喪失了寶貴的性命。一次世界大戰期間，大約四百萬美國士兵被動員攻打德意志、奧匈帝國、保加利亞，和奧圖曼帝國，其中超過十一萬六千人戰死——在索姆河（Somme）、凡爾登（Verdun）、帕斯尚岱爾（Passchendaele）、加里坡利（Gallipoli）、坦能堡（Tannenberg），和其他地方的數場戰役。在第二次世界大戰，超過一千六百萬美國士兵攻打德國納粹、日本和義大利，其中超過四十萬人喪失性命——在西西里島、安齊奧（Anzio）、大西洋、諾曼第、龍騎兵行動（Operation Dragoon）、突出部（the Bulge）、硫磺島、瓜達爾卡納爾島（Guadalcanal）、塔拉瓦（Tarawa）、塞班島和沖繩島的戰役，以及其他地方的許多戰役。

在美國和蘇聯的冷戰時期，美國士兵反抗共產主義的擴張，包括參加韓戰——當時蘇聯和中國支持的北韓共產黨員入侵南韓。超過五百七十萬美國人參戰，其中將近三萬四千人失去生命。然後，將近三百萬美國人穿上軍服加入越戰，同樣這是為了制止蘇聯和中國支持的北越共產黨員占領南越。超過五萬八千名美國士兵喪失性命。此後還有許多場戰役，包括（但不局限於）伊拉克和阿富汗的戰役，以及反恐戰爭。

美國的馬克思主義者詆毀美國，說美國是一股帝國和殖民勢力。恰恰相反，我們的士兵是高貴的戰士，他們作戰並犧牲性命，而且仍然這麼做，為的是保護和解放世界各地的受壓迫者，不管這些受害者的宗教、膚色、族群或種族為何。和我們的一些敵人不同，我們無意為了占領和恐怖擴張，而征服其他國家。

在美國，一個世代接一個世代都願意犧牲一切，來抵擋外來的敵人，捍衛這個偉大的國家和她的建國原則，而許多人已經為此付出終極代價。他們相信美國和她信奉的原則，值得他們為她戰鬥，並犧牲性命，而他們包括我們當中許多人的家人。

然而最近，藉由官僚和民主黨的政策，美國的馬克思主義者，成功地對我們的軍隊強行推行批判性種族理論和批判性性別理論的議程。[1]現在，士兵們被迫參與加強這些意識型態的訓練。它們的勢力已經伸入西點軍校，那裡的軍校學生正在接受有關「白色憤怒」（white rage）的洗腦。[2]而五角大廈也已經宣布，氣候變遷是國家安全的優先事項，這意味著氣候變遷對我們的生存構成的威脅，和中共、北韓、伊朗及俄羅斯一樣嚴重。[3]與此同時，連續幾個民主黨政府都否決了用於兵役的款項，雖然這些款項對於維持最佳備戰能力是有必要的。兵役的預算縮減了，而敵視美國的國家——尤其是中共——卻正在進行作戰準備。

在大後方，大多數人一直目睹我們的警察如何扮演無私、勇敢的法律捍衛者的角色，保護我們遠離罪犯，並且維持和平。我們尊敬他們，感激他們。他們是訓練有素的專業人員，而他們的工作極其危險，因為美國有太多地區存在著極高的暴力犯罪率。國家執法人員紀念基金（The National Law Enforcement Memorial Fund）報導：「自從一七八六年第一起已知的執勤死亡出現以來，已經有超過兩萬兩千名美國執法人員在執勤時喪生……。光是在二〇一八年，就發生了五萬八千八百六十六起攻擊執法人員的事件……，導致一萬八千零五名執法人員受傷。」[4]

每年在九月十一日，除了消防隊員、急救人員和其他人，我們也向這些執法人員致敬。這些人在許多英勇的行動中，解救世界貿易中心和五角大廈裡，遭受蓋達恐怖分子屠殺的可憐受難靈魂，並且因而犧牲生命。這些令人敬仰的人沒有改變。就像在九月十一日那天和其他時候一樣，他們還是那些愛國的、無私的美國人。

然而最近幾年，隨著美國馬克思主義的出現，隨著安提法及黑命貴這類馬克思主義兼無政府主義團體的出現，一件事改變了：各級執法人員都受到了殘酷的攻擊。突然之間，他們變得沒有任何用處。他們必須受到約束和控制，而警察工作本身必須「重新被思考」。我們被告知，警察是「系統性的種族主義者」，鎖定非洲裔美國人和其他少數民族，對他們進行歧視待遇，儘管無可辯駁的統計資料和壓倒性的證據，都證明事實恰恰相反。[5]當然，無情地貶低和弱化警察部隊，媒體不斷報導有關執法人員的錯誤資訊，針對某些被錄下的衝突進行意識型態和政治的利用，以及大城市民主黨政客大砍警察預算——這一切都造成社區的動盪，以及大眾對於警務失去信心，從而破壞了法律規則，最終則破壞了公民社會。倘使你的目標是「從根本改變美國」[6]——廢除我們的歷史、傳統，最終則是廢除我們的共和政體——那麼你就必須推翻對於警察的支持。畢竟，沒有執法人員，公民社會就會瓦解。

的確，就如執法人員正當防衛基金（the Law Enforcement Legal Defense Fund）所報導的：「從二〇二〇年六月到二〇二一年二月，在反警察的抗議、警察的聲明，以及政策的決定之後，以及當逮捕和搜索大幅度減少時，可以感知的解除警務發生了——而在喬治．弗洛依德（George Floyd）事件後數月，殺人事件驟增了……。二〇二〇年，美國記錄了兩萬多起謀殺案——一九九五年來的最高記錄，比二〇一九年多了四千起。聯邦調查局的初步資料指出，謀殺案增加了百分之二十五，這是自從聯邦調查局在一九六〇年開始公布統一資料以來[7]，謀殺案增加最多的一年。警察正在成群地離開和退休。[8]由於現在，主要因為犯罪率的增加，而人們前所未見地大批、大批離開大城市，所以大城市的人口正在減少。」[9]

美國馬克思主義者對於公立學校和大學課堂的控制，尤其充滿毒害，而兩個全國性的教師協會——全國教育協會（the National Education Association，簡稱NEA）[10]，以及美國教師聯盟（the American Federation of Teachers，簡稱AFT）[11]——給與這種控制全面的支持，並在其中扮演積極角色。你的孩子和孫子正在這些學校和大學被教導仇恨我們的國家，並接受種族主義宣傳的洗腦。倘使這種情況持續下去，我們的國家會瓦解。就如美國傳統基金會（the Heritage Foundation）所報導的：「在美國的基礎教育，批判性種族理論的課程內容和教導的傳播，在規模上僅次於這種理論在高等教育的傳播——批判性種族理論源自高等教育。學院和大學的教學大綱及期刊文章內的傳播，發生在二十世紀的數十年期間。而在社會研究、歷史和公民學這類的領域，基礎教育受到的影響直至最近才變得明顯。」[12]

在你不知道（更遑論同意）的情況下，「鄉村周圍的地區，已經將批判性種族理論併入學校的課程。兩個美國最大的教師協會都支持黑命貴組織，全國教育協會特別要求在基礎教育學校中，使用黑命貴的課程教材。這些課程堅定支持『肯定酷兒（queer）』[i]這類的觀念，雖然這些觀念和嚴格的教導內容無關。這些課程也推廣充滿激進內容的文章，例如『一年級數學的公開秘密：教導美國貨幣的白人至上』」。自二〇一八年起，至少有二十個大校區（包括洛杉磯和華盛頓特區）的官員推行黑命貴的課程內容，以及這個組織的『行動週』。根據二〇二〇年六月的《教育週》（*Education Week*）的調查，百分之八十一的教師、校長和地區領導人『支持黑命貴運動』……。」[13]

事實上，「一些學校系統已經將行動公民學（action civics）應用於分裂性抗議的教導中。」[14]此外，這種以馬克思主義為基礎的意識型態，已經擴展到私立學校，包括私立宗教學校。[15]

然而，這種毒素首先在我們的學院和大學傳播，並支配著這些高等學府，因此，學術自由和言論自由的空間所剩無幾了。那些攻讀教育學位的人，尤其成為鎖定的對象。詹姆斯·馬丁學術復興中心（James G. Martin Center for Academic Revival）的傑·夏林（Jay Schalin）解釋：「在教育機構的長征十分成功；我們的教育機構最有影響力的思想家，是政治激進分子，他們想要將美國改變成集體主義的烏托邦國家。」[16]……「在教育機構，你很難避開激進的想法。你的教育程度愈高，就愈可能長時間接觸極端主義思想——並且愈不可能拒絕這些思想。若要在教育上爬升到一個具有影響力的層次，你就必須通過一個研究生教育課程的雷區，這種課程是為了對輕信者進行思想灌輸，並清除頑固分子。」[17]

美國的社團主義者（corporatists）不想被排除在外或拋在後面，所以都全力以赴。事實上，太多公司投入各種馬克思主義和批判性理論運動，以及宣揚這些運動的人力資源、訓練，和關乎雇用的常規。莉莉·鄭（Lily Zheng）是一位作家，以及多樣性、公平和包容方面的諮詢師。她在《哈佛商業評論》（*Harvard Business Review*）中寫道：「企業社會正義（Corporate Social Justice）不是一種讓每個人的聲音被聽見的『感覺良好』的態度，而且在本質上，不會導致人人滿意的主動作為。一個例子就是許多公

i 譯註：『酷兒』是指同性戀、跨性戀和跨性別的總稱。

司以公開聲明和捐款，來公開支持黑命貴，作為它們邁出的第一步：它們承諾表態，即使這樣做讓公司疏遠了一些消費者、員工，以及企業夥伴。公司必須決定它們不在乎失去和某些團體（例如白人至上主義者，或者警察局）做生意的機會，因為從這些團體拿錢，將違反它們的企業社會正義策略。」[18]

這些公司也在巴結民主黨，並和民主黨串通，而其做法就是使用它們的財力，來協助創造一黨制的政治機器。[19]它們最近針對喬治亞州共和黨州議會發動的聯合戰爭，就是許多例子之一。[20]

此外，社交媒體變成了一種專制的謀略。作為民主黨的政治宣傳者，以及「社會行動主義」和「進步主義」的喉舌，媒體企業扮演者寡頭壟斷的角色，而臉書／Instagram、推特、谷歌／YouTube這些社交媒體，曾被認為是對抗這些媒體企業的力量，並且因為成為開放和公共的溝通平台而被接受。人們已經學到一個慘痛的教訓（尤其是在二〇二〇年）：其實大科技自己就是一種寡頭壟斷，一些億萬富翁審查、暫時取消、查禁和編輯那些冒犯或挑戰民主黨正統思想、各種馬克思主義運動、新冠疫情獨裁主義者等的發文、影片和評論。臉書的億萬富文馬克．祖克伯格甚至在二〇二〇年的選舉中，資助了數億美元，讓關鍵性戰場州支持民主黨的選區的選民，踴躍出來投票。[21]

關於這些攻擊我們的自由、家庭和國家的行為，我們應該採取什麼反應？當然，我無法提供一切解答。首先，幾年前我在《自由與專制》（*Liberty and Tyranny*）一書中，曾如此警告：我們「必須更加參與公共事務……。若要這麼做，就需要新一代……的行動主義者，他們人數比以前更多，也比以前更精明、更善於表達，而他們的目的就是攔阻國家集權論者（Statist）的反革命。」[22]我們必須把握每一個機會，藉著和那些有影響力的愛國者一起競選公職、尋求接受任命的職位、成為學術界、新聞界和商業界的專業人員，來奪回我們的機構。我們必須負起一項責任：教導孩子和孫子我們的國家、憲法和資本主義是多麼好，而馬克思主義以及宣揚它的人和組織是多麼邪惡。我們必須向他們解釋，為什麼我們必須支持和尊重那些保護我們免受罪犯及外部敵人攻擊的警察，和武裝部隊。

然而，由於情況緊急，即使這樣做仍然不夠。的確，國家的命運掌握在你的手中，有賴於你為國家和自由成為一個強壯、勇於發言的公民行動主義者。即使有時候，我們的未來似乎十分無望，但我們絕不能從裡面屈服於這個敵人。

唯恐我們忘記，讓我提醒在一七七六年十二月十九日，當獨立戰爭似乎要失敗了，而喬治・華盛頓的軍隊士氣已經跌到谷底，湯姆斯・潘恩（Thomas Paine）寫下了《美國的危機，第一號》（*The American Crisis, No. 1*）。這本小冊子的開頭是：

> 這是考驗人們靈魂的時候。在這場危機中，習慣夏日的士兵和喜愛陽光的愛國者，會畏縮，不敢為國家效力。然而，此刻堅持繼續為國家奮鬥的人，配得每一個人的愛和感謝。專制就像地獄一樣，不容易被征服，然而我們有一個安慰：衝突愈加險惡，勝利就愈加榮耀。唾手可得的勝利，不會受到尊重。唯有昂貴才能賦予一切事物價值。上天知道如何為祂的商品訂出適當的價格；而如果自由這種神聖的東西沒有被標上高價，那才是一件不尋常的事。[23]

潘恩呼籲每一位美國人加入反抗專制的戰爭：

> 我不只呼籲一些人，而是呼籲每一個人：不只呼籲這個州或那個州，而是呼籲每一個州：起來，幫助我們，把肩膀放在車輪上，團結一致共破萬難。當一個重大目標處於危急關頭，力量只嫌少不嫌多。讓未來的世界知道，在嚴冬中，當希望和美德是唯一能夠熬過去的東西，不論城市和鄉村，都因為共同危險帶來的驚恐，而出來聚集並擊退危險。[24]

一七七六年十二月二十五日的夜晚，在特倫頓戰役（the Battle of Trenton）之前，華盛頓命人向精疲力竭的軍隊朗讀潘恩的文章。接下來，當然，他們打贏了這場戰役。潘恩的小冊子不只激勵了華盛頓的軍隊，也迅速傳遍殖民地，喚醒並激發了人們。

我們今日面臨同樣重要而急迫的挑戰，而且在許多方面，這個挑戰更加複雜。我們沒有要求這種對抗，但是對抗就在這兒。事實上，和獨立戰爭的初期階段一樣，我們正節節敗退。不幸地，大部分的美國人都感到措手不及，仍然沒有投入對抗。我們必須明白，各種和馬克思主義有關的運動，經常進行煽動、施壓、威脅和突然攻擊的伎倆，甚至為了達到目的而發動暴亂，而我們沒有有效而持續的辦法，來反擊這些壓力和煽動——來抵制它們。但是現在，這種情況必須改變。

這是在呼籲大家採取行動！

現在就是採取行動的時候。每一個人都必須從日常生活中，撥出時間協助解救我們的國家。我們必須採取策略，並以靈活的手段，來回應美國的馬克思主義，以及它的各種運動。我們必須組織、集合、杯葛、抗議、發言、寫文章——在適當的情況下，我們必須使用馬克思的策略和戰略，來反擊馬克思主義。換句話說，我們必須成為新的「社區行動主義者」。但是和馬克思主義者不同，我們的目標是愛國主義。

以下是我們必須採用的一些重要戰略：

杯葛，撤資，制裁（BDS）

無疑地，杯葛（Boycott）、撤資（Divest）和制裁（Sanction）運動聽起來很熟悉，因為以色列的極端主義敵人，已經使用這些手段，在經濟上摧毀以色列。然而，美國的愛國者可以採用這項運動的操作元素，來反抗資助或以其他方式支持美國馬克思主義運動的公司、其他組織和捐款者。

杯葛意味著停止支持那些宣揚馬克思主義和它的各種運動的媒體公司、大科技、其他公司、好萊塢、運動，以及文化和學術機構。

撤資運動是向銀行、公司、地方和州政府、宗教機構、退休基金等施壓，讓它們停止投資和支持各種馬克思主義運動。

制裁運動是向地方和州政府施壓，讓它們停止以納稅人的錢，來資助和各種馬克思主義運動及政策有關的機構，或者以其他方式來支持這些機構，並且禁止納稅人資助的公立學校教導批判性種族理論，和批判性性別理論，或者進行這些理論的思想灌輸。

此外，美國的馬克思主義者喜好訴訟，不斷地在他們選擇的有利的法庭提出一連串訴訟，也不斷地在聯邦和州的官僚機構提出行政訴訟，為要收集有關政府行動和政治對手的資訊，以及以查詢要求讓官僚陷入停滯。美國的愛國者也應該如法炮製。你可以在FOIA.gov找到有關如何向聯邦政府提出資訊自由法（Freedom of Information Act）請求的資訊。各州都有資訊自由規則，這是你可以輕易在網路找到的。除此之外，你可以在https://conservapedia.com/Conservative_legal_groups找到保守派和自由派法律團體的部分名單，也可以在https://www.usa.gov/complaint-against-government找到向聯邦和州政府提出索賠的程序。如果你收集有關馬克思主義組織的黨派和政治資訊，你也可以向國稅局（the Internal Revenue Service，簡稱IRS）提出投訴，來質疑給與這些組織優惠稅收資格的作法。

一般而言，只要可行，我們就必須建立杯葛、撤資和制裁運動，來對抗美國馬克思主義的影響，並採用克洛沃德和皮文（Cloward and Piven）的方法，推翻「制度」，擊垮制度，然後責怪制度，並控制制度——只不過在此，制度是以馬克思主義為基礎的運動所創造並制定的。

此外，在適當的情況下，我們應該使用索爾．阿林斯基（Saul Alinsky）的《激進分子的規則，第十三條》（*Rules for Radicals* #13）：「挑選目標，將之凍結、個人化、極化」。[25]阿林斯基寫道：「顯然除非有一個可以集中攻擊的目標，否則策略就沒有任何意義。」[26]

我們也必須記住，數量是有力量的。教師工會、安提法、黑命貴和其他組織都瞭解這一點。我們也必須瞭解這一點。

以下是一些具體的行動策略，但不要將它們視為全部的策略：

教育

必須在美國的每一個學區，組織地方愛國者社區行動主義者委員會。有些學區已經這麼做了，而這些委員會應該參與當地公共教育的每一個層面。我們不能繼續將孩子的教育和社區的福祉，交在那些「專業人士」手中。我們已經明白（尤其是自從疫情大流行以來），教育官僚沒有將我們孩子的最大利益，當成他們的第一優先事項，而這種疏忽造成了可怕的結果。那麼，我們應該做些什麼？

一、社區委員會應該確保成員參加每一次的學校董事會會議，來確定大眾的利益和學生的利益受到照顧，而不是教師工會、馬克思主義行動主義者及其他特別利益團體的壟斷利益受到照顧。我的意思是：必須有數百名愛國者行動主義者出現在全年的每一個學校董事會會議，並讓董事會聽見他們的聲音。社區必須奪回課堂和學校。

二、地方學校系統偷偷摸摸的本質和做法必須停止。社區委員會應該審查課堂的課程、教科書、教師訓練和研討會教材、教師和校區的合約，以及學校的預算。如果學校董事會或行政部門拒絕提供透明性（極可能發生），行動主義者應該使用地方和州的資訊自由程序和其他法律工具，來獲得資訊。關鍵在於堅持不懈。如果有必要，尋求社區樂意主動協助取得資訊的律師的服務。也許你有必要向國家法律團體求助，但這裡的目標，是在你的學校系統，製造一種永久性的地方社區委員會的力量和聲音，來反擊並監督學校董事會、教育官僚和工會。到目前為止，這些組織可以對教育為所欲為，並控制教育。

三、社區委員會應該堅持，和教師工會簽訂的合約，必須制止教師使用課堂並濫用學術自由，來改變學生的信仰，並向學生進行有關批判性種族理論、批判性性別理論或其他突然強加給學生的馬克思主義運動的思想灌輸。停止向孩子們進行有關種族主義仇恨和輕視國家的洗腦。教師領薪水教導學生，而教導學生是指讓學生學習客觀、真實、精確的知識。此外，學校的行政人員應該被告知，必須確保他們監督的教師以及課程內容是恰當的。舉例來說，學生應該被教導真正的歷史學家所撰寫的歷史，不是廣泛被譴責和質疑的一六一九計畫——一種枯燥乏味的批判性種族理論思想。如果他們在這方面無法或不願進行嚴格的管理，他們就應該被解雇。

四、私人律師和法律團體，正聯合向公立學校的批判性種族理論訓練和教導提出訴訟，認為那是除了性、性別和宗教外，建立在種族和膚色上的歧視，違反了一九六四年的民權法案（the Civil Rights Act），以及一九七二年的教育法修正案（the Education Amendments）第六條和第九條，並且創造了一種建立在強迫性歧視言論和持續的種族成見上的不友善教育環境。[27] 社區委員會、家長團體和其他愛國者行動主義者，應該盡可能向實施並強加批判性種族理論式的種族歧視和其他馬克思主義意識型態的學校系統，提出自己的訴訟。由威廉・雅克森（William Jacobson）教授創立並運作的「合法暴動」（*the Legal Insurrection*）網站，提供有關基礎教育學校的批判性種族理論的有用資源。這個網站的網址是：https://criticalrace.org/k-12/。家長捍衛教育（Parents Defending Education）是幾個同樣能夠提供協助的草根組織之一，它的網址是：https://defendinged.org/。

五、在那些擁有友善的州議會和州長的州，社區委員會應該敦促它們通過法令，制止學生和教師訓練接受各種馬克思主義組織的意識型態的思想灌輸，包括批判性種族理論的思想灌輸。一些州已經通過這樣的法令，但光是這些州這樣做根本不夠。應該敦促友善的州總檢察長使用聯邦和州的憲法保護，和公民權保護，來反抗那些對教師和學生強加種族主義思想灌輸的校區和教師工會。此外，美國的愛國者應該要求，州的法令必須要求學校教導學生公民學、獨立宣言的基本原則，以及憲法等。學校系統從州得到許多資金，這是另一個向它們問責的途徑。

六、在大多數社區，地產稅多半流向資助當地的學校系統，而這些資金多半用來作為教師的報酬。倘使學校系統拒絕回應社區委員會和大眾，或者倘使教師工會繼續推行自己的政治和意識型態議程，我所說的社區委員會應該籌劃一場納稅人的反抗。茶黨運動（the Tea Party Movement）的經驗提供了極佳的指南。雖然某些州的教師工會有力量罷工，但是在控制公立學校的抗爭中，荷包（或納稅人）的力量是一個重要、但未充分利用的工具。

七、社區委員會應該要求教育上的競爭。問題是何者對個別學生和大眾最有利，而不是對根深柢固的學校董事會成員、教師工會和教育官僚最有利。這三者總是反對選擇學校的權利，包括反對特許學校（charter schools），或者提供獎學金的私立學校和教會學校，因為他們反對競爭。家長和其他納稅人應該堅持，稅金必須流向學生——特別是考慮到公立學校系統的激進化和政治化，以及疫情大流行期間許多教師工會展現的濫權。

八、社區委員會應該培養並訓練有潛力的候選人，來競選當地學校董事會的席位，或者支持那些致力於真正的教育改革者。在一些社區，這種努力已經展開了。

九、願社區委員會在全國建立並蓬勃發展，從而能夠彼此分享資訊和戰略。

十、你可以和其他團體或非營利法律基金會，針對全國教育協會（the National Education Association，簡稱NEA）、美國教師聯盟（American Federation of Teachers，簡稱AFT），以及它們在各州和地方的附屬機構的政治和其他行動，共同採取應對措施。這些協會、聯盟和附屬機構，都是得到特種稅和其他政府補助金的公共部門組織。[28]應對措施包括向國稅局要求提出它們的納稅申報單。有時候，這些組織和其他相關團體會設立免稅機構。大眾可以在國稅局的網站上，查到免稅機構的聯邦納稅申報單（990s表格）。國稅局也接受有關免稅機構不符合聯邦納稅資格的投訴——在許多案例中，這些免稅機構包括教師工會。你可以在以下網址找到這類資訊：https://www.irs.gov/charities-non-profits/irs-complaint-process-tax-exempt-organizations。

高等教育有它自己的困難和挑戰。這是美國馬克思主義的滋生地，信奉馬克思主義的激進終身教授主宰著這些機構。的確，最具顛覆性的學院和大學，都應該面對它們的學生和畢業生經常用來對付別人的杯葛、撤資和制裁運動的反擊。我們有機會進行真正的抵制。

一、首先，任何幫忙付學費，讓孩子就讀大學或學院的家長，都至少必須針對孩子選擇就讀學校的決定，施加一些控制。在這件事上，我們有真正的學校選擇權，而我們的決定是關於我們的選擇是否明智。因此，家長必須十分熟悉學校在學術自由、言論自由、傳統教育等方面的名聲，以及學校是否為馬克思主義式的激進主義和不寬容的溫床。此外，即使家長沒有幫孩子付學費，仍然可以使用自己的影響力，來指示孩子做決定。除此之外，倘使你的孩子已經收到常春藤學校的入學許可，不要被學校的名字和過去的名聲所迷惑。舉例來說，批判性種族理論最熱心的創立者，包括哈佛和史丹福大學的法學教授。如前面詳細討論的，以馬克思主義為基礎的批判理論意識型態，已經吞噬了我們的學院和大學，並在學術界促成許多激進運動，而這些運動已經擴展到我們的整個社會。再提一次，「合法暴動」網站針對學院和大學的批判性種族理論活動，提供了一個有用而周全的資料庫。它的網址是：https://legalinsurrection.com/tag/college-insurrection/。

二、學院和大學經常舉辦募款活動，向畢業生尋求財務支持。有些這類的機構累積了大量的留本基金（endowment funds）。對於那些培育美國馬克思主義的學校而言，這是切斷它們的資金來源的輕易途徑。事實上，應該發起運動，告知畢業生和可能的捐款者，他們應該停止支持那些壓制學術自由和言論自由、宣揚馬克思主義，並參與取消文化的學院或大學。此外，我們也應該支持少數幾所以傳統方式實施人文教育的學校，例如希爾斯代爾學院（Hillsdale College），以及葛羅夫城學院（Grove City College）。

三、在最激進的學院和大學，局面應該扭轉了。我們應該選出幾所作為範例，它們就是杯葛、撤資和制裁運動的明確目標——應該受到家長、學生和捐款人的杯葛，應該被撤去私營部門的錢，應該藉著對地方和州政府以及公司施壓來制裁，以大幅減少它們對於這些學校的支持。

四、州議會是學院和大學的資金的主要政府來源，在某些例子中，甚至是首要來源——這些資金主要來自州的納稅人。然而，它們很少採取行動，來監控或影響大部分的資金用於這些校園的方式。學院和大學已經自成帝國，堅持不受實質的監督和管控，並且使用憲法第一修正案和學術自由的教義賦予這些機構的自由，來壓制不服從的聲音——不管是教授、學生或外部發言者的聲音。我們早就必須對州議會和州長施壓，讓他們立即採取行動，來控制這些機構的專制現象——這些機構使用它們的自由，來摧毀我們的自由。

舉例來說，學術界充斥太多激進的終身教授，他們當中，太多人鼓吹暴動，如本書之前詳細討論的。我也說明，在二〇〇六年針對數百位學院和大學教職人員所做的調查中，「有百分之八十是堅定的左派，有超過半數是極左……。而五位社會學教授中，就有一位自稱是『馬克思主義者』」。[29]這是在十五年前，想像今日的情況是如何更加惡化。此外，在我的著作《掠奪與欺騙》（*Plunder and Deceit*）中，我注意到研究顯示，「不同的領域中，在最高部門工作的大學畢業生存在著……一種亂倫的關係網，當他們晉升到其他學院和大學各部門的最高位置，他們雇用自己的校友」[30]，以確保並促進教職人員當中的意識型態的群體思維。

州議會必須終止這種納稅人資助的學院和大學教職人員被招募、雇用、給予薪水和終身職的腐敗方式。事實上，「終身職」的慣例應該完全廢除。沒有合理或理性的理由，來支持學院和大學各系教授這種意識型態和政治上的極端偏重，也沒有好理由讓納稅人付錢給馬克思主義者，讓他們來教導數個世代的學生仇恨自己的國家，以及保護他們免於審查和究責，並為他們提供安穩的終身工作。這個學術陰謀集團自由地、不斷地推進它的意識型態目的，並且有效地控制美國學院和大學的校園。就是他們和他們的行政人員摧毀了學術自由和言論自由。的確，如果這些校園真的存在學術自由和言論自由，少數幾位不服從多數派意識型態，甚至敢於質疑這種意識型態的教授，就不會受到威脅，成為取消文化的受害者，並失去他們的學術和教學生涯。反抗校園馬克思主義者的學生及學生團體，就不會受到騷擾和暴力攻擊。[31]持各種觀點的特邀演講者就會受到歡迎，擁護美國的演講者就不會被憤怒的暴民趕下台，並逐出校園，而畢業典禮的演講者，將是更能代表這個偉大社會的人。[32]

由於美國學院和大學的許多系所，已經成為傾向馬克思主義的思想灌輸的工廠，所以毫不意外地，參議員伯尼・桑德斯（Bernie Sanders）之類的民主黨政客，已經提議大學免學費和廢除學生貸款，以鼓勵更多年輕人上大學。[33]拜登政府已經提議增加數十億美元的高等教育花費和獎學金，並應許未來這個數字會提高。[34]然而，這仍然不夠，因為大學的花費、開支和學費，都不合理地猛漲了。[35]

此外，儘管大筆納稅人的錢被用來資助這些學校，它們意識型態的「近親繁殖」，似乎使它們多半能夠免於規則化、持續和徹底的監督及審查，而當然，這是控制國會和各個州議會的民主黨人的作為。但是，無法容忍這些制度的改變和昂貴代價的州議會，應該立即開始從這些學校奪回未來的資助，並要求學術上和財務上的究責。同樣地，荷包的力量，是遏制這些愈來愈失控的機構的關鍵手段。

五、實際上，拜登政府在掩護那些接受數千萬美元的外國補助和捐獻的學院及大學[36]，例如中共已經在美國學術界建立許多「孔子學院」，儘管最近，參議院縮緊對於這些基金的控制。[37]因此，應該對州議會施壓，讓它們強制這些學校報告基金的進款，然後禁止這些基金。中國和其他國家正在使用這樣的基金，來為它們的高壓政權買下有利和支持性的政治宣傳及培訓。倘使學院和大學拒絕依從，州議會應該進一步縮減它們的資金。

六、不要忽視一件事：你可以使用州的資訊自由法（freedom of information laws），從公立大學收集各種有關它們的資訊，而聯邦的資訊自由法案（FOIA）適用於教育部——無疑地，在教育部可以找到關於這些學校的另外資訊。

最後，學生和他們的教育之間，顯然存在著密切的利害關係。倘使一位教授濫用自己的角色，將教室變成正規的思想灌輸研討會，以支持許多和馬克思主義有關的運動，那麼學生應該要求學院或大學退還修課費用，甚至和志同道合的學生，一起反對這位教授向學校行政單位進行政治宣傳，或許甚至可以考慮按照商業模式，提出有關做假廣告和誘購（bait and switch）的訴訟。

公司

艾茵·藍德（Ayn Rand）說：「現代企業家的最大罪惡，不是工廠煙囪所冒出的煙，而是這個國家的知性生活受到汙染，因為這種汙染是他們所寬容、協助和支持的。」[38]這些話真是一點也不假。因為前面討論的因素，許多大公司都不尋常地接受黑命貴[39]、其他傾向馬克思主義的運動、和批判性理論有關的議程，以及民主黨騙人的投票計謀。[40]在打壓運動中，許多人想要壓制自由言論，審查不服從的意見和想法，查禁或杯葛個人、團體、其他不順服新的正統思想的小公司，甚至共和黨的州議會。此外，他們讓員工接受各種馬克思主義運動的意識型態灌輸，作為雇用的條件。[41]當然，川普禁止聯邦政府在訓練中使用批判性種族理論，以及和那些使用這種理論的公司做生意，並且拒絕讓民主黨和它的代理團體破壞二〇二〇年之前的州選舉法。[42]

現在，這些公司已經公開和民主黨合作，反對共和黨，停止資助共和黨，並且支持更多民主黨的候選人。[43]的確，喬·拜登是他們無異議的總統候選人[44]，而拜登已經從他們當中雇用了許多主管。[45]此外，這些公司的執行長是他們的目標的行動主義者及政治宣傳者，他們策劃請願、寫信，和其他政治性的公共行動，甚至將公司的成功建立在社會行動主義的成就上。[46]

雖然在國內釋放美德信號（virtue-signaling），許多這類的公司都和美國最危險的敵人——犯下種族滅絕罪的中共政權——做生意。[47]它們都在擴大它們和中國的連結，[48]或者嘗試進入中國市場，並且對於中國境內駭人的破壞人權暴行保持沉默。[49]這些暴行包括強迫性的活摘器官、[50]龐大的集中營網[51]、對於維吾爾族穆斯林和其他少數民族的虐待、強暴和謀殺。[52]同樣地，針對這種情形，我們應該採取什麼措施？

一、我們每一個人，我們的朋友圈、同事和鄰居，都可以投入我所謂的「愛國商業」——變成一位瞭解情況的愛國消費者。團結在一起，我們就能夠發揮巨大的經濟影響力。不管是購買日用的小產品和服務，或者做出改變生命的較大財務決定，我們必須花一些時間，來決定與我們做生意的個人或公司，是否符合我們的世界觀。如果是，或者如果他們保持中立，並且遠離政治，我們就應該支持他們。如果不是，我們就不應該和他們做生意，甚至應該對他們進行杯葛，作為我們的杯葛、撤資和制裁運動的一部分。杯葛是美國的馬克思主義者和他們的盟友及代理人數十年來一直在做的事，而我們必須抵制。事實上，最近幾年，他們已經大大擴展他們的行動了。[53]

你也應該在經濟上支持那些被當成攻擊目標，但拒絕屈服於這些暴民策略的公司，而支持方法就是購買它們的產品和服務。舉例來說，哥雅（Goya）的執行長發表了一些支持川普總統的言論，於是這家公司就被馬克思主義的軍隊杯葛。但是，美國愛國者迅速、大力地反擊。他們團結起來，幫助這家公司，紛紛購買哥亞的產品，將商店內的商品一掃而空。[54]我們從這件事學到的功課就是：除了以個人方式和集體方式杯葛公司，我們也必須支持那些支持美國的公司。

此外，使用社交媒體去揭露那些在政治和意識型態上充滿敵意的公司，向它們施壓，並發起抗議它們的行動（本書稍後再來談論大科技）。必須有一大群人去參加股東大會，讓你的聲音被聽見（這包括媒體公司和大科技公司的股東大會）。自由企業計畫（The Free Enterprise Project，簡稱FEP）「提出股東決議，在股東大會上和公司的執行長及董事會成員交手，向美國證券交易委員會（the Securities and Exchange Commission）請求詮釋上的指示，並贊助有效的媒體運動，來為公司創造激勵，讓它們專注於它們的任務」。因此，自由企業計畫能夠提供這方面的協助，它的網址是：https://nationalcenter.org/programs/free-enterprise-project。其他團體也可以助你一臂之力。你可以成為那些股東推動的愛國運動的一部分。

向州議員遊說，讓他們調查這些公司，尤其是那些在共產中國做生意或者和中共做生意的公司。向州議員施壓，讓他們剝奪這些公司所有州的養老金和其他資金。

二、你如何知道哪些公司和馬克思主義的團體及目標（例如批判性種族理論運動）站在一起，或者參與你不同意的政治或政策事務？當然，你可以在網路找到提供這類訊息的重要資訊，公司招股說明書（prospectuses）也可以提供這類資訊（公司經常會吹噓它們的「社會行動主義」）。此外也有一些組織會根據公司的政治及意識型態活動，來追蹤和評價公司。這些組織包括「第二次投票」（2ndVote），其網址是：https://www.2ndvote.com；「公開秘密」（*the OpenSecrets*）網站追蹤捐款，其網址是：https://www.opensecrets.org。只要打入公司的名字。此外，媒體研究中心（the Media Research Center）追蹤主要新聞網節目的贊助公司，其網址是：https://www.mrc.org/conservatives-fight-back。

只要可能，就應該向那些比較不可能參與各種馬克思主義運動的小型新企業或社區商店購買商品和服務，而不要向那些愈來愈和這些運動結盟的國際大公司、亞馬遜，或大型倉儲式商場購買商品和服務。

三、不可將支持自由市場資本主義，和捍衛企業寡頭主義及裙帶資本主義（crony capitalism）混為一談。大公司已經投入社會行動主義，並且和馬克思主義運動及民主黨結盟。[55] 因此，讓它們活在它們的新夥伴的鐵拳之下，並嘗嘗結果。當我們在政府的盟友制定稅收和管理政策，我們必須堅持這些政策將寡頭公司的待遇，和中、小型企業的待遇區隔開來。前者的利益不同於後者的利益，或者不同於我們在保護共和體制上的利益。舉例來說，我們目睹谷歌、臉書、推特、蘋果等公司，厚顏無恥地結合起來，摧毀新創的Parler，審查前總統川普，在總統大選之前掩護杭特·拜登的醜聞，執行疫情期間的封城政策，而當科學家和專家的看法異於政府官僚的看法，就查禁前者，並且普遍使用打壓技術，來汙蔑和壓制他們以前和現在反對的一些涉及政治和政策的言論和辯論。我們也目睹數百間公司串通起來，反對喬治亞州的共和黨州議會，以及它在司法上改革州的選舉制度的努力——因為這些公司和民主黨合作，並且和民主黨一起嘗試在喬治亞州建立一黨統治。這些公司發表書信、請願、公開聲明，一些公司甚至制定經濟杯葛，例如大聯盟棒球將全明星賽移出亞特蘭大。[56]因此，當民主黨控制的州議會或國會中的民主黨人突然攻擊他們的新公司盟友，例如提議大大增加公司的稅，我們不應採取行動去制止他們。相反地，我們應該主張，那些沒有宣揚美國馬克思主義者或民主黨的議程的中、小型企業，必須受到保護。的確，在適當的情況下，我們應該堅持對那些大公司採取反托拉斯行動，因為它們不只使用它們的影響力，來壓制競爭者，也支持那些破壞國家的政治和立法政策。如果現有的反托拉斯法不夠充分，就應該將之更新。此外，應該遊說友善的州議會去對付大科技，因為州並非沒有法定手段，就如佛羅里達州所展示的。[57]

四、大媒體和大科技是美國最大的寡頭公司。它們不斷地展示如何利用公司的影響力，來為社會行動主義、馬克思主義運動和民主黨，進行打壓、審查和政治宣傳。大媒體使用公司的影響力，嘗試摧毀不服從的新聞和輿論組織〔例如美國電話電報公司（AT&T）所擁有的CNN，屢次主張取消福斯新聞頻道的平台，並查禁它的主持人〕。而且當然，大科技公司也對較小的社交媒體公司採取相同的手段。讓我們記住，有線電視以及後來的社交媒體出現後，受到了頌揚，被認為可以為新聞消費者提供更多選擇。然而，公司的併購導致相對較少的社團主義者（corporatists）控制美國各地資訊的內容和傳播。這是一種令人無法忍受的情況。

關於大科技，如果你使用社交媒體，你應該找到這些寡頭公司的替代品。我不精通科技，但我可以就我所知提供一些選擇：Parler、MeWe，以及Discord的社區論壇。還有Rumble、Vimeo、Bitchute，以及DuckDuckGo的搜尋引擎。你可以在網路找到其他。此外，你可以使用媒體研究中心（the Media Research Center）的「自由言論美國計畫」（FreeSpeechAmericaProject）和它的「審查追蹤」（*Censortrack*）網站，來監督大科技寡頭壟斷式的審查行動。這個網站的網址是：https://censortrack.org/。

然而，大科技的權力和濫權的根本原因，可以追溯到一九九六年國會根據通訊端正法（the Communications Decency Act）第二三〇條賦予它們的保護。保守夥伴關係協會（the Conservative Partnership Institute，簡稱CPI）的瑞秋．波華德（Rachael Bovard）解釋：這條法令「保護大科技公司免於被它們網站上的內容使用者控告。它也為平台創造了一種責任的保護盾牌，來『限制提供者或使用者認為……應該反對的材料的取得，不管這些材料是否受到憲法的保護。』」[58]她補充：「幾個大科技公司正在控制自由社會的大多數資訊的流動，而它們這樣做是受到政府政策的協助和教唆的。如果說，這只是私人公司行使憲法第一修正案的權利，那麼這就是一種簡化的說法，忽略了這些公司以一種特權的方式行使這些權利——不必負起其他第一修正案的行使者（例如報紙）必須負起的責任」——也忽略了這些內容審核（content moderation）的決定，是以一種不尋常、前所未見的規模進行的。」[59]因此，當共和黨人再度控制國會，並入主白宮，我們就必須積極向他們施壓，讓他們廢除大科技的二三〇豁免權。

川普曾嘗試這麼做，但被他自己的政黨攔阻。

此外，臉書的億萬富翁馬克・祖克伯格干預並試圖操縱選舉，包括在二〇二〇年總統大選期間，捐獻數億美元給特定對象，而谷歌也操縱演算法。這些行為都必須在聯邦和州政府受到調查和取締。[60]你可以聯繫友善的州議員，對那些以實物捐獻的公司，向各種聯邦和州的機構提出投訴，並參加他們的股東大會，讓他們聽見你的聲音。

關於大媒體以及它們如何打擊言論自由及媒體競爭，事實就是大型公司已經控制許多重要的媒體平台。我提到美國電話電報公司（AT&T）擁有CNN，康卡斯特（Comcast）擁有國家廣播公司（NBC）。你可以在Investopedia.com這個美國網站，找到這方面的部分其他資訊。[61]這些公司的缺乏自我管控和監督，以及它們對民主黨及馬克思主義團體和其議程的支持，其實已經破壞了自由、開放和競爭性新聞媒體的目標。因此，我們的杯葛、撤資和制裁運動，也應該以這些新聞機構和它們的母公司為目標。我們個人應該拒絕使用它們，並敦促我們的家人、朋友及同事杯葛它們，盡可能讓它們失去重要性。我們也應該參加它們的股東大會，譴責它們的政治、意識型態式的社會行動主義，以及它們對於新聞自由的破壞。

此外，我們的支持行動（包括我們的觀看和閱讀習慣），應該集中於愈來愈多的獨立新聞記者，以及遠比大媒體公司更加可靠的新聞網站。網路上有幾個這樣的網站，它們投入原始的新聞工作，報導真實的新聞，而其他網站則協助查看和整理新聞報導，並收集這些報導。你可以在以下的網站找到這方面的部分資訊：https://www.libertynation.com/topconservative-newssites。此外還有有線電視公司，包括福斯新聞、福斯財經（Fox Business）、同一個美國新聞網（One America News Network）、新聞極限電視（Newsmax TV）、辛克萊廣播公司（Sinclair Broadcasting），和其他新進的新聞廣播平台，以及相對較少的報紙，包括（但不局限於）《紐約郵報》（*the New York Post*）、《華盛頓觀察報》（*the Washington Examiner*）、《華盛頓時報》（*the Washington Times*）等。

五、職業運動聯盟和個別的球隊，也是價值數十億美元的公司。有些聯盟——包括國家籃球協會（NBA）——以及球隊和球員都支持黑命貴運動，並靠著和殺人如麻的中國共產政權做生意，賺進了大把的鈔票。在適當的情況下，應該到他們的公司總部或正在進行比賽的球場，向聯盟及球隊進行抗議。職業運動對文化的影響極大。到目前為止，它們沒有受到抵制。此外，由於美國職棒大聯盟（MLB）在全明星賽從喬治亞州遷移至科羅拉多州中所扮演的角色，我們必須向國會的共和黨人施壓，讓他們終止它免於遵守反托拉斯法的特別權利。

氣候

如先前討論的，「氣候變遷」運動（先前是全球冷化運動和全球暖化運動）是一種去成長、反資本主義的運動，會讓美國人陷入貧窮。基本上，這是對你的財產權、自由和生活方式所發動的基礎深厚的戰爭。更廣泛地說，這是在攻擊人類已知最成功的經濟制度，並且大規模擴張聯邦官僚、政客和國際／全球機構中，管理、規定和控制各種社會及經濟層面的力量，而這種管理、規定和控制，是以公共衛生和安全、乾淨的空氣和水，甚至國家安全的偽裝，而發布的規定和命令來進行的。這種濫權的狀況，會讓我們在那些魯莽、專制的國家政府在處理疫情大流行當中，以及在大肆破壞公民和宗教自由當中，所見到並經歷到的濫權相形見絀。

我幾年前在《自由與專制》（*Liberty and Tyranny*）一書寫道：「在順從或同情的媒體的協助下，國家極權論者（Statist）使用垃圾科學、不實陳述和散布恐懼的手法，來宣揚公共衛生和環境的恐慌，因為他們明白，在真正的、廣泛的緊急衛生狀況中，大眾會期待政府積極採取行動，來處理危機，儘管政府的權利存在著傳統的限制。威脅愈大，人們通常就願意捨棄愈多自由。政府的權力變成社會參考架構（frame of reference）的一部分，而結果就是在下一次的『危機』中，政府的權力變成了人們所依賴的。」[62]

如我進一步解釋的，這裡的病理學涉及「挑選對自己有利的資料的專家……所做的緊急預測，而媒體不加質疑或進行獨立調查，就接受這些預測，並將它們變成刺耳的恐懼雜音。接下來，官員大聲疾呼，以顯示他們正在採取措施，來改善危險的處境。他們制定新的法令，頒布新的規則，而這些法令和規則據說能夠讓大眾減少暴露在新的『風險』之中」[63]。

的確，拜登的總統氣候問題特使約翰·凱瑞（John Kerry）強調，以氣候變化之名侵害自由的做法，將沒有局限或窮盡，而美國一切馬克思主義促成的運動也是如此。凱瑞宣稱：「我只是提醒大家，這件事首先有賴於我們是否擁有一些突破的技術、一些突破的創新。然而，即使我們做到淨零排放，我們仍然必須將二氧化碳趕出大氣層。因此，這個挑戰大於許多人真正瞭解的。」[64]

若要抵制，就需要一種主要是法律和行政上的反應。你可以使用州的政策團體網，以下的網址提供其中一些團體的資訊：https://spn.org。而以下的網址提供一個財產權團體聯盟的資訊：https://www.property-rts.org。這些網站可以提供政策建議和法律參考。你也可以使用聯邦和州的資訊自由法（freedom of information laws），以及直接接觸可能協助的法律團體（本書先前已提供連結）。

在適當的情況下，只要政府、私人和非營利組織非法妨礙你的財產使用，或者降低你的財產的市場價值，你就可以對它們提起訴訟。[65]你可以直接向環保局（the Environmental Protection Agency，簡稱EPA）、內政部和其他聯邦機構，提出資訊自由法（FOIA）的要求，來詳細調查它們的活動，向它們問責[66]，並放慢管理的程序及活動。同樣地，你可以敦促友善的州檢察總長針對聯邦的行動提出訴訟，就像在拜登非法攻擊基石輸油管（the Keystone XL pipeline）的事件中一樣。[67]

當共和黨人重新成為眾議院和參議院的多數黨，並且贏得總統大選，我們必須向他們施壓，讓他們廢除賦予環保團體的特別免稅資格，因為它們並不是沒有黨派性的慈善基金會。我們也必須要求共和黨人廢除它們代替大眾提起訴訟的特別法定權力，因為它們的主要目的，就是摧毀我們的經濟制度、私人財產權和共和制原則。長久以來，這些團體和內政部、農業部、環保局，以及其他聯邦部門和機構的官僚，建立了一種政策及法律上的密切關係。

安提法，黑命貴，以及暴動者

說來真是可恥，聯邦政府沒有因為安提法、黑命貴和其他國內恐怖組織在美國社區造成的蓄意破壞，以及數十億美元的損失，而對這些組織進行刑事偵察，並提出訴訟。[68]而且說來令人震驚，聯邦執法人員竟然根據個人的政治信念，而給予個人差別待遇。[69]

然而，值得尊敬的州長能夠採取行動，來保護他們的公民，包括強化他們對抗這類暴力和暴動者的法律。在佛羅里達，州長隆恩・迪桑提斯（Ron DeSantis）已經制定了一些措施，來「增加對於暴力集會中的犯罪行為的懲罰，並保護社區的執法官員，以及這類行為的受害者。這項法案也創造了暴民威脅和網路恐嚇這類的具體罪行名稱，以確保佛羅里達州不會歡迎那些想要藉著暴民心態，將自己的意志強加於無辜公民和執法人員的人。暴民威脅和網路恐嚇的罪，將成為一級輕罪」[70]。我們必須向美國各地的州長和州議員施壓，讓他們採用類似的法令。

但是，公民不需等待各級政府採取行動。我們可以視各州的法令，對這些組織和個別暴動者提出私人民事訴訟，這些訴訟將打擊這些團體和個人的財務，並且但願能夠彌補受害者的損失。可能的訴訟理由包括：刻意施加情感的痛苦、侵權性的干擾合約、擅自進入土地和動產，以及財產的轉換。在最極端的情況下，尤其是在這些組織出現於暴動現場的情況下，我們可以提出州和聯邦組織犯罪防治法的民事訴訟。[71]

此外，你可以要求國稅局審查或調查你在報紙或網路看到的黑命貴這類組織的財務問題。舉例來說，有人已經針對黑命貴的連鎖操作（interlocking operations）[72]及透明度提出質疑。[73]另外，你若碰巧看見一位開車逃離暴力現場的暴動者的牌照，將牌照號碼交給當地警察局。你的眼睛、耳朵和手機的錄影，都是打擊犯罪的重要工具。

執法人員

安提法、黑命貴、其他馬克思主義／無政府主義團體、暴力罪犯、民主黨政客以及媒體，正在攻擊執法人員。的確，自從黑命貴和同情它的媒體報導出現以來，對於執法人員的正面看法已經消失了，在少數派當中尤其是如此。[74]雖然媒體經常控告警察帶著種族主義的眼光，以非洲裔美國人和其他少數民族為歧視目標，但證據並不支持這樣的指控。[75]此外，百分之八十一的美國黑人，希望他們的社區有當地的員警，而且許多人希望增加員警的數量。

雖然如此，由於這場針對執法人員的戰爭，美國各地的暴力犯罪正在激增，在我們的大城市尤其是如此。[76]而守法的公民正在付出極高的個人代價。然而，他們沒有起來對抗暴民和他們的推進者及安撫者，而這場對執法人員的戰爭正在加劇。

所謂的改革努力正在進行，但實際上，這些改革是在進一步剝奪警察和警察局保護公民的能力。這包括讓警察暴露在個人傷害和財務破產的法律措施。例如國會的民主黨員和他們的激進代理人，一直在努力廢除有限制的豁免權（qualified immunity），讓警察面對無窮無盡的訴訟。他們也降低警察的刑事起訴的標準，促進地方和州對於警察的調查，保存所有有關警察的聯邦資料庫，將判定正當使用武力的法定標準從「合理」降低成「必要」，並限制將「軍事型」的裝備轉移給警方。[77]

這一切的結果就是：在美國各地，警察的招募和警力的維持大幅滑落了。[78]代表執法單位的「細藍線」（the thin blue line）被打破了，而公民社會陷入了混亂。因此，除了盡一切所能支持警察和警察局（包括為他們發聲），他們也需要我們給予具體的支持。除了既有的許多建議，我還有一個建議：

倘使州的法律允許，警察沒有理由不該對那些以暴力攻擊他們的個人提起民事訴訟，甚至應該對那些讓他們遭受攻擊或受傷的暴動背後的組織——例如安提法和黑命貴——提起民事訴訟。我們必須將許多因素納入考慮，包括辨識個人和團體組織的能力，以及因果關係。但是警察和他們的工會應該向優秀的律師諮詢，以研究法律和事實。[79]你的協助方式，就是聯繫當地的執法機構、當地的警察慈善協會（police benevolent association），和執法人員正當防衛基金會（the Law Enforcement Legal Defense Fund），透過它們資助那些提起這類訴訟的警察的法律代表。你可以在以下網址找到這些組織：https://www.policedefense.org。全國警察組織協會（the National Association of Police Organizations）的網址是：https://www.napo.org。而警察兄弟會（the Fraternal Order of Police）的網址是：https://fop.net。你也可以聯繫其他這類的團體。

據說喬治・巴頓（George S. Patton）將軍曾說：「不要告訴別人該怎麼做。告訴他們該做些什麼，然後他們的創意會讓你吃驚。」因此此刻，雖然我提供一些如何著手的具體想法和建議，但這些想法和建議絕非一切可行的行動或行動領域。最終，你自己必須決定該怎麼做，最能解救我們的共和政體，以及你將選擇扮演什麼角色。雖然如此，據說巴頓將軍曾說：「坐在旋轉椅上做不出好決定。」

這是本書的結束，但也是新的一天的開始。

我們選擇自由！美國的愛國者，團結起來！

註釋

導讀

1 Secretary Antony Blinken @SecBlinken, United States government official · Apr 28 We released the first-ever public U.S. government report showing our work to advance the human rights of LGBTQI+ persons globally. We urge all governments to act with us to support LGBTQI+ human rights defenders in their tireless and noble work. https://state.gov/lgbtqi-human-rights/

2 Scott Jaschik, "Professors and Politics: What the Research Says," Inside Higher Ed, February 27, 2017, https://www.insidehighered.com/news/2017/02/27/research-confirms-professors-lean-left-questions-assumptions-about-what-means.

3 Scott Jaschik, "Professors and Politics: What the Research Says," Inside Higher Ed, February 27, 2017 (https://www.insidehighered.com/news/2017/02/27/research-confirms-professors-lean-left-questions-assumptions-about-what-means)

4 Scott Jaschik, "Professors and Politics: What the Research Says," Inside Higher Ed, February 27, 2017 (https://www.insidehighered.com/news/2017/02/27/research-confirms-professors-lean-left-questions-assumptions-about-what-means).

5 北明訪談調查：美國主流媒體發生了什麼？(https://blog.creaders.net/u/5568/202012/391223.html)中國禁聞網(https://www.bannedbook.org/bnews/comments/20201212/1446222.html)

6 Pew Research Center：U.S. admits record number of Muslim refugees in 2016, BY PHILLIP CONNOR OCTOBER 5, 2016 (https://www.pewresearch.org/fact-tank/2016/10/05/u-s-admits-record-number-of-muslim-refugees-in-2016/).

7 President-elect Biden's Call with Civil Rights Leaders・Fundraiser, Dec 11, 2020 (https://www.youtube.com/watch?v=a3G7n21p0kY&t=4476s).

8 'Our Goal Is To Get Trump Out' Admits Black Lives Matter Co-Founder Who Is A 'Trained Marxist'・By JARRETT STAFF June 23, 2020 (https://thegreggjarrett.com/our-goal-is-to-get-trump-out-admits-black-lives-matter-co-founder-who-is-a-trained-marxist/)

9 Obama and Ayers Pushed Radicalism On Schools, By Stanley Kurtz Sept. 23, 2008 (https://www.wsj.com/articles/SB122212856075765367).

10 Isn't This How Bill Ayers Got His Start? Apr 16, 2013 (https://www.rushlimbaugh.com/daily/2013/04/16/isn_t_this_how_bill_ayers_got_his_start/).

11 Black Lives Matter leader states if US 'doesn't give us what we want, then we will burn down this system', By Victor Garcia, Fox News, June 24, 2020 (https://foxnews.com/media/black-lives-matter-leader-burn-down-system).

12 Conservatives point out that Princeton study on protests reveals violence was found at hundreds of demonstrations, by Emma Colton, Social Media Editor, September 06, 2020 (https://www.washingtonexaminer.com/news/conservatives-point-out-that-princeton-study-on-protests-reveals-violence-was-found-at-hundreds-of-demonstrations).

13 Black Lives Matter Group Storms Beverly Hills Residential Area: 'Eat The Rich!' 'Abolish Capitalism Now!', By Daily Wire News, Jun 27, 2020(https://www.dailywire.com/news/black-lives-matter-group-storms-beverley-hills-residential-area-eat-the-rich-abolish-capitalism-now).

14 〈血腥六月 紐約市這十個區域槍擊案最多〉，《僑報》（美國）二〇二〇年七月十二日(http://www.uschinapress.com/static/content/SH/2020-07-12/732000022148947968.html).

15 One Author's Controversial View: 'In Defense Of Looting' , NPR ,Aug. 27, 2020 (https://www.npr.org/sections/codeswitch/2020/08/27/906642178/one-authors-argument-in-defense-of-looting).

16 College students say rioting, looting 'justified' because 'people in power have stolen so much more'， SEPTEMBER 09,2020(https://www.theblaze.com/news/college-students-rioting-looting-justified).

17 Thomas Sowell on 'utter madness' of defund the police push, wonders whether US is reaching point of no return, FOX,July 12, 2020 (https://www.foxnews.com/transcript/thomas-sowell-on-utter-madness-of-defund-the-police-push-wonders-whether-us-is-reaching-point-of-no-return).

第一章

1 Mark R. Levin, *Ameritopia: The Unmaking of America* (New York: Threshold Editions, 2012), 3.

2 Andrew Mark Miller, "Black Lives Matter co-founder says group's goal is 'to get Trump out,' " *Washington Examiner*, June 20, 2020, https:// www.washingtonexaminer.com/news/black-lives-matter-co-founder-says-groups-goal-is-to-get-trump-out (April 22, 2021).

3 Jason Lange, "Biden staff donate to group that pays bail in riot-torn Minneapolis," Reuters, May 30, 2020, https://www.reuters.com/article/us-minneapolis-

police-biden-bail/biden-staff-donate-to-group-that-pays-bail-in-riot-torn-minneapolis-idUSKBN2360SZ (April 22, 2021).

4 Levin, *Ameritopia*, 7.

5 Ted McAllister, "Thus Always to Bad Elites," *American Mind*, March 16, 2021, https://americanmind.org/salvo/thus-always-to-bad-elites/ (April 22,2021).

6 Ronald Reagan, "Encroaching Control (The Peril of Ever Expanding Government)," in *A Time for Choosing: The Speeches of Ronald Reagan* 1961-1982, ed. Alfred A. Baltizer and Gerald M. Bonetto (Chicago: Regnery, 1983), 38.

第11章

1 Mark R. Levin, *Ameritopia: The Unmaking of America* (New York: Threshold Editions, 2012), 6–7.

2 Ibid., 7–8.

3 Ibid., 16.

4 Julien Benda, *The Treason of the Intellectuals* (New Brunswick: Transaction, 2014), 2

5 Ibid., 2–3.

6 Capital Research Center, "What Antifa Really Is," December 21, 2020, https://capitalresearch.org/article/is-antifa-an-idea-or-organization/ (April 6, 2021).

7 Scott Walter, "The Founders of Black Lives Matter," First Things, March 29, 2021, https://www.firstthings.com/web-exclusives/2021/03/the-founders-of-black-lives-matter (April 6, 2021).

8 Levin, *Ameritopia*, 11.

9 Ibid., 13.

10 Jean-Jacques Rousseau, *Discourse on the Origin and Foundations of Inequality Among Men*, ed. and trans. Donald A. Cress (Indianapolis: Hackett, 2012), 45.

11 Ibid., 87.

12 G. W. F. Hegel, *Elements of the Philosophy of the Right*, trans. S.W. Dyde (Mineola, NY: Dover, 2005), 133.

13 Karl Marx and Friedrich Engels, *The Communist Manifesto* (London: SoHo Books, 2010), 36.

14 Ibid., 23.

15 Ibid., 42

16 Eric Hoffer, *The True Believer: Thoughts on the Nature of Mass Movements* (New York: HarperPerennial, 2010), 12.

17 Ibid., 69.

18 Ibid., 75.

19 Ibid., 76.

20 Ibid.

21 Ibid., 74.

22 Ibid., 80.

23 Ibid., 80–81.

24 Ibid., 85.

25 Hoffer, *The True Believer,* 85–86.

26 Ibid., 87.

27 Tyler O'Neill, "Hacked Soros Documents Reveal Some Big Dark Money Surprises," PJ Media, August 19, 2016, https://pjmedia.com/news-and-politics/tyler-o-neil/2016/08/19/hacked-soros-documents-reveal-some-big-dark-money-surprises-n47598 (April 6, 2021).

28 Hoffer, *The True Believer,* 98.

29 Ibid., 140.

30 Hannah Arendt, *The Origins of Totalitarianism* (New York: Harcourt, 1976), 307.

31 *Frontiers in Social Movement Theory,* ed. Aldon D. Morris and Carol McClurg Mueller (New Haven: Yale University Press, 1992), x.

32 William A. Gamson, "The Social Psychology of Collective Action," in *Frontiers in Social Movement Theory,* 56. Professor Gamson is a professor of sociology at Boston College and codirects the Media Research and Action Project; https://www.bc.edu/bc-web/schools/mcas/departments/sociology/people/affiliated-emeriti/william-gamson.html (April 6, 2021).

33 Ibid.

34 Ibid., 57.

35 Ibid., 74.

36 *Debra* Friedman and Doug McAdam, "Collective Identity and Activism: Networks, Choices and the Life of a Social Movement," in Frontiers in Social Movement

Theory, 157. Professor McAdam is currently the Ray Lyman Wilbur Professor of Sociology (Emeritus) at Stanford University; https://sociology.stanford.edu/people/douglas-mcadam (April 6, 2021).

37 Ibid.

38 Ibid., 169–70.

39 Bert Klandermans, "The Social Construction of Protest and Multiorganizational Fields," in *Frontiers in Social Movement Theory*, 99-100. Professor Klandermans is a professor of sociology at the Free University, Amsterdam, Netherlands; https://research.vu.nl/en/persons/bert-klandermans (April 6, 2021).

40 Aldon D. Morris, "Political Consciousness and Collective Action," in *Frontiers in Social Movement Theory*, 351–52. Professor Morris is the Leon Forrest Professor of Sociology and African American Studies at Northwestern University; https://sociology.northwestern.edu/people/faculty/core/aldon-morris.html (April 6, 2021).

41 Ibid., 357–58.

42 Ibid., 370.

43 Ibid.

44 Ibid.

45 Ibid., 371.

46 Ibid.

47 Ibid.

48 Ibid.

49 Ibid.

50 Ibid.

51 Frances Fox Piven and Richard Cloward, *The Breaking of the American Social Compact* (New York: New Press, 1967), 267.

52 Ibid., 269.

53 Ibid., 287, 288.

54 Ibid., 289.

55 Biden-Sanders Unity Task Force Recommendations, "Combating the Climate Crisis and Pursuing Environmental Justice," https://joebiden.com/wp-content/

uploads/2020/08/UNITY-TASK-FORCE-RECOMMENDATIONS.pdf (April 6, 2021).

56 Piven and Cloward, *The Breaking of the American Social Compact,* 289.

57 Ibid.

58 Ibid. 290.

59 Ibid.

60 Ibid., 291.

61 Ibid.

62 Ibid.

63 Ibid., 291–92.

64 Nicholas Fondacaro, "ABC, NBC Spike 'Mostly Peaceful' Protests Leav- ing $2 Billion in Damages," mrcNewsBusters, September 16, 2020, https:// www.newsbusters.org/blogs/nb/nicholas-fondacaro/2020/09/16/abc-nbc-spike-mostly-peaceful-protests-leaving-2-billion (April 6, 2021).

65 Piven and Cloward, *The Breaking of the American Social Compact,* 292.

66 Ibid., 292–93.

67 Frances Fox Piven, "Throw Sand in the Gears of Everything," *Nation,* January 18, 2017, https://www.thenation.com/article/archive/throw-sand-in-the-gears-of-everything/ (April 6, 2021).

68 Ibid.

69 Ibid.

70 Ibid.

71 Allan Bloom, *The Closing of the American Mind* (New York: Simon & Schuster, 1987), 26.

72 Ibid., 55, 56.

73 Ibid., 58.

第三章

1 Felicity Barringer, "The Mainstreaming of Marxism in U.S. Colleges,"*New York Times,* October 29,1989, https://www.nytimes.com/1989/10/25/us/education-the-mainstreaming-of-marxism-in-us-colleges.html (April 7, 2021).

2 Ibid.

3 Ibid.

4 Ibid.

5 Herbert Croly, "The Promise of American Life," in *Classics of American Political and Constitutional Thought,* vol. 2, ed. Scott J. Hammond, Kevin R. Harwick and Howard L. Lubert (Indianapolis: Hackett, 2007), 297.

6 Ibid., 313.

7 Herbert D. Croly, *Progressive Democracy* (London: Forgotten Books, 2015), 38–39.

8 Statista, "Percentage of the U.S. Population who have completed four years of college or more from 1940 to 2019," https://www.statista.com/statistics/184272/educational-attainment-of-college-diploma-or-higher-by-gender/ (April 7, 2021).

9 Ibid.

10 John Dewey, *Individualism Old and New* (Amherst, NY: Prometheus Books, 1999), 51.

11 John Dewey, *Democracy and Education* (Simon & Brown, 2012), 234.

12 Ibid., 239, 240, 245.

13 John Dewey, "Ethical Principles Underlying Education," appearing in *The Early Works,* vol. 5, *1882-1898: Early Essays, ed.* Jo Ann Boydston (Carbondale: Southern Illinois University Press, 2008), 59–63.

14 John Dewey, "What Are the Russian Schools Doing?" *New Republic,* December 5, 1928, https://newrepublic.com/article/92769/russia-soviet-education-communism (April 7, 2021).

15 Ibid.

16 Ibid.

17 Mark R. Levin, *Unfreedom of the Press* (New York: Threshold Editions, 2019), Chapter 6.

18 Richard M. Weaver, *Ideas Have Consequences* (Chicago: University of Chicago Press, 1948), 2.

19 Ibid.

20 Ibid., 5.

21 Ibid.

22 Ibid., 5–6.

23 Ibid., 6.

24 Ibid., 85.

25 Madeleine Davis, "New Left," *Encyclopaedia Britannica,* https://www.britannica.com/topic/New-Left (April 7, 2021).

26 Ibid.

27 *A-Z Guide to Modern Social and Political Theorists,* ed. Noel Parker and Stuart Sun (London: Routledge, 1997), 238.

28 Herbert Marcuse, *One Dimensional Man* (Boston: Beacon Press: 1964), 3.

29 Ibid.

30 Ibid., 4.

31 Herbert Marcuse, "The Failure of the New Left?" in *New German Critique, 18* (Fall 1979), https://www.marcuse.org/herbert/pubs/70spubs/Marcuse1979FailureNewLeft.pdf (April 7, 2021).

32 Barringer, "The Mainstreaming of Marxism in U.S. Colleges."

33 Ibid.

34 Ibid.

35 Richard Landes, *Heaven on Earth: The Varieties of the Millennial Experience* (Oxford: Oxford University Press, 2011), 12, 13.

36 Ibid., 13.

37 Ibid.

38 Ibid., 14.

39 Ibid., 17.

40 BBC, "Historical Figures, Vladimir Lenin," http://www.bbc.co.uk/history/historic_figures/lenin_vladimir.shtml (April 7, 2021).

41 BBC, "Historical Figures, Mao Zedong," http://www.bbc.co.uk/history/historic_figures/mao_zedong.shtml (April 7, 2021).

42 BBC, "Historical Figures, Pol Pot," http://www.bbc.co.uk/history/historic_figures/pot_pol.shtml (April 7, 2021).

43 Lois Weis, "For Jean Anyon, my colleague and friend," University of Pennsylvania, *Perspectives on Urban Education,* https://urbanedjournal.gse.upenn.edu/archive/volume-11-issue-1-winter-2014/jean-anyon-my-colleague-and-friend (April 7, 2021).

44 Jean Anyon, *Marx and Education* (New York: Routledge), 7

45 Ibid., 7, 8.

46 Raymond Aron, *The Opium of the Intellectuals* (New Brunswick, NJ: Transaction, 1957), 94.

47 Anyon, *Marx and Education,* 8–9 (quoting Marx and Engels).

48 Jeffry Bartash, "Share of union workers in the U.S. falls to a record low in 2019," *Marketwatch,* January 31, 2020, https://www.marketwatch.com/story/share-of-union-workers-in-the-us-falls-to-a-record-low-in-2019-2020-01-22 (April 8, 2021).

49 Richard Epstein, "The Decline of Unions Is Good News," Ricochet, January 28, 2020, https://ricochet.com/717005/archives/the-decline-of-unions-is-good-news/ (April 8, 2021).

50 Anyon, *Marx and Education,* 9–10 (quoting Marx).

51 Aron, *The Opium of the Intellectuals,* 94–95.

52 Anyon, *Marx and Education,* 11.

53 Ibid., 12–13 (quoting Marx).

54 Lance Izumi, "Why Are Teachers Mostly Liberal?" Pacific Research Institute, April 3, 2019, https://www.pacificresearch.org/why-are-teachers-mostly-liberal/ (April 8, 2021).

55 Alyson Klein, "Survey: Educator's Political Leanings, Who They Voted For, Where They Stand on Key Issues," *Education Week,* December 12, 2017, https://www.edweek.org/leadership/survey-educators-political-leanings-who-they-voted-for-where-they-stand-on-key-issues/2017/12 (April 8, 2021).

56 Anyon, *Marx and Education,* 19.

57 Ibid., 35.

58 Ibid., 36–37.

59 Ibid., 96–97.

60 Ibid., 97.
61 Ibid., 98.
62 Ibid., 99.
63 Ibid.
64 Ibid., 99–100.
65 Ibid., 100–101.
66 Ibid., 103–4.
67 Jean Anyon, *Radical Possibilities: Public Policy, Urban Education, and a New Social Movement* (New York: Routledge, 2014), 140–41.
68 John M. Ellis, *The Breakdown of Higher Education* (New York: Encounter Books), 30, 31.
69 Ibid., 31.

第四章

1 Uri Harris, "Jordan B. Peterson, Critical Theory, and the New Bourgeoisie," *Quillette*, January 17, 2018, https://quillette.com/2018/01/17/jordan-b-peterson-critical-theory-new-bourgeoisie/ (April 8, 2021).
2 Ibid.
3 Ibid.
4 Ibid.
5 Ibid.
6 Ibid.
7 Ibid.
8 Ibid.
9 Jonathan Butcher and Mike Gonzalez, "Critical Race Theory, the New Intolerance, and Its Grip on America," Heritage Foundation, December 7, 2020, https://www.heritage.org/civil-rights/report/critical-race-theory-the-new-intolerance-and-its-grip-america (April 8, 2021).

10 George R. La Noue, "Critical Race Training or Civil Rights Law: We Can't Have Both," Liberty & Law, November 4, 2020, https://lawliberty.org/critical-race-theory-or-civil-rights-law-we-cant-have-both/ (April 8, 2021).

11 Ibid.

12 Thomas Sowell, *Intellectuals and Society* (New York: Basic Books, 2011), 468.

13 Ibid., 469.

14 Ibid.

15 Ibid.

16 Herbert Marcuse, *One-Dimensional Man: Studies in the Ideology of Advanced Industrial Society* (Boston: Beacon Press, 1991), 256–57.

17 Faith Karimi, "What Critical race theory is—and isn't," CNN, October 1, 2020, https://www.cnn.com/2020/10/01/us/critical-race-theory-explainer-trnd/index.html (April 8, 2021).

18 Ibid.

19 Richard Delgado and Jean Stefancic, *Critical Race Theory* (New York: New York University Press, 2017), 3.

20 Ibid., 8.

21 Ibid.

22 Ibid., 9.

23 Ibid.

24 Ibid., 10, 11.

25 Ibid., 8.

26 "Thomas Sowell Hammers 'Despicable' Derrick Bell; Compares to Hitler," Breitbart, March 7, 2012, https://www.breitbart.com/clips/2012/03/07/sowell%20on%20bell/ (video interview dated May 24, 1990) (April 8, 2021).

27 Thomas Sowell, *Inside American Education: The Decline, the Deception, the Dogmas* (New York: Free Press, 1993), 154.

28 Derrick A. Bell, "Brown v. Board of Education and the Interest-Convergence Dilemma," *Harvard Law Review*, January 11, 1980, https:// harvardlawreview.org/1980/01/brown-v-board-of-education-and-the-interest-convergence-dilemma/ (April 8, 2021).

29 Derrick A. Bell, "Who's Afraid of Critical Race Theory?" *University of Illinois Law Review*, February 23, 1995, https://sph.umd.edu/sites/default/files/files/Bell_

Whos%20Afraid%20of%20CRT_1995UIllLRev893.pdf (April 8, 2021), 901.

30 Ibid.

31 Steve Klinsky, "The Civil Rights Legend Who Opposed Critical Race Theory," RealClearPolitics, October 12, 2020, https://www.realclearpolitics.com/articles/2020/10/12/the_civil_rights_legend_who_opposed_critical_race_theory_144423.html (April 8, 2021).

32 Ibid.

33 Ibid.

34 Ibid.

36 Delgado and Stefancic, *Critical Race Theory* (New York: New York Uni- versity Press, 2017), 45, 46.

37 Butcher and Gonzalez, "Critical Race Theory, the New Intolerance, and Its Grip on America."

38 Robin DiAngelo, *White Fragility* (Boston: Beacon Press, 2018), 28.

39 Delgado and Stefancic, *Critical Race Theory*, 29.

40 Chris Demaske, "Critical Race Theory," First Amendment Encyclopedia, https://www.mtsu.edu/first-amendment/article/1254/critical-race-theory, (April 9, 2021).

41 Delgado and Stefancic, *Critical Race Theory*, 125.

42 Ibid., 127, 128.

43 Ibid., 132, 133.

44 Butcher and Gonzalez, "Critical Race Theory, the New Intolerance, and Its Grip on America."

45 Ozlem Sensoy and Robin DiAngelo, *Is Everyone Really Equal?* (New York: Teachers College Press, 2017), xii.

46 Ibid., vii.

47 Ibid., xxi, xxii, xxiii, xxiv.

48 Ibid., xxiv.

49 "Critical Race Training In Education," Legal Insurrection Foundation, https://criticalrace.org/ (April 9, 2021).

50 Krystina Skurk, "Critical Race Theory in K–12 Education," RealClear- PublicAffairs, July 12, 2020, https://www.realclearpublicaffairs.com/articles/2020/07/16/critical_race_theory_in_k-12_education_498969.html (April 9, 2021).

51 Ibid.

52 Ibid.

53 Peter W. Wood, *1620: A Critical Response to the 1619 Project* (New York: Encounter Books, 2020), 1 (quoting Jake Silverstein, *New York Times Magazine*).

54 Ibid., 4.

55 Ibid., 5.

56 Ibid., 6.

57 "We Respond to the Historians Who Critiqued the 1619 Project," *New York Times Magazine,* December 20, 2019, https://www.nytimes.com/2019/12/20/magazine/we-respond-to-the-historians-who-critiqued-the-1619-project.html (April 9, 2021).

58 Ibid.

59 Ibid.

60 Ibid.

61 Adam Serwer, "The Fight Over the 1619 Project Is Not About Facts," *Atlantic,* December 23, 2019, https://www.theatlantic.com/ideas/archive/2019/12/historians-clash-1619-project/604093/ (April 9, 2021).

62 Mark R. Levin, *Unfreedom of the Press* (New York: Threshold Editions, 2019), Chapter 6.

63 Glenn Garvin, "Fidel's Favorite Propagandist," *Reason,* March 2007, https://reason.com/2007/02/28/fidels-favorite-propagandist/ (April 9, 2021).

64 Zach Goldberg, "How the Media Led the Great Racial Awakening," *Tablet,* August 4, 2020, https://www.tabletmag.com/sections/news/articles/media-great-racial-awakening (April 9, 2021).

65 Ibid.

66 Ibid.

67 Ibid.

68 Ibid.

69 Executive Order 13950, "Combating Race and Sex Stereotyping," September 22, 2020, https://www.federalregister.gov/documents/2020/09/28/2020-21534/combating-race-and-sex-stereotyping (April 9, 2021).

70 Ibid.

71 Ibid.

72 "Executive Order on Advancing Racial Equity and Support for Underserved Communities Through the Federal Government," January 20, 2021, https://www.whitehouse.gov/briefing-room/presidential-actions/2021/01/20/executive-order-advancing-racial-equity-and-sup port-for-underserved-communities-through-the-federal-government/ (April 9, 2021).

73 Bradford Betz, "What is China's social credit system?" Fox News, May 4, 2020, https://www.foxnews.com/world/what-is-china-social-credit-system (April 9, 2021).

74 Ibid.

75 President's Advisory 1776 Commission, "The 1776 Report," January 2021, https://ipfs.io/ipfs/QmVzW5NfySnfTk7ucdEoWXshkNUXn3dseBA7ZVrQMBfZey (April 9, 2021).

76 Ibid.

77 MSNBC, January 19, 2021.

78 Delgado and Stefancic, *Critical Race Theory,* 154, 155.

79 Patrisse Cullors, "Trained Marxist Patrisee Cullors, Black Lives Matter BLM," YouTube, June 2020, Patrisse Cullors, "Trained Marxist Patrisee Cullors, Black Lives Matter BLM," YouTube, June 2020, https://www.youtube.com/watch?v=1noLh25FbKI (April 9,2021).

80 Mike Gonzalez, "To Destroy America," *City Journal,* September 1, 2020, https://www.city-journal.org/marxist-revolutionaries-black-lives-matter (April 9, 2021).

81 Ibid.

82 Scott Walter, "A Terrorist's Ties to a Leading Black Lives Matter Group," Capital Research Center, June 24, 2020, https://capitalresearch.org/article/a-terrorists-ties-to-a-leading-black-lives-matter-group/ (April 9, 2021).

83 Gonzalez, "To Destroy America."

84 Laura Lambert, "Weather Underground," *Encyclopaedia Britannica,* https://www.britannica.com/topic/Weathermen (April 9, 2021).

85 "Celebrating four years of organizing to protect black lives," *Black Lives Matter,* 2013, https://drive.google.com/file/d/0B0pJEXffvS0uOHdJREJnZ2JJYTA/view (April 9, 2021).

86 Karl Marx, *Manifesto of the Communist Party* (Marxists.org), https://www.marxists.org/archive/marx/works/1848/communist-manifesto/ch02.htm (April 9, 2021), Chapter 2.

88 Lindsay Perez Huber, "Using Latina/o Critical Race Theory (LATCRIT) and Racist Nativism to Explore Intersectionality in the Education Experiences of Undocumented Chicana College Students," *Educational Foundations,* Winter–Spring 2010, https://files.eric.ed.gov/fulltext/EJ885982. pdf (April 9, 2021) 77, 78, 79.

89 Ibid., 79, 80.

90 Ibid., 80, 81.

91 Jean Stefancic, "Latino and Latina Critical Theory: An Annotated Bib- liography," *California Law Review,* 1997, 423.

92 Rodolfo F. Acuna, *Occupied America: A History of Chicanos* (New York: Pearson, 1972), 1.

93 Abby Budiman, "Key findings about U.S. immigrants," Pew Research Center, August 20, 2020, https://www.pewresearch.org/fact-tank/2020/08/20/key-findings-about-u-s-immigrants/ (April 9, 2021).

94 Ricardo Castro-Salazar and Carl Bagley, *Navigating Borders: Critical Race Theory Research and Counter History of Undocumented Americans* (New York: Peter Lang, 2012), 4.

95 Ibid., 5.

96 Ibid., 27.

97 Ibid., 26, 27.

98 Ibid., 27.

99 Ibid., 37.

100 Robert Law, "Biden's Executive Actions: President Unilaterally Changes Immigration Policy," Center for Immigration Studies, March 15, 2021, https://cis.org/Report/Bidens-Executive-Actions-President-Unilaterally-Changes-Immigration-Policy (April 9, 2021).

101 Ashley Parker, Nick Miroff, Sean Sullivan, and Tyler Pager, " 'No end in sight': Inside the Biden administration's failure to contain the border surge," *Washington Post,* March 20, 2021, https://www.washingtonpost.com/politics/biden-border-surge/2021/03/20/21824e94-8818-11eb-8a 8b-5cf82c3dffe4_story.html (April 9, 2021).

102 Ibid.

103 Ruth Igielnik and Abby Budiman, "The Changing Racial and Ethnic Composition of the U.S. Electorate," Pew Research Center, September 23, 2020, https://www.pewresearch.org/2020/09/23/the-changing-racial-and-ethnic-composition-of-the-u-s-electorate/ (April 9, 2021).

104 Jim Clifton, "42 Million Want to Migrate to U.S.," Gallup, March 24, 2021, https://news.gallup.com/opinion/chairman/341678/million-migrate.aspx (April 9, 2021).

105 Scott Yenor, "Sex, Gender, and the Origin of the Culture Wars," Heritage Foundation, June 30, 2017, https://www.heritage.org/gender/report/sex-gender-and-the-origin-the-culture-wars-intellectual-history (April 9,2021).

106 Veronica Meade-Kelly, "Male or Female? It's not always so simple," UCLA, August 20, 2015, https://newsroom.ucla.edu/stories/male-or-female (April 9, 2021).

107 Kadia Goba, "He/she could be they in the new Congress," *Axios*, January 2, 2021, https://www.axios.com/congress-gender-identity-pronouns-rules-40a4ab56-9d5c-4dfc-ada3-4a683882967a.html (April 9, 2021).

108 Russell Goldman, "Here's a list of 58 gender options for Facebook users," ABC News, February 13, 2014, https://abcnews.go.com/blogs/headlines/2014/02/heres-a-list-of-58-gender-options-for-facebook-users/ (April 9, 2021).

109 "Executive Order on Preventing and Combating Discrimination on the Basis of Gender Identity or Sexual Orientation," White House, January 20, 2021, https://www.whitehouse.gov/briefing-room/presidential-actions/2021/01/20/executive-order-preventing-and-combating-discrimination-on-basis-of-gender-identity-or-sexual-orientation/ (April 9, 2021).

110 "Joe Biden's War on Women," *National Review*, January 25, 2021, https://www.nationalreview.com/2021/01/joe-bidens-war-on-women/ (April 9, 2021).

111 Ibid.

112 "Transgender Children & Youth: Understanding the Basics," Human Rights Campaign, https://www.hrc.org/resources/transgender-children-and-youth-understanding-the-basics (April 9, 2021).

113 Michelle Cretella, "I'm a Pediatrician. How Transgender Ideology Has Infiltrated My Field and Produced Large-Scale Child Abuse," *Daily Signal*, July 3, 2017, https://www.dailysignal.com/2017/07/03/im-pediatrician-transgender-ideology-infiltrated-field-produced-large-scale-child-abuse/ (April 9, 2021).

114 Ibid.

115 Christine Di Stefano, "Marxist Feminism," Wiley Online Library, September 15, 2014, https://onlinelibrary.wiley.com/doi/abs/10.1002/9781118474396.wbept0653 (April 9, 2021).

116 Sue Caldwell, "Marxism, feminism, and transgender politics," *International Socialism*, December 19, 2017, http://isj.org.uk/marxism-feminism-and-transgender-politics/ (April 9, 2021).

117 Ibid.

118 Natalie Jesionka, "Social Justice for toddlers: These new books and programs start the conversation early," *Washington Post,* March 18, 2021, https://www.washingtonpost.com/lifestyle/2021/03/18/social-justice-antiracist-books-toddlers-kids/ (April 9, 2021).

119 Ibid.

120 "Sexual Ideology Indoctrination: The Equality Act's Impact on School Curriculum and Parental Rights," Heritage Foundation, May 15, 2019, https://www.heritage.org/civil-society/report/sexual-ideology-indoctrination-the-equality-acts-impact-school-curriculum-and (April 9, 2021).

121 Ibid.

122 Ibid.

第五章

1 George Reisman, *Capitalism* (Ottawa, IL: Jameson Books, 1990), 19.

2 F. A. Hayek, *The Fatal Conceit: The Errors of Socialism* (Chicago: University of Chicago Press, 1988), 6, 7.

3 Milton Friedman, *Capitalism and Freedom* (Chicago: University of Chicago Press, 2002), 7, 8.

4 Ibid., 9.

5 Ibid., 10.

6 Reisman, 77.

7 Ibid.

8 Federico Demaria, Francois Schneider, Filka Sekulova, and Joan Martinez-Alier, "What Is Degrowth? From Activist Slogan to a Social Movement," *Environmental Values* 22, no. 1 (2013), 192.

9 Ibid., 194.

10 Ibid.

11 Mark R. Levin, *Plunder and Deceit* (New York: Threshold Editions, 2015), 112; Demaria, Schneider, Sekulova, and Martinez-Alier, "What is Degrowth?"

12 Mackenzie Mount, "Green Biz, Work Less to Live More," Sierra Club, March 6, 2014, https://contentdev.sierraclub.org/www/www/sierra/2014-2-march-april/green-biz/work-less-live-more (April 10, 2021).

13 "Serge Latouche," famouseconomists.net, https://www.famouseconomists.net/serge-latouche (April 10, 2021).

14 Serge Latouche, *Farewell to Growth* (Cambridge: Polity Press, 2009), 89.

15 Ibid., 90–91.

16 Ibid., 31, 32.

17 George A. Gonzalez, "Urban Sprawl, Climate Change, Oil Depletion, and Eco-Marxism," in *Political Theory and Global Climate Change*, ed. Steve Vanderheiden (Cambridge, MA: MIT Press, 2008), 153.

18 Ibid.

19 Giorgos Kallis, *In Defense of Degrowth: Opinions and Minifestos* (Brussels: Uneven Earth Press, 2017), 10.

20 Ibid., 12.

21 Ibid., 13, 14.

22 Ibid., 71

23 Ibid., 72.

24 Ayn Rand, *Return of the Primitive: The Anti-Industrial Revolution* (New York: Meridian, 1998), 280, 281.

25 Ibid., 282.

26 Ibid., 285.

27 Ibid.

28 Timothy W. Luke, "Climatologies as Social Critique: The Social Construction/Creation of Global Warming, Global Dimming, and Global Cooling," in *Political Theory and Global Climate Change*, ed. Steve Vanderheiden (Cambridge, MA: MIT Press, 2008), 128.

29 Ibid., 145.

30 Rand, *Return of the Primitive*, 277.

31 Ibid., 278.

32 Luke, "Climatologies as Social Critique," 145.

33 Karl Marx and Friedrich Engels, *The Communist Manifesto* (London: Soho, 2010) 21.

34 Rand, *Return of the Primitive*, 285, 286.

35 David Naguib Pellow, *What Is Critical Environmental Justice?* (Cambridge: Polity Press, 2018), 4.

36 Ibid., 4, 5.

37 Ibid., 18.

38 Ibid., 18–19.

39 Ibid., 22.

40 Ibid., 23.

41 Declaration of Independence: A Transcription, https://www.archives.gov/founding-docs/declaration-transcript (April 10, 2021).

42 Pellow, *What Is Critical Environmental Justice?* 26, 30.

43 Ibid., 30, 31.

44 "The Margarita Declaration on Climate Change," July 15-18, 2014, https://redd-monitor.org/2014/08/08/the-margarita-declaration-on-cli mate-change-we-reject-the-implementation-of-false-solutions-to-climate-change-such-as-carbon-markets-and-other-forms-of-privatization-and-commodification-of-life/ (April 10, 2021).

45 Hayek, *The Fatal Conceit*, 8.

46 "The Margarita Declaration on Climate Change."

47 Thomas Sowell, *The Quest for Cosmic Justice* (New York: Touchstone, 1999), 99.

48 Ibid., 131, 132.

49 "The Margarita Declaration on Climate Change."

50 Ibid.

51 Reisman, *Capitalism*, 63.

52 Ibid., 65.

53 Ibid.

54 Ibid., 71.

55 Ibid.

56 "There is no climate emergency," Letter to United Nations Secretary General, September 23, 2019, https://clintel.nl/wp-content/uploads/2019/09/ecd-letter-

to-un.pdf (April 10, 2021).

57 Ibid.

58 Ibid.

59 Ian Pilmer, "The Science and Politics of Climate Change," in *Climate Change: The Facts*, ed. Alan Moran (Woodsville, NH: Stockade Books, 2015), 10, 11.

60 Ibid., 21.

61 Ibid., 24, 25.

62 Patrick J. Michaels, "Why climate models are failing," in *Climate Change: The Facts*, ed. Alan Moran (Woodsville, NH: Stockade Books, 2015), 27.

63 Richard S. Lindzen, "Global warming, models and language," in *Climate Change: The Facts*, ed. Alan Moran (Woodsville, NH: Stockade Books, 2015), 38.

64 Robert M. Carter, "The scientific context," in *Climate Change: The Facts*, ed. Alan Moran (Woodsville, NH: Stockade Books, 2015), 81.

65 Ibid., 82.

66 H. Res. 109, 116th Cong. (2019–2020), https://www.congress.gov/bill/116th-congress/house-resolution/109 (April 10, 2021).

67 Milton Ezrati, "The Green New Deal and the Cost of Virtue," *Forbes*, February 2, 2019, https://www.forbes.com/sites/miltonezrati/2019/02/19/the-green-new-deal-and-the-cost-of-virtue/?sh=6fe12ccd3dec (April 10, 2021).

68 Ibid.

69 Ibid.

70 Ibid.

71 Kevin Dayaratna and Nicolas Loris, "A Glimpse of What the Green New Deal Would Cost Taxpayers," *Daily Signal*, March 25, 2019, https://www.dailysignal.com/2019/03/25/a-glimpse-of-what-the-green-new-deal-would-cost-taxpayers/ (April 10, 2021).

72 Douglas Holtz-Eakin, Dan Bosch, Ben Gitis, Dan Goldbeck, and Philip Rossetti, "The Green New Deal: Scope, Scale, and Implications," American Action Forum, February 25, 2019, https://www.americanactionforum.org/research/the-green-new-deal-scope-scale-and-implications/ (April 10, 2021).

73 "Paris Agreement," November, 2015, https://unfccc.int/files/meet ings/paris_nov_2015/application/pdf/paris_agreement_english_.pdf (April 10,2021).

74 "U.S. Declares China committing 'genocide' against Uighurs," Associated Foreign Press, January 19, 2021, https://www.msn.com/en-au/news/world/us-declares-china-committing-genocide-against-uighurs/ar-BB1cTEIz (April 10, 2021).

75 Ibid.

76 Barbara Boland, "Biden: China's Genocide of Uighurs Just Different Norms," *American Conservative*, February 28, 2021, https://www.theamericanconservative.com/state-of-the-union/biden-chinas-genocide-of-uighurs-just-different-norms/ (April 10, 2021).

77 Brian Zinchuk, "This is the executive order killing Keystone XL, citing the reasons why Biden did it," *Toronto Star*, January 20, 2021, https://www.thestar.com/news/canada/2021/01/20/this-is-the-executive-order-killing -keystone-xl-citing-the-reasons-why-biden-did-it.html (April 10, 2021).

78 "Fact Sheet: President Biden Takes Executive Actions to Tackle the Climate Crisis at Home and Abroad, Create Jobs, and Restore Scientific Integrity Across Federal Government," White House, January 27, 2021, https://www.whitehouse.gov/briefing-room/statements-releases/2021/01/27/fact-sheet-president-biden-takes-executive-actions-to-tackle-the-climate-crisis-at-home-and-abroad-create-jobs-and-restore-scientific-integrity-across-federal-government/ (April 10, 2021).

79 Megan Henney, "Progressives pressure Biden to pass $10T green infrastructure, climate justice bill," FoxBusiness, March 30, 2021, https://www.foxbusiness.com/economy/progressives-pressure-biden-green-infrastructure-climate-justice-bill (April 10, 2021).

80 "Pork wrapped in a stimulus," *Washington Times*, March 9, 2021, https://www.washingtontimes.com/news/2021/mar/9/editorial-democrats-coronavirus-stimulus-91-percen/ (April 10, 2021).

81 Brad Polumbo, "9 Crazy Examples of Unrelated Waste and Partisan Spending in Biden's $2 Trillion 'Infrastructure' Proposal," Foundation for Economic Education, March 31, 2021, https://fee.org/articles/9-crazy-examples-of-unrelated-waste-and-partisan-spending-in-biden-s-2t-infrastructure-proposal/ (April 10, 2021).

82 Katelyn Caralle, "AOC leads left's claim $2 trillion infrastructure bill is NOT enough," *Daily Mail*, March 31, 2021, https://www.msn.com/en-us/news/politics/aoc-leads-lefts-claim-dollar2-trillion-infrastructure-bill-is-not-enough/ar-BB1far2x (April 10, 2021).

83 S. Res._____, MUR21083, https://www.markey.senate.gov/imo/media/doc/(2.8.2021)%20THRIVE.pdf (April 10, 2021).

84 Collin Anderson, "Progressives Push Biden to Include $10 Trillion Climate Plan in Infrastructure Package," *Washington Free Beacon*, March 31, 2021, https://freebeacon.com/policy/progressives-push-biden-to-include-10-trillion-climate-plan-in-infrastructure-package/ (April 10, 2021).

85 Michael Shellenberger, "Why California's Climate Policies Are Causing Electricity Blackouts," *Forbes*, August 15, 2020, https://www.forbes.com/sites/michaelshellenberger/2020/08/15/why-californias-climate-policies-are-causing-electricity-black-outs/?sh=43991d831591 (April 10, 2021).

86 Ibid.

87 "Understanding the Texas Energy Predicament," Institute for Energy Research, February 18, 2021, https://www.instituteforenergyresearch.org/the-grid/understanding-the-texas-energy-predicament/ (April 10, 2021).

88 Ibid.

89 Ibid.

90 Mark R. Levin, *Plunder and Deceit* (New York: Threshold Editions, 2015), 111.

第六章

1 "Marx the Journalist, an Interview with James Ledbetter," *Jacobin,* May, 5, 2018, https://www.jacobinmag.com/2018/05/karl-marx-journalism-writings-newspaper (April 11, 2021).

2 Ibid.

3 Ibid.

4 Ibid.

5 Ibid.

6 Richard M. Weaver, *Ideas Have Consequences* (Chicago: University of Chicago, 1948), 87–88.

7 Ibid., 88.

8 Ibid., 88, 89.

9 Ibid., 89–90.

10 Ibid., 101.

11 Edward Bernays, *Propaganda* (Brooklyn: IG, 1928), 52, 53.

12 Ibid., 47–48.

13 Richard Gunderman, "The manipulation of the American mind—Edward Bernays and the birth of public relations," Phys.org, July 9, 2015, https://phys.org/news/2015-07-american-mindedward-bernays-birth.html (April 11, 2021).

14 Harold Dwight Lasswell, *Propaganda Technique in the World War* (Boston: MIT Press, 1927), 221.

15 Hannah Arendt, *The Origins of Totalitarianism* (Orlando: Harcourt, 1968), 352.

16 Ibid., 353.

17 Mark R. Levin, *Ameritopia* (New York: Threshold Editions, 2012), 7, 8.

18 Daniel J. Boorstin, *The Image: A Guide to Pseudo-Events in America* (New York: Vintage Books, 1961), 35.

19 Ibid.

20 Ibid.

21 Ibid., 37.

22 Ibid.

23 Ibid., 182, 183.

24 John Dewey, *Liberalism and Social Action* (Amherst, NY: Prometheus Books, 1935), 65–66.

25 Ibid., 66.

26 Michael Schudson, "What Public Journalism Knows about Journalism but Doesn't Know about 'Public,' " in *The Idea of Public Journalism, ed. Theodore L. Glasser* (New York: Guilford Press, 1999), 123.

27 Theodore Glasser, "The Ethics of Election Coverage," *Stanford Magazine*, October 2016, https://stanfordmag.org/contents/the-ethics-of-election-coverage (April 11, 2021).

28 Ibid.

29 Davis "Buzz" Merritt, *Public Journalism and Public Life: Why Telling the News Is Not Enough* (New York: Routledge, 1998), 96, 97.

30 Davis Merritt, "Stop Trump? But who will bell the cat?" *Wichita Eagle*, December 8, 2018, https://www.kansas.com/opinion/opn-columns-blogs/article48524730.html (April 11, 2021).

31 Ibid.

32 Merritt, *Public Journalism and Public Life*, 7.

33 Jay Rosen, *What Are Journalists For?* (New Haven, CT: Yale University Press, 1999), 20.

34 Ibid., 19–20.

35 Jay Rosen, "Donald Trump Is Crashing the System, Journalism Needs to Build a New One," *Washington Post*, July 13, 2016, https://www.washingtonpost.com/news/in-theory/wp/2016/07/13/donald-trump-is-crashing-the-system-journalists-need-to-build-a-new-one/ (April 11, 2021).

36 Ibid.

37 Martin Linsky, "What Are Journalists For?" *American Prospect*, November 14, 2001, https://prospect.org/features/journalists-for/ (April 11,2021).

38 "Marx the Journalist, an Interview with James Ledbetter," *Jacobin*, May 5, 2018,https://www.jacobinmag.com/2018/05/karl-marx-journalism-writings-newspaper (April 11, 2021).

39 Saul D. Alinsky, *Rules for Radicals: A Pragmatic Primer for Realistic Radicals* (New York: Vintage Books, 1971), xxii, xxiii.

40 Ibid., 130, 131, 133.

41 Chuck Todd, *Meet the Press*, December 30, 2018, https://www.nbcnews.com/meet-the-press/meet-press-december-30-2018-n951406 (April 11, 2021).

42 "Global Warming," Newsbusters, Media Research Center, https://www.newsbusters.org/issues-events-groups/global-warming (April 11, 2021).

43 Zach Goldberg, "How the Media Led the Great Racial Awakening," *Tablet*, August 4, 2020, https://www.tabletmag.com/sections/news/articles/media-great-racial-awakening (April 11, 2021).

44 Ibid.

45 Ibid.

46 Ibid.

47 Ted Johnson, "CNN Announces Expansion of Team Covering Race Beat," Deadline, July 13, 2020, https://deadline.com/2020/07/cnn-jeff-zucker-race-beat-1202984234/ (April 11, 2021).

48 Martin Luther King Jr., "I Have a Dream," 1963, *Encyclopaedia Britannica*, https://www.britannica.com/topic/I-Have-A-Dream (April 11, 2021).

49 Robert Henderson, "Tell Only Lies," *City Journal*, December 27, 2020, https://www.city-journal.org/self-censorship (April 11, 2021).

50 Ibid.

51 Ibid.

52 Ibid.

53 https://legalinsurrection.com/tag/college-insurrection/ (April 11, 2021).

54 Bill McColl, "Fighting back against the cancel culture," FoxBusiness, July 24, 2020, https://www.foxbusiness.com/politics/cancel-culture-william-jacobson (April 11, 2021).

55 Eric Kaufmann, "Academic Freedom in Crisis: Punishment, Political Discrimination, and Self-Censorship," Center for the Study of Partisanship and Ideology, March 1, 2021, https://cspicenter.org/wp-content/uploads/2021/03/AcademicFreedom.pdf (April 11, 2021).

56 Kelsey Ann Naughton, "Speaking Freely: What Students Think about Expression at American Colleges," Foundation for Individual Rights in Education, October 2017, https://d28htnjz2elwuj.cloudfront.net/wp-content/uploads/2017/10/11091747/survey-2017-speaking-freely.pdf (April 11, 2021).

57 Diane Ravitch, *The Language Police: How Pressure Groups Restrict What Students Learn* (New York: Vintage, 2003), 3–4.

58 Ibid., 160.

59 Krystina Skurk, "Critical Race Theory in K–12 Education," RealClearPublicAffairs, https://www.realclearpublicaffairs.com/articles/2020/07/16/critical_race_theory_in_k-12_education_498969.html (April 11, 2021); Max Eden, "Critical Race Theory in American Classrooms," *City Journal*, September 18, 2020, https://www.city-journal.org/critical-race-theory-in-american-classrooms (April 11, 2021).

60 Todd Starnes, "Parents furious over school's plan to teach gender spectrum, fluidity," Fox News, May 15, 2015, https://www.foxnews.com/opinion/parents-furious-over-schools-plan-to-teach-gender-spectrum-fluidity (April 11, 2021).

61 Charles Fain Lehman, "American High Schools Go Woke," *Washington Free Beacon*, November 30, 2020, https://freebeacon.com/campus/american-high-schools-go-woke/ (April 11, 2021).

62 UN Climate Change Learning Platform, https://www.uncclearn.org/ (April 11, 2021).

63 Allison Graham, "Why Should Schools Teach Climate Education?" Medium.com, July 12, 2018, https://medium.com/uncclearn/why-should-schools-teach-climate-education-f1e101ebc56e (April 11, 2021).

64 Ibid.

65 Charles Gasparino, "How corporations surrendered to hard-left wokeness," *New York Post*, February 13, 2021, https://nypost.com/2021/02/13/how-corporations-surrendered-to-hard-left-wokeness/ (April 11, 2021).

66 Ibid.

67 Brooke Kato, "What is cancel culture? Everything to know about the toxic online trend," *New York Post*, March 10, 2021, https://nypost.com/article/what-is-cancel-culture-breaking-down-the-toxic-online-trend/ (April 11, 2021).

68 "A Letter on Justice and Open Debate," *Harper's Magazine*, July 7, 2020, https://harpers.org/a-letter-on-justice-and-open-debate/ (April 11, 2021).

69 Heather Moon, "Top 10 Worst Cases of Big Tech Censorship in 2020," Newsbusters, Media Research Center, January 4, 2021, https://www.newsbusters.org/blogs/free-speech/heather-moon/2021/01/04/top-10-worst-cases-big-tech-censorship-2020 (April 11, 2021).

70 "FACEBOOK INSIDER LEAKS: Hours of Video of Zuckerberg & Execs Admitting They Have 'Too Much Power' . . . FB Wants to 'Work . . . with [Biden] on

Some of Their Top Priorities'... 'Biden Issued a Number of Exec Orders... We as a Company Really Care Quite Deeply About,'" Project Veritas, January 31, 2021, https://www.projectveritas.com/news/facebook-insider-leaks-hours-of-video-of-zuckerberg-and-execs-admitting-they/ (April 11, 2021).

71 Ibid.

72 Allum Bokhari, "Exclusive: Unreleased Federal Report Concludes 'No Evidence' that Free Speech Online 'Causes Hate Crimes,' " Breitbart, March 3, 2021, citing "The Role of Information and Communication Technologies in Hate Crimes: An Update to the 1993 Report," U.S. Department of Commerce, https://www.slideshare.net/AllumBokhari/ntia-hate-crimes-report-january-2021/1 (April 11, 2021).

73 Ibid.

74 Emily Jacobs, "Democrats demand more censorship from Big Tech bosses," *New York Post,* November 18, 2020, https://nypost.com/2020/11/18/democrats-use-big-tech-hearings-to-demand-more-censorship/ (April 11, 2021).

75 "The War on Free Speech," *Pittsburgh Post-Gazette,* January 26, 2021, https://www.post-gazette.com/opinion/editorials/2021/01/26/The-war-on-free-speech-Parler-Social-Media-technology/stories/202101140041 (April 11, 2021).

76 Krystal Hur, "Big tech employees rally behind Biden campaign," Opensecrets.org, January 12, 2021, https://www.opensecrets.org/news/2021/01/big-tech-employees-rally-biden/ (April 11, 2021).

77 Ari Levy, "Here's the final tally of where tech billionaires donated for the 2020 election," CNBC, November 2, 2020, https://www.cnbc.com/2020/11/02/tech-billionaire-2020-election-donations-final-tally.html (April 11, 2021).

78 Chuck Ross, "Biden Has Ties to 5 Major Tech Companies," *Daily Caller,* January 10, 2021, https://dailycaller.com/2021/01/10/biden-big-tech-apple-facebook-trump-parler/ (April 11, 2021).

79 Ryan Lizza, Daniel Lippman, and Meridith McGraw, "AOC wants to cancel those who worked for Trump. Good luck with that, they say," *Politico,* November 9, 2020, https://www.politico.com/news/2020/11/09/aoc-cancel-worked-for-trump-435293 (April 11, 2021).

80 Representatives Anna G. Eshoo and Jerry McNerney, "February 22, 2021 Letter to Mr. John T. Stankey," https://mcnerney.house.gov/sites/mcnerney.house.gov/files/McNerney-Eshoo%20TV%20Misinfo%20Letters%20-%202.22.21.pdf (April 11, 2021).

81 Andrew Kerr, "Media Matters Study on Fox News 'Misinformation' Is Riddled with Misrepresentations, Flagged Objectively True Statements," *Daily Caller,* February 22, 2021, https://dailycaller.com/2021/02/22/media-matters-fox-news-disinformation/ (April 11, 2021).

82 Eshoo and McNerney, "February 22, 2021 Letter to Mr. John T. Stankey."

83 Tom Elliot, "Now CNN's @oliverdarcy is going after cable companies for carrying Fox News," Twitter, January 8, 2021 (screenshot of @oliver darcy), https://twitter.com/tomselliott/status/1347465189252341764?lang=en (April 11, 2021).

84 Ibid.

85 Saul D. Alinsky, *Rules for Radicals: A Pragmatic Primer for Realistic Radicals* (New York: Vintage Books, 1971), 130.

86 Nicholas Kristoff, "Can We Put Fox News on Trial with Trump?" *New York Times*, February 10, 2021, https://www.nytimes.com/2021/02/10/opinion/fox-news-accountability.html (April 11, 2021).

87 Ibid.

88 Ibid.

89 Ibid.

90 Harry Hodgkinson, *Double Talk: The Language of Communism* (London: George Allen & Unwin, 1955), v, vi.

91 Ibid., 44

92 Ibid., 122.

第七章

1 J. Christian Adams, "Read the Shocking Pentagon Training Materials Targeting Conservatives in the Military," PJ Media, March 22, 2021, https://pjmedia.com/jchristianadams/2021/03/22/read-the-pentagon-training-materials-targeting-conservatives-in-the-military-n1434071 (April 22, 2021), "Reversing Trump, Pentagon to release new transgender policy," Associated Press, March 31, 2021, https://www.foxnews.com/us/reversing-trump-pentagon-new-transgender-policy (April 22, 2021).

2 Charles Creitz, "Rep. Waltz slams West Point 'White rage' instruction: Enemy's ammo 'doesn't care about race, politics,' " Fox News, April 8, 2021, https://www.foxnews.com/politics/rep-michael-waltz-slams-west-point-white-rage-instruction-enemys-ammo-doesnt-care-about-race-politics (April 22, 2021).

3 Aaron Mehta, "Climate change is now a national security priority for the Pentagon," *DefenseNews*, January 27, 2021, https://www.defensenews.com/pentagon/2021/01/27/climate-change-is-now-a-national-security-priority-for-the-pentagon/ (April 22, 2021).

4 "Facts and Figures," National Law Enforcement Officers Memorial Fund, https://nleomf.org/facts-figures (April 22, 2021).

5 Jeffrey James Higgins, "Enough of the lying—just look at the data. There's no epidemic of racist police officers killing black Americans," *Law Enforcement Today*, June 26, 2020, https://www.lawenforcementtoday.com/systematic-racism-in-policing-its-time-to-stop-the-lying/ (April 22, 2021).

6 Victor Davis Hanson, "Obama: Transforming America," *RealClearPolitics*, October 1, 2013, https://www.realclearpolitics.com/articles/2013/10/01/obama_transforming_america_120170.html (April 22, 2021).

7 "Less Policing = More Murders," Law Enforcement Legal Defense Fund, http://www.policedefense.org/wp-content/uploads/2021/04/Depolicing_April14.pdf (April 22, 2021).

8 George Thomas, "Demoralized and Demonized: Police Departments Face 'Workforce Crisis' as Officers Leave in Droves," CBN News, September 9, 2020, https://www1.cbn.com/cbnnews/us/2020/september/demoralized-and-demonized-police-departments-face-workforce-crisis-as-officers-leave-in-droves (April 22, 2021).

9 Jack Kelly, "Cities Will See Citizens Flee, Fearing Continued Riots and the Reemergence of Covid-19," *Forbes*, June 2, 2020, https://www .forbes.com/sites/jackkelly/2020/06/02/cities-will-see-citizens-flee-fearing-continued-riots-and-the-reemergence-of-covid-19/?sh=627a0593d30d (April 22, 2021).

10 Dave Huber, "National Education Association reps show support for abortion, 'white fragility,' " College Fix, July 13, 2019, https://www.the collegefix.com/national-education-association-reps-show-support-for-abortion-white-fragility/ (April 22, 2021).

11 Ashley S. Boyd and Janine J. Darragh, "Teaching for Social Justice: Using All American Boys to Confront Racism and Police Brutality," American Federation of Teachers, Spring 2021, https://www.aft.org/ae/spring2021/boyd_darragh (April 22, 2021).

12 Jonathan Butcher and Mike Gonzalez, "Critical Race Theory, the New Intolerance, and Its Grip on America," Heritage Foundation, December 7, 2020, https://www.heritage.org/sites/default/files/2020-12/BG3567.pdf (April 22, 2021), 15.

13 Ibid., 16.

14 Ibid., 18.

15 Jackson Elliott, "Parents too afraid to oppose critical race theory in schools, says activist," *Christian Post*, January 25, 2021, https://www.christianpost.com/news/parents-too-afraid-to-oppose-crt-in-schools-says-activist.html (April 22, 2021).

16 Jay Schalin, "The Politicization of University Schools of Education: The Long March through the Education Schools," James G. Marin Center for Academic Renewal, February 2019, https://files.eric.ed.gov/fulltext/ED594180.pdf (April 22, 2021), 1.

17 Ibid., 94.

18 Lily Zheng, "We're Entering the Age of Corporate Social Justice," *Harvard Business Review*, June 15, 2020, https://hbr.org/2020/06/were-entering-the-age-of-corporate-social-justice (April 22, 2021).

19 Dan McLaughlin, "The Party in Power Is Directing a Corporate Conspiracy against Its Political Opposition," *National Review*, April 13, 2021, https://www.nationalreview.com/2021/04/the-party-in-power-is-directing-a-corporate-conspiracy-against-its-political-opposition/ (April 22, 2021).

20 Zachary Evans, "Amazon, Google Join Hundreds of American Corporations in Signing Letter Opposing Voting Limits," *National Review*, April 14, 2021, https://www.nationalreview.com/news/amazon-google-join-hundreds-of-american-corporations-in-signing-letter-opposing-voting-limits/ (April 22, 2021).

21 Phill Kline, "How Mark Zuckerberg's $350 million threatens democ- racy," *Washington Examiner*, October 21, 2020, https://www.msn.com/en-us/news/politics/how-mark-zuckerbergs-dollar350-million-threatens-democracy/ar-BB1afARG (April 22, 2021); J. Christian Adams, "The Real Kraken: What Really Happened to Donald Trump in the 2020 Election," PJ Media, December 2, 2020, https://pjmedia.com/jchristianadams/2020/12/02/the-real-kraken-what-really-happened-to-donald-trump-in-the-2020-election-n1185494 (April 22, 2021).

22 Mark R. Levin, *Liberty and Tyranny* (New York: Threshold Editions, 2009), 195.

23 Thomas Paine, The American Crisis, ed. Steve Straub, *The Federalist Papers Project*, https://thefederalistpapers.org/wp-content/uploads/2013/08/The-American-Crisis-by-Thomas-Paine-.pdf (April 22, 2021) 5.

24 Ibid., 8.

25 Alinsky, *Rules for Radicals*, 130.

26 Ibid., 131.

27 Sam Dorman, "Nevada charter school's students were instructed to link aspects of their identity with oppression: Lawsuit," Fox News, December 23, 2020, https://www.foxnews.com/us/lawsuit-nevada-race-christianity-william-clark (April 22, 2021); Chris F. Rufo, tweet, January 20, 2021, https://twitter.com/realchrisrufo/status/1352033792458776578?lang=en (April 22, 2021).

28 Jeff Archer, "Complaints Point Up 'Murky' Areas in Union Activism," *Education Week*, November 1, 2000, https://www.edweek.org/teaching-learning/complaints-point-up-murky-areas-in-union-activism/2000/11 (April 25, 2021); Dave Kendrick, "Landmark Sues Fla., N.J. Unions for Tax Violations," National Legal and Policy Center, January 17, 2005, https://nlpc.org/2005/01/17/landmark-sues-fla-nj-unions-tax-violations/ (April 25, 2021).

29 John M. Ellis, *The Breakdown of Higher Education* (New York: Encounter Books, 2020), 30, 31.

30 Mark R. Levin, *Plunder and Deceit* (New York: Threshold Editions, 2015), 87, 88.

31 Alana Mastrangelo, "Top 10 Craziest Attacks on Campus Conservatives of 2019," Breitbart, January 1, 2020, https://www.breitbart.com/tech/2020/01/01/top-10-craziest-attacks-on-campus-conservatives-of-2019/ (April 22, 2021).

32 Spencer Brown, "Conservative Voices Once Again Excluded from Commencement Season," Young America's Foundation, June 16, 2020, https://www.yaf.org/news/conservative-voices-once-again-excluded-from-commencement-season/ (April 22, 2021).

33 Anya Kamenetz and Eric Westervelt, "Fact-Check: Bernie Sanders Promises Free College. Will It Work?" NPR, February 17, 2016, https://www.npr.org/sections/ed/2016/02/17/466730455/fact-check-bernie-sanders-promises-free-college-will-it-work (April 22, 2021).

34 Lilah Burke, "A Big Budget from Biden," *Insider Higher Education*, April 12, 2021, https://www.insidehighered.com/news/2021/04/12/bidens-proposed-budget-increases-funding-pell-hbcus-research (April 22, 2021).

35 Stuart Shepard and James Agresti, "Government Spending on Education Is Higher than Ever. And for What?" Foundation for Economic Education, March 1, 2018, https://fee.org/articles/government-spending-on-education-is-higher-than-ever-and-for-what/ (April 22, 2021)

36 Winfield Myers, "Time to End Hostile Powers' Influence Operations at American Universities," *American Spectator*, February 16, 2021, https://spectator.org/confucius-institute-foreign-influence-american-universities/ (April 22, 2021).

37 Christian Nunley, "Senate approves bill to tighten controls on Chinafunded Confucius Institutes on U.S. university campuses," CNBC, March 5, 2021, https://www.cnbc.com/2021/03/05/us-senate-approves-bill-against-china-funded-confucius-institutes.html (April 22, 2021).

38 Ayn Rand, *Return of the Primitive: The Anti-Industrial Revolution* (London:Meridian, 1970), 283.

39 Aaron Morrison, "AP Exclusive: Black Lives Matter opens up about its finances," Associated Press, February 23, 021, https://apnews.com/article/black-lives-matter-90-million-finances-8a80cad199f54c0c4b9e74283d27366f (April 22, 2021).

40 Wendell Husebo, "200 Companies Oppose Voter ID Laws—Many Require IDs for Use of Service," Breitbart, April 5, 2021, https://www.breitbart.com/politics/2021/04/05/200-companies-oppose-voter-id-laws-many-require-ids-for-use-of-service/ (April 22, 2021).

41 Joanna Williams, "The racism racket: Diversity training in the workplace and beyond is worse than useless," Spiked, April 9, 2021, https://www.spiked-online.com/2021/04/09/the-racism-racket/ (April 22, 2021).

42 Megan Fox, "Trump Bans Companies That Use 'Critical Race Theory' from Getting Govt. Contracts," PJ Media, September 23, 2020, https://pjmedia.com/news-and-politics/megan-fox/2020/09/23/trump-bans-companies-that-use-critical-race-theory-from-getting-govt-con tracts-n958223 (April 22, 2021).

43 Lachlan Markay, "Republican leaders raked in sizable donations from grassroots supporters," *Axios*, April 18, 2021, https://news.yahoo.com/republican-leaders-

raked-sizable-donations-210114067.html (April 22, 2021); Alex Gangitano, "Tom Cotton: Chamber of Commerce is 'a front service for woke corporations,'" *Hill*, March 16, 2021, https://www.msn.com/en-us/news/politics/tom-cotton-chamber-of-commerce-is-a-front-service-for-woke-corporations/ar-BB1eEhPz (April 22, 2021).

44 Neil Munro, "New York Times: Wall Street Backs Joe Biden," Breitbart, August 9, 2020, https://www.breitbart.com/2020-election/2020/08/09/new-york-times-wall-street-backs-joe-biden/ (April 22, 2021).

45 Chuck Ross, "Biden Has Ties to 5 Major Tech Companies," *Daily Caller*, January 10, 2021, https://dailycaller.com/2021/01/10/biden-big-tech-apple-facebook-trump-parler/ (April 22, 2021).

46 Michael Bloomberg, "US CEOs sign statement against 'discriminatory' voting laws," AFP, April 14, 2021, https://www.yahoo.com/lifestyle/us-ceos-sign-statement-against-145620338.html (April 25, 2021); Sophie Mann, "CEOs answer the call of the woke by pivoting to 'stakeholder' capitalism," *Just the News*, April 24, 2021, https://justthenews.com/pol itics-policy/finance/hold-ceos-answer-call-woke-changing-their-goals-and-pivoting-stakeholder (April 25, 2021).

47 "Here Are the Fortune 500 Companies Doing Business in Xinjiang," ChinaFile, October 2, 2018, https://www.chinafile.com/reporting-opin ion/features/here-are-fortune-500-companies-doing-business-xinjiang (April 25, 2021).

48 Tom Mitchell, Thomas Hale, and Hudson Lockett, "Beijing and Wall Street deepen ties despite geopolitical rivalry," *Financial Times*, October 26, 2020, https://www.ft.com/content/8cf19144-b493-4a3e-9308-183bbcc6e76e (April 25, 2021).

49 Houston Keene, "Companies ripping Georgia do business in China, silent on human rights violations," Fox Business, April 1, 2021, https://www.foxbusiness.com/politics/georgia-bill-criticized-delta-apple-coca-cola-silent-china-uyghur-genocide (April 25, 2021).

50 Saphora Smith, "China forcefully harvests organs from detainees, tribunal concludes," NBC News, June 18, 2019, https://www.nbcnews.com/news/world/china-forcefully-harvests-organs-detainees-tribunal-concludes-n1018646 (April 25, 2021).

51 Emma Graham-Harrison, "China has built 380 internment camps in Xinjiang, study finds," *Guardian*, September 23, 2020, https://www.theguardian.com/world/2020/sep/24/china-has-built-380-internment-camps-in-xinjiang-study-finds (April 25, 2021).

52 Alex Winter, "LIVING HELL: China has locked up 8 MILLION people in terrifying 're-education' camps in last six years, leaked docs reveal," *U.S. Sun*, September 18, 2020, https://www.the-sun.com/news/us-news/1495061/china-document-8-million-training-detention-camps/ (April 25, 2021).

53 "Church leaders seek Home Depot boycott on Georgia voting law," *Canadian Press*, April 21, 2021, https://www.msn.com/en-ca/money/top stories/church-leaders-seek-home-depot-boycott-on-georgia-voting-law/ar-BB1fRzT0 (April 25, 2021).

54 Evie Fordham, "Goya 'buy-cott' begins as customers load up on product after Trump backlash," Fox Business, July 12, 2020, https://www.foxbusiness.com/markets/goya-food-sales-trump-controversy (April 25, 2021).

55 Mann, "CEOs answer the call of the woke by pivoting to 'stakeholder' capitalism."

56 John Binder, "Wall Street, Corporations Team Up with Soros-Funded Group to Pressure States Against Election Reforms," Breitbart, April 13, 2021, https://www.breitbart.com/politics/2021/04/13/wall-street-corporations-team-up-with-soros-funded-group-to-pressure-states-against-election-reforms/ (April 25, 2021).

57 David Aaro, "Ron DeSantis pushes bill aimed to take power away from Big Tech," Fox News, February 16, 2021, https://www.foxnews.com/tech/desantis-pushes-bill-to-aimed-to-take-power-away-from-big-tech (April 25, 2021).

58 Rachel Bovard, "Section 230 protects Big Tech from lawsuits. But it was never supposed to be bulletproof," *USA Today*, December 13, 2020, https://www.usatoday.com/story/opinion/2020/12/13/section-230-big-tech-free-speech-donald-trump-column/3883191001/ (April 25, 2021).

59 Ibid.

60 John Solomon, "Zuckerberg money used to pay election judges, grow vote in Democrat stronghold, memos reveal," *Just the News*, October 20, 2020, https://justthenews.com/politics-policy/elections/memos-show-zuckerberg-money-used-massively-grow-vote-democrat-stronghold (April 25, 2021); Libby Emmons, "BREAKING: Project Veritas exposes Google manager admitting to election interference," *Post Millennial*, October 19, 2020, https://thepostmillennial.com/breaking-project-veritas-exposes-google-manager-admitting-to-election-influence (April 25, 2021).

61 Unlike most of the corporations listed, the Fox news platforms, such as the Fox News Channel, for which I host a Sunday program, and the Fox Business Channel, were actually created not acquired by Fox.

62 Levin, *Liberty and Tyranny*, 114.

63 Ibid., 115.

64 Maydeen Merino, " 'Net Zero Is Not Enough': John Kerry Says We Need to Remove Carbon Dioxide from the Atmosphere," *Daily Caller*, April 22, 2021, https://dailycaller.com/2021/04/22/john-kerry-remove-carbon-atmosphere-leaders-summit-climate-change/ (April 25, 2021).

65 "The Government Is on My Property. What Are My Rights?" Owners' Counsel of America, April 11, 2016, https://www.ownerscounsel.com/the-government-is-on-my-property-what-are-my-rights/ (April 25, 2021).

66 Wilson P. Dizard, "Lamberth finds EPA in contempt for e-document purge," GCN, July 25, 2003, https://gcn.com/articles/2003/07/25/lamberth-finds-epa-in-

contempt-for-edocument-purge.aspx (April 25, 2021).

67 Melissa Quinn, "21 states sue Biden for revoking Keystone XL pipeline permit," CBS News, March 18, 2021, https://www.cbsnews.com/news/keystone-pipeline-21-states-sue-biden/ (April 25, 2021).

68 Teny Sahakian, "NY Times ignores 18 deaths, nearly $2 billion in damage when bashing GOP bills targeting rioters," Fox News, April 23, 2021, https://www.foxnews.com/us/ny-times-ignores-18-deaths-nearly-2-billion-dollars-in-damage-when-bashing-gop-bills-targeting-rioters (April 25, 2021).

69 Josh Gerstein, "Leniency for defendants in Portland clashes could affect Capitol riot cases," *Politico*, April 14, 2021, https://www.politico.com/news/2021/04/14/portland-capitol-riot-cases-481346 (April 25, 2021).

70 "Governor Ron DeSantis Signs Hallmark Anti-Rioting Legislation Taking Unapologetic Stand for Public Safety," Office of the Governor press release, April 9, 2021, https://www.flgov.com/2021/04/19/what-they-are-saying-governor-ron-desantis-signs-hallmark-anti-rioting-legislation-taking-unapologetic-stand-for-public-safety/ (April 25, 2021).

71 "Racketeer Influenced and Corrupt Organizations (RICO) Law," Justia.com, https://www.justia.com/criminal/docs/rico/ (April 25, 2021).

72 Meira Gebel, "The story behind Thousand Currents, the charity that doles out the millions of dollars Black Lives Matter generates in donations," *Insider*, June 25, 2020, https://www.insider.com/what-is-thousand-currents-black-lives-matter-charity-2020-6 (April 25, 2021).

73 Morrison, "AP Exclusive: Black Lives Matter opens up about its finances"; "Black Lives Matter Global Network Foundation," Influence Watch, https://www.influencewatch.org/non-profit/black-lives-matter-foundation/ (April 25, 2021).

74 N'dea Yancy-Bragg, "Americans' confidence in police falls to historic low, Gallup poll shows," *USA Today*, August 12, 2020, https://www.usatoday.com/story/news/nation/2020/08/12/americans-confidence-police-falls-new-low-gallup-poll-shows/3352910001/ (April 25, 2021).

75 John R. Lott, "Data Undercuts Myth of 'Racism' in Police Killings," RealClearPolitics, April 22, 2021, https://www.realclearpolitics.com/articles/2021/04/22/data_undercuts_myth_of_racism_in_police_killings_145640.html (April 25, 2021); John R. Lott and Carlisle E. Moody, "Do White Police Officers Unfairly Target Black Suspects?" SSRN, June 3, 2020, https://papers.ssrn.com/sol3/papers.cfm?abstract_id=2870189 (April 25, 2021); Ryan Saavedra, "Mac Donald: Statistics Do Not Support the Claim of 'Systemic Police Racism,' " Daily Wire, June 3, 2020, https://www.dailywire.com/news/mac-donald-statistics-do-not-support-the-claim-of-systemic-police-racism (April 25, 2021).

76 Jason Johnson, "Why violent crime surged after police across America retreated," *USA Today*, April 9, 2021, https://www.usatoday.com/story/opinion/policing/2021/04/09/violent-crime-surged-across-america-after-police-retreated-column/7137565002/ (April 25, 2021).

77 Morgan Phillips, "'Justice in Policing Act': What's in the Democratic police reform bill," Fox News, June 8, 2020, https://www.foxnews.com/politics/justice-in-policing-act-whats-in-the-democratic-police-reform-bill (April 25, 2021).

78 Luke Barr, "US police agencies having trouble hiring, keeping officers, according to a new survey," ABC News, September 17, 2019, https://abcnews.go.com/Politics/us-police-agencies-trouble-hiring-keeping-officers-survey/story?id=65643752 (April 25, 2021).

79 Lieutenant Dan Marcou, "You can sue: Cops' legal recourse against assailants and others," Police1.com, June 8, 2016, https://www.police1.com/legal/articles/you-can-sue-cops-legal-recourse-against-assailants-and-others-YWtiK8fzBSZBNwfc/ (April 25, 2021).

國家圖書館出版品預行編目(CIP)資料

馬克思主義在美國：紅色思想如何滲透全美學校、媒體、科技公司和綠色新政/馬克.萊文(Mark Levin)著；梅醴安譯. -- 初版. -- 新北市：黑體文化出版：遠足文化事業股份有限公司發行, 2022.07
面；　公分. --（黑盒子；5）
譯自：American Marxism
ISBN 978-626-95866-7-7（平裝）

1. 政治文化 2. 馬克斯主義 3. 美國

574.52　　111007022

特別聲明：
有關本書中的言論內容，不代表本公司／出版集團的立場及意見，由作者自行承擔文責。

黑體文化　　讀者回函

黑盒子5

馬克思主義在美國：
紅色思想如何滲透全美學校、媒體、科技公司和綠色新政

作者・馬克・萊文（Mark Levin）｜譯者・梅醴安｜責任編輯・徐明瀚｜封面設計・黃子欽｜出版・黑體文化｜副總編輯・徐明瀚｜總編輯・龍傑娣｜社長・郭重興｜發行人兼出版總監・曾大福｜發行・遠足文化事業股份有限公司・讀書共和國出版集團｜電話：02-2218-1417｜傳真・02-2218-8057｜客服專線・0800-221-029｜讀書共和國客服信箱service@bookrep.com.tw｜官方網站・http://www.bookrep.com.tw｜法律顧問・華洋國際專利商標事務所・蘇文生律師｜印刷・通南彩色印刷有限公司｜排版・菩薩蠻數位文化有限公司｜初版・2022年7月｜定價・460元｜ISBN・978-626-95866-7-7